国家社会科学基金项目(编号:15BZS096)
教育部人文社会科学研究项目(编号:14YJA770013)

近代中国驻外领事商务报告研究

王 力 著

上海交通大学出版社
SHANGHAI JIAO TONG UNIVERSITY PRESS

内容提要

　　本书以晚清民国时期《商务报》(1903—1906 年)、《商务官报》(1906—1911 年)、《农商公报》(1914—1926 年)、《外交部公报》(1928—1949 年)中刊登的中国驻外领事商务报告为研究对象,探讨近代中国驻外领事和领事商务报告制度的建立和发展过程,分析驻外领事商务报告的形式、内容、数量以及优缺点,从整体上把握驻外领事商务报告资料的演变、构成和特征。同时以该史料为基础资料,对近代中国对外贸易史和海外华侨华商进行个案分析,解读领事商务报告与经济发展之间的互动关系。

图书在版编目(C I P)数据

　　近代中国驻外领事商务报告研究 / 王力著. —上海:
上海交通大学出版社,2019
　　ISBN 978 - 7 - 313 - 21917 - 6

　　Ⅰ.①近…　Ⅱ.①王…　Ⅲ.①对外贸易-研究报告-
中国-近代　Ⅳ.①F752.95

　　中国版本图书馆 CIP 数据核字(2019)第 192292 号

近代中国驻外领事商务报告研究

著　　者:王　力

出版发行:上海交通大学出版社　　　　　地　　址:上海市番禺路 951 号

邮政编码:200030　　　　　　　　　　　电　　话:021 - 64071208

印　　刷:常熟市文化印刷有限公司　　　经　　销:全国新华书店

开　　本:710mm×1000mm　1/16　　　　印　　张:13.25

字　　数:221 千字

版　　次:2019 年 9 月第 1 版　　　　　印　　次:2019 年 9 月第 1 次印刷

书　　号:ISBN 978 - 7 - 313 - 21917 - 6/F

定　　价:68.00 元

前　言

　　领事商务报告是驻外领事定期向本国政府发回的有关驻在国的通商贸易情报，近代西方国家在向海外扩张过程中都曾经发行过此类报告，以促进对外贸易的发展。如今这些资料，尤其是近代英国领事报告已经广泛地运用于世界经济史研究领域。

　　日本是目前所知的东亚国家中唯一公开、持续、系统地发行过领事商务报告的国家。笔者在日本攻读博士期间，对领事报告研究抱有深厚的兴趣，完成了《近代驻华日本领事贸易报告研究》的博士论文。在从事日本领事贸易报告研究过程中，自然非常关注近代中国是否存在着领事报告。当时在台北故宫博物院影印版《商务官报》上查阅到了一些晚清驻外领事报告，证明了该资料的存在和深入研究的可能。博士后研究期间，多次到中国第一历史档案馆查阅农工商部档案，在调查基础之上，撰写了论文《晚清驻外领事商务报告制度研究》，对晚清时期驻外领事馆的设置，领事报告制度的健全等作了初步分析。随着对该资料的持续关注和深入查找，在民国时期《农商公报》和《外交部公报》上找到了大量公开刊登的领事报告。

　　这充分说明，19世纪70年代近代中国政府效仿西方模式建立了驻外领事和领事报告制度，驻外使臣和领事也发回了大量海外调查报告，但是由于历届政府并没有像西方国家一样专门、系统地出版驻外领事商务报告，原件保存在中国第一历史档案馆《农工商部档案全宗》《外务部档案全宗》和中国第二历史档案馆《外交部档案全宗》。1903年商部成立，商部试图通过驻外领事来协助海外调查，推动对外贸易的发展。在商部和外务部的共同努力下，不断完善驻外领事报告制度，并开始在具有官方背景的官报选载了部分驻外领事商务报告，这种选载制度一直为民国政府所延续。因此,长期以来很少有学者关注到该课题,管见所及,国内外学术界尚没有哪位学者对近代中国驻外领事商务报告展开过专门研究。

本书系统地梳理了刊登在《商务报》(1903—1906 年)、《商务官报》(1906—1911 年)、《农商公报》(1914—1926 年)、《外交部公报》(1928—1949 年)上的近代中国驻外领事商务报告,并整理出比较完整的文献目录,对该资料有一个完整的把握。在此基础上综合运用史料学、统计学和情报经济学等相关理论知识,探讨近代中国驻外领事和领事商务报告制度的建立和发展过程,分析驻外领事商务报告的形式、内容、数量以及优缺点,从整体上把握领事报告资料的演变、构成和特征。同时以领事报告为基础资料,对近代中国对外贸易史和海外华侨华商进行个案分析,研究领事商务报告与经济发展之间的互动关系。

目　录
Contents

绪　论

一、研究缘起和意义

领事制度起源于公元前 6、7 世纪古希腊奴隶制城市国家中的"外国代表人"制度,形成于中世纪后期商业发达的西欧国家,但是真正受到各国政府的重视还是始于 18 世纪后半叶。随着世界市场的不断扩大,以英国为代表的西方资本主义国家之间为了争夺新开拓的市场展开了激烈的贸易战。面对全新且未知的海外市场,商业竞争的成败不仅取决于其国内工业生产能力,海外贸易情报也成为左右竞争成败的重要因素之一。因此,各国政府无不在海外情报收集上倾注了巨大力量,古老的领事制度的优点又一次受到了政府的关注。各国都对领事职责做出了明确而清晰的规定:"领事制度的目的是保护国民在外国当局之下的商业和航务,并向他们的政府提供有利于促进贸易的情报。"[①]显然,领事的主要职责之一就是向本国政府提供海外贸易情报,领事商务报告是近代国际贸易竞争的产物。

领事商务报告是驻外领事定期向本国政府发回的有关驻在国的通商贸易情报,近代西方国家在向海外扩张过程中都曾经发行过此类报告,以促进对外贸易的发展。包括英国、法国、美国、德国、比利时、丹麦、荷兰、俄国、瑞典、瑞士、葡萄牙、日本等国。这些驻外领事定期向本国政府发回的有关在任国的通商经济报告,最初是作为商业贸易情报来为本国政府制定对外经济政策和促进对外贸易服务,如今却成为一份非常珍贵的历史档案资料。

在近代西方各国的领事商务报告资料中,英国领事商务报告的重要性和权

---

① [美]L.T.李著,傅铸译:《领事法和领事实践》,商务印书馆,1975 年 8 月版,第 66 页。

威性是无可争议的。英国曾经在 18—19 世纪称霸世界,号称"日不落"帝国,在海外拥有极其广阔的殖民地,由海外各地英国领事提交的报告汇编而成的、庞大的英国领事商务报告资料,是我们研究世界近代贸易史、社会经济史的第一手史料。尤其是对于东亚国家而言,可有效地弥补 19 世纪中后期各国贸易统计数据匮乏的局面。除了英国领事商务报告之外,可能是受到语言、文献获取等方面的制约,其他国家领事商务报告的利用状况却是令人担忧,甚至有学者认为:"领事报告是丰富但被忽视的历史资源。"①

日本是目前所知的东亚国家中唯一公开、持续、系统地发行过领事商务报告的国家。1872 年日本驻外领事馆已经发回驻在地商业调查报告,1882 年 7 月日本外务省开始编纂出版《通商汇编》定期出版物,几经刊名变化,一直持续至 1943 年终刊。日本领事服务虽然起步较晚,但是由于日本政府的强势干预,发展速度非常迅速。在 19 世纪末期日本领事商务报告的数量和质量不亚于一些欧美资本主义国家的领事报告。

19 世纪 70 年代,清政府效仿西方模式建立了驻外领事和领事报告制度,驻外使臣和领事也发回了一些海外调查报告,但由于清政府没有像西方国家一样定期、系统地出版驻外领事商务报告,因此,长期以来国内外学术界对中国驻外领事商务报告关注甚少。

近代欧美国家的领事报告被广泛地运用于中国近代经济史研究领域,但是,对中国驻外领事报告却一直缺乏利用和研究。事实上该资料原件保存在中国第一历史档案馆《农工商部档案全宗》《外务部档案全宗》和中国第二历史档案馆《外交部档案全宗》,并有大量领事报告当时就已经选载在《商务报》(1903—1906年)、《商务官报》(1906—1911 年)、《农商公报》(1914—1926 年)、《外交部公报》(1928—1949 年)。这些报告内容十分丰富,涵盖了海外华商、中国进出口商品,以及海外各埠自然风俗、市场行情、商业制度、技术革新等信息。对该资料的研究和利用,对于近代中国经济史、中外贸易史和海外华侨华商的研究具有重要学术价值。同时,当前学术出版界日益繁荣,各类原始档案资料竞相影印出版,极大地便利了学术研究。近代美国、日本的驻华领事报告资料已经陆续出版,如果条件成熟,近代中国驻外领事商务报告资料更加应该重新影印出版,本研究成果可以为今后学术出版提供理论支撑。

---

① Theo Barker. Consular Reports:A Rich But Neglected Historical Source. Business History,Volume 23,Issue 3,1981,P.265.

二、国内外研究现状

领事商务报告(简称领事报告,或称领事贸易报告)是近代经济史研究领域的重要资料,国外有关该课题的研究肇始于 20 世纪 70 年代。1978 年,在英国爱丁堡召开的第 7 届国际经济史学会年会上,来自英国、法国、美国、德国、比利时、丹麦、荷兰、俄国、瑞典、瑞士、日本等国学者分别就本国近代领事报告的发行制度、主要内容和保存现状作了研讨。后来,这些论文汇编成"领事报告"专集,刊登在《经济史》杂志(*Business Histoty*,Volume23,Issue3,1981),在卷首Barker(1981)对领事报告的史料价值作了全面解读。此次会议的研究成果具有标志性,也推动了国际学术界对近代领事商务报告的研究和利用,但是,此次会议并没有涉及近代中国驻外领事商务报告。

由于近代中国历届政府没有像西方国家一样公开、定期、系统地出版过驻外领事商务报告,而且该资料一直被深藏在中国第一历史档案馆和第二历史档案馆,因此,长期以来很少有学者关注到该课题,管见所及,国内外尚没有哪位学者对这些资料的内容、保存现状和学术价值做过专题研究。不过,在中国近代外交史研究领域,已有不少与本课题紧密相关的研究,这些先行研究是本课题研究的重要基础。

(一)驻外领事制度的研究

包括领事馆设置、领事派遣、俸薪制度等方面,具有代表性的研究有:新加坡学者陈育崧(1947)论述了清政府在新加坡设置领事馆的背景和曲折过程,成为后来研究的重要参考[①];林远辉(1983)综合探讨了晚清在海外各地设立领事馆的过程、派遣领事以及领事的作用[②];余定邦(1988、1990)分别考察了清政府在新加坡和仰光设立领事的交涉过程[③]。杨雨青(1992)围绕着中国设领中的诸多问题展开讨论[④]。张秋生(1994)论述了清政府在澳门设置领事馆的过程,并对驻外领馆在侨民政策方面的作用作出了评价[⑤]。任云仙(2002)指出清政府对海

---

① 陈育崧:《新加坡中国领事设置史》,《南洋杂志》第 1 卷第 6 期,1947 年 6 月。
② 林远辉:《清代在世界各地设置领事问题初探》,《华侨史论文集(3)》,暨南大学华侨研究所,1983 年。
③ 余定邦:《清朝政府在新加坡设置领事的过程及其华侨政策的转变》,《中山大学学报》(哲学社会科学版)1988 年第 2 期;余定邦:《清朝政府在仰光设置领事的过程——兼论清廷所派领事与华侨的关系》,《中山大学学报》(哲学社会科学版)1990 年第 1 期。
④ 杨雨青:《中日关于设立领事问题的早期交涉》,《近代史研究》1992 年第 2 期。
⑤ 张秋生:《论清朝驻澳领馆的设立》,《徐州师范学院学报》(哲学社会科学版)1994 年第 2 期。

外设立领事馆的认识是从坚拒到接受及至日益重视,经历了一个较长的过程;①日本学者青山治世(2006)指出清政府在南洋设领面临着与西方国际法之间的冲突与调解;②庄国土(2006)对晚清在南洋设领进行全面反思,认为不仅进展缓慢,同时布局存在失误,海外共有 45 个领事馆,但集中 80%华侨的南洋只设了 7 个。③赵高峰(2011)对晚清领事制度的发展作了全面探讨。④林锋(2012)论述了清政府在英属殖民地设置领事馆的交涉过程。⑤寇玉虎(2012)探讨了清政府在荷属东印度设置领事馆的交涉过程。⑥李文杰(2017)从清代档案中钩稽总理衙门、外务部及驻外官员的履历资料,考察其出身、选任、升迁、去向、群体演进等系列问题,构建并展现出晚清外交人员从起源、发展到所谓"职业化"外交官群体形成的全过程。⑦另外,彭南生(1997)⑧、戴东阳(2005)⑨重点考察了晚清外交官制及其俸薪制度的形成过程。

陈雁(2002)论述了抗日战争时期中国政府的外交思想、外交行政和外交实践机制。⑩岳谦厚(2004)考察了民国时期外交官的选拔、任职、考核和俸薪制度的形成过程。⑪申晓云(2013)注重内政与外交的互动考察,从体制演变入手,对民国时期的重大外交事件、外交人物以及外交机构、制度等诸多方面作出深入考察。⑫

(二)驻外领事通信系统的研究

秦国经(1981)对晚清外务部文书进行过调查,指出外务部曾经设置文报局专管寄递驻外领事与外务部的往来公文。⑬王立诚(1991)不仅阐述了从清末到民国外交制度改革,还对驻外领事报告制度的演变作了分析。⑭日本学者千叶

① 任云仙:《清季海外领事制度略论》,《中州学刊》2002 年第 5 期。
② [日]青山治世:《晚清关于增设驻南洋领事的争论》,《近代中国、东亚与世界》下卷,中国社会科学出版社,2008 年。
③ 庄国土:《对晚清在南洋设立领事馆的反思》,《厦门大学学报》2006 年第 5 期。
④ 赵高峰:《晚清驻外领事研究》,苏州大学硕士论文,2011 年。
⑤ 林锋:《晚清在英属殖民地设置领事馆研究》,暨南大学硕士论文,2012 年。
⑥ 寇玉虎:《晚清荷属东印度设领交涉研究》,湘潭大学硕士论文,2012 年。
⑦ 李文杰:《中国近代外交官群体的形成(1861—1911)》,三联出版社,2017 年版。
⑧ 彭南生:《清末外交官制及其俸薪制度的形成与变革》,《华中师范大学学报》1997 年第 2 期。
⑨ 戴东阳:《晚清驻外使臣与政治派系》,《史林》2004 年第 6 期。
⑩ 陈雁:《抗日战争时期中国外交制度研究》,复旦大学出版社,2002 年版。
⑪ 岳谦厚:《民国外交官人事机制研究》,东方出版社,2004 年版。
⑫ 申晓云:《民国政体与外交》,南京大学出版社,2013 年版。
⑬ 秦国经:《清代的外务部及其文书档案制度》,《历史档案》1981 年第 2 期。
⑭ 王立诚:《中国近代外交制度史》,甘肃人民出版社,1991 年版。

正史论述了晚清电信交通网络的形成过程,以及对国家政治稳定和经济发展的影响。① 王奎(2008)认为晚清商部出于发展经济的需要,经常委托驻外领事调查海外商情,促进国内传统产业改良,这种政府部门之间的信息沟通渠道是比较畅通的。② 台湾学者万雅筑(2012)对农工商部主办的《商务官报》进行了细致梳理,发现该报刊中转载不少驻外领事报告、国内外商会的商务调查以及地方行政机构的经济调查报告,这说明晚清政府已经初步构建了一个以驻外领事馆为桥头堡,《商务官报》为传播媒介的国内外商情传递网络。③

(三)驻外领事护侨和商务活动的研究

该方面有关使臣的研究较多,因为使臣知名度较高,且大部分都有日记、文集传世,为学术研究提供了深化的可能。但是,驻外领事的地位普遍较低,传世资料稀少,先行研究比较有限。例如:袁丁(1994)认为光绪初年开始对外派遣领事以保护海外华侨,是清政府护侨政策转变的显著标志;④袁祖仓(1997)论述了晚清设领的背景、设领的原因、领判权与领事实践及领事实践之评价。⑤ 马一(2011)指出海外华商侨领担任领事,在保商护侨方面发挥的作用独具特色;⑥权赫秀(2006)认为陈树棠担任驻朝鲜商务领事期间,与朝鲜签订了通航和租界章程,对保护侨民和推进中朝经贸关系起到了积极作用。⑦ 王颖丽(2007)论述了清朝驻南非第一任总领事刘玉麟在任职期间开展的一系列保护华人华工的活动,揭示晚清政府侨务在南非的实施情况以及刘玉麟为晚清侨务做出的贡献。⑧张效民(2008)讨论了晚清政府在海外华人保护方面的措施。⑨ 李吉奎(2012)论述了清政府在南洋等地多处设立领事馆,并颁布护侨、保商、招商的配套政策。⑩祖金玉(2012)认为晚清时期驻外公使、参赞、领事是一个较早走向世界的新型群体,他们的主要贡献并不仅仅体现在外交活动中,而是体现在为国内的变革作出

① [日]千叶正史:《近代交通体系与清帝国的变貌——电信·铁道网络的形成与中国国家统合的变容》,日本经济评论社,2006 年 12 月。
② 王奎:《清末商部研究》,人民出版社,2008 年版。
③ 万雅筑:《〈商务官报〉与清季经济资讯网络 1903—1911》,台湾师范大学硕士论文,2011 年。
④ 袁丁:《晚清侨务与中外交涉》,西北大学出版社,1994 年版。
⑤ 袁祖仓:《晚清领事实践研究》,苏州大学 1997 年硕士论文。
⑥ 马一:《清末驻外领事中的华商侨领》,《东南亚纵横》2011 年第 10 期。
⑦ 权赫秀:《陈树棠在朝鲜的商务领事活动与近代中朝关系》,《社会科学研究》2006 年第 1 期。
⑧ 王颖丽:《刘玉麟与晚清侨务在南非的开展》,《潍坊教育学院学报》2007 年第 1 期。
⑨ 张效民:《晚清政府对海外华人的保护》,《社科纵横》2008 年总第 23 卷。
⑩ 李吉奎:《张弼士与晚清护侨招商政策的形成》,《广东社会科学》2012 年第 5 期。

了不可忽视的独特贡献。① 苑朋欣(2012)论述了清末农业改良时期驻外使领对国内农业改革的贡献。②

综上所述,国内外尚缺乏对近代中国驻外领事商务报告资料的专门研究,与此相关的研究虽然成果比较丰富,但存在着几方面不足之处,即"重使臣,轻领事;重政治、轻经济;重晚清、轻民国;重南洋、轻欧美"。相比而言,已往的研究偏重于晚清时期驻外使臣在政治、外交方面的活动和贡献,针对南洋地区使领馆设置、华侨华商的研究相对比较集中,而有关民国时期驻外领事在经济方面的贡献,特别是欧美、澳洲、非洲地区领事馆的设置、商贸调查和华侨华商的研究尚比较薄弱。

从研究趋势上看,国内外学术界一般将近代欧美国家领事商务报告作为历史档案资料运用于近代社会经济史、中外贸易史的研究,并且已经取得了非常丰硕的成果。但是,目前国外学术界已经有不少学者开始尝试把领事报告还原为"经济情报",从"情报经济学"的角度来研究驻外领事商务报告与经济发展之间的互动关系。比较有代表性的是日本学术界,角山荣教授主编的《日本领事报告的研究》(1986)论述了领事报告发展、领事馆的海外经济调查活动,并对日本海外贸易的影响作了详细论证,在学术界引起了较大反响。③ 2002 年召开的日本社会经济史学会第 71 届年会,专门将"情报的经济史—国家·市场·企业"作为大会主题,从领事制度、情报网络、市场组织等多角度对驻外领事馆的海外经济情报活动作了探讨。因此,将领事馆情报网络与经济发展相结合的研究是该领域的重要方向。

三、基本思路和创新点

(一)基本思路

在充分借鉴和吸收先行研究的基础上,对近代中国驻外领事商务报告进行较为系统和全面的整合性研究。本书的研究中心是领事商务报告资料,因此以原始档案资料的挖掘和整理为契入点,综合运用史料学、统计学和情报经济学等相关理论知识,努力追求理论阐述和实证分析相融合,按照四个环节循序渐进。首先,收集和整理《商务报》《商务官报》《农商公报》《外交部公报》中的领事商务报告,这是本课题研究的基础和起点。其次,对整理完善的领事商务报告进行文

---

① 祖金玉:《走向世界的宝贵创获——驻外使节与晚清社会变革研究》南开大学出版社,2012 年版。
② 苑朋欣:《清末农业新政研究》,山东人民出版社,2012 年版。
③ 角山荣编著:《日本领事报告的研究》,同文馆,1986 年版。

献史料学分析,包括报告的数量、内容、形式、主要特点等问题,对这批资料形成整体把握。再次,把领事商务报告还原为"经济情报",从"情报经济学"的角度来研究领事商务报告与经济发展之间的互动关系。最后,以领事商务报告为史料基础,对中国近代对外贸易和海外华侨华商作个案研究。

通篇架构上,除此绪论部分之外,共分七章展开论述。第一章探讨西方领事制度的起源和功能,并对西方主要资本主义国家英国、法国、荷兰、丹麦、瑞典、美国、德国、俄国、日本的领事报告沿革、内容、保存现状作一介绍。第二章论述近代中国外交由传统朝贡制度转向西方条约制度,清政府向外派遣领事,早期以护侨为主要目的,随着时间的推移商务的重要性日渐突显,调查海外商情成为驻外领事的重要职责。第三章论述从晚清至民国领事报告制度的演变和不断强化过程,发回商务报告的数量和质量明显提高。第四章历届政府没有把驻外领事商务报告统一出版,而是在具有官方背景的《商务报》《商务官报》《农商公报》《外交部公报》上,开辟专栏刊登了一些领事报告,这是近代中国驻外领事商务报告的一个重要特征。领事报告也通过其他刊物的转载,影响力得到扩大。第五章从领事报告资料的整理入手,进一步分析报告形式(年报、半年报、月报和临时报告)、报告内容(包括商品分类、国别分类、来源分类)、报告数量(包括年度数量、领事馆别数量的变化)以及优缺点,从整体上把握领事报告资料的演变、构成和特征。第六章以领事报告为基础资料,对中外贸易史中的几个问题进行个案研究,探讨官方情报网络对中国对外贸易和经济发展的作用;第七章利用领事报告资料,探讨20世纪初期古巴、澳洲华侨华商在海外的经营状况。

(二)创新点

(1)在对近代中国驻外领事商务报告研究上的较大突破:西方主要资本主义国家在向海外市场不断扩张的过程中,都非常重视本国领事报告制度的建设。英国、法国、美国、德国、比利时、丹麦、荷兰、俄国、瑞典、瑞士、葡萄牙、日本等国都在不同时期,以不同的方式发行过领事报告。国内外学术界一般认为近代中国没有系统地发行过领事报告,也很少有学者对该课题作过专门研究。本书在广泛收集和梳理资料的基础上,证明了近代中国驻外领事不仅发回过领事报告,而且还在历届政府公报上公开刊登过大量领事报告。

(2)研究方法创新:目前国内外学术界较多通过"史料学"方法来研究和利用欧美领事报告资料,本课题在运用"史料学"研究方法之外,注重引入"情报经济学"研究方法,探讨以驻外领事馆为中心的官方海外经济情报网络。驻外领事把海外市场对中国商品的评价及时发回国内,通过"驻外领事、商务随员→商部、农工商部→政府公报→民间生产者、工商业者"的官方海外信息传递网络,促进中国商品出口。驻外领事的海外商业信息和改良建议虽然不能从根本上改变中国商品在国际市场上的衰败地位,但在当时还是取得了一定的成效。

（3）研究视角创新:中国近代驻外领事商务报告是一份珍贵的近代中国历史档案资料,其所包含的内容涉及海外华商、中国进出口商品,以及海外各地自然风俗、市场行情、商业制度、技术革新等大量社会经济信息。传统中国对外贸易史的研究主要从供给市场来研究商品的生产、输出和竞争,本研究充分运用中国驻外领事商务报告,试图从中国输出商品在海外市场竞争状况,来探讨近代中国对外贸易兴衰的状况和原因。

第一章

西方国家的领事制度和领事商务报告

第一节　西方国家的领事制度

一、西方领事制度的起源和发展

领事（Consuls）由一国政府派驻外国某一城市或地区的外交官员，其任务是保护本国及其侨民在该领事区内的法律权利和经济利益，管理侨民事务等。由于近代及至当代各国领事实践千差万别，国际上未给领事一词以统一的定义。《奥本海国际法》称"领事是各国为了各种目的，但主要是为了本国商务和航海的利益，而派驻外国的代理人"。[①]《简明不列颠百科全书》称领事是"国家任命的政府官员，其职责是保护本国公民在外国的权益，关照他们的商务，并办理签证、护照等例行事务"。《韦伯斯特辞典》《布莱克法律辞典》《牛津法律辞典》等辞书广泛采用领事是派遣国的"国家代表"（A State Agent）或"政府官员"（A Public Officer）的观点。在欧洲大陆颇具影响的奥地利菲德罗斯《国际法》认为，"领事是由派遣国任命而由接受国许可的派遣国的机关，以执行一些个别的公务上的职能，以及保护派遣国在接受国内的国民的权利"。日本国际法学会编写的《国际法辞典》也称，领事是"主要为保护本国和本国国民在驻在国商业、经济上的利益，由国家任命的驻外机构"。[②] 中国的国际法学者给领事的定义为，"领事是一

---

① ［英］劳特派特修订，王铁崖、陈体强译：《奥本海国际法》上卷，第二册，商务印书馆，1972 年 12 月版，第 277 页。

② 梁宝山：《实用领事知识：领事职责·公民出入境·侨民权益保护》，世界知识出版社，2001 年 1 月版，第 3 页。

国为了实行其对外政策,经另一国同意派驻在另一国一定地点,以便在该国一定区域内执行领事职务的人员"。①

领事制度(The Institution of Consuls)是指关于建立领事关系、设置领事机关、选派领事官员、执行领事职务、确定领事法律地位等各项制度的总称。

领事和领事制度的产生是国际贸易和商业繁荣的产物,其起源可追溯到古希腊的"前导者"(Prostates)和"外国代表人"(Proxeni)制度以及罗马共和国的"外国人执政官"(Praetor peregrinus)制度。国际法学者普遍认为,中世纪后期,由于航海和商业的发展,意大利、西班牙和法国等地的城镇中,外国商人经常在他们的同行中自行推选一个或几个人,作为解决彼此间商业纠纷的仲裁人,称为"仲裁领事"或"商人领事",由此逐渐形成近代领事制度。②

在十字军东征(1096—1099年)期间及以后,贸易的增长促进了领事制度的发展。当意大利、西班牙和法国等国的商人在土耳其等东方国家中定居下来并建立自己的商栈时,他们把这一领事制度也带到东方国家,同一国家的商人选举他们自己的领事,以便监督他们的商务,保护他们的利益以及审判商人之间的争讼案件,领事的职权也在逐步扩大。对阿拉伯民族来说,神圣的《古兰经》不能适用于异教徒,而这些西方商人恰恰拥有各自推选的本国领事,因此土耳其政府以特惠条例(Capitulation)形式给予外国商人一定的特权,后来演变成商人的本国政府同定居国政府签订领事裁判权条约,使领事获得对本国侨民特权、生命和财产的保护权及对他们行使民事和刑事的管辖权。

在15世纪,领事制度又被带到西欧。意大利曾在荷兰和英国伦敦设立领事,英国也在荷兰、瑞典、挪威、丹麦和意大利(比萨)设立领事。16世纪,领事不再从居住地的本国商人中选任,而改由国家派任,称为"派任领事"。这是职业领事的来源。17世纪初叶,由于近代国家领土主权观念日盛和常驻外国使团的兴起,西方各国都将外国商人置于本国的司法管辖之下,领事在西欧国家中的地位日衰,其职权逐渐缩小到仅限于一般照管本国的商务和航运,以及保护本国侨民的商业利益。领事制度在17和18世纪中一度衰落。18世纪中叶以后,随着西方世界的兴起和资本主义的发展,领事制度的价值和重要性又日益被西方各国所重视,存在于各国间的领事制度被系统地发展起来。领事的地位、职务和特权成为各国通商航海条约和领事条约的主题;法国、荷兰、美国、英国等主要商业和

---

① 马骏主编:《国际法知识辞典》,陕西人民出版社,1993年9月版,第249页。
② [美]L.T.李著,傅铸译:《领事法和领事实践》,商务印书馆,1975年8月版,第6页。

航海国家还制定了本国的领事条例和领事法。例如 1825 年英国通过了《领事法》。①

与此同时,西方列强在向东方进行殖民扩张时,把领事制度也带到东方国家,并通过种种不平等条约推行单方享有特权的治外法权,严重侵害驻在国的主权。例如:中国(1843 年)、暹罗(1855—1856 年)和日本(1858 年)都给予西方列强这样的特权,其实施时间的长短则各不相同。仅就中国而言,治外法权制度直到一个世纪以后才被废除,1943 年 1 月 11 日通过同美国和英国分别签订条约和 1946 年 2 月 28 日同法国签订条约,终于摆脱了治外管辖权制度。到 20 世纪 70 年代,领事裁判权制度随着世界殖民体系的彻底崩溃而被废除。②

二、领事的类别和职能

领事可以分为职业领事(Career consuls)和名誉领事(Honorary consuls)。职业领事又称派任领事(Consules missi)、专业领事(Professional consuls)、受薪领事(Salaried consuls)等,是派遣国的公务官员和国民,不从事任何种类的私人业务。职业领事是领事制度中的核心和主流,绝大多数国家一般倾向于向重要的港口、贸易中心或重要地区派遣职业领事。名誉领事又称选任领事(Consules electi)、兼职领事(Non-career consuls)、商人领事(Consuls merchants)、不受薪领事(Unsalaried consuls)等,可以在领事职务以外从事营利性的职业,一般从接受国当地居民中选出,不论他们的国籍属于接受国、派遣国或者第三国。名誉领事不能享受全部的领事特权和豁免,地位要低于职业领事。大多数国家都任命两类领事,视领事区的重要性而任命哪一种,一般在重要区域任命职业领事。

领事一般分为四个等级:总领事、领事、副领事、领事事务代理。总领事或是派充几个领事区的长官,因而管辖着几个领事,或是一个很大的领事区的长官。领事是派在较小地区,甚至只是派在某个城镇或港埠的。副领事是总领事或领事的助手,而本身是有领事身份,因而可以代理领事担负一切职责。领事事务代理员是具有领事身份的代理人,由总领事或领事任命(须经本国政府核准),以在该领事区中某些城镇或地方行使某些部分的领事职能,领事代理员不能离开任命他们的领事而独立,并且不能直接和它的本国通信,因为任命他的领事是代他向他的政府负责的,所谓代理领事员并不是领事,而是一种领事暂时离职或患病

---

① 〔英〕劳特派特修订,王铁崖、陈体强译:《奥本海国际法》上卷,第二册,商务印书馆,1972 年 12 月版,第 276 页。

② 〔美〕L.T.李著,傅铸译:《领事法和领事实践》,商务印书馆,1975 年 8 月版,第 9 页。

期间的临时代办事务之人,所以只有在他真正行使领事职务期间他才具有领事的身份。

虽然领事直接和本领政府通信,但他们是从属于本国政府派驻其领事馆所在国家的外交使节的,外交使节有管辖领事的全权。领事官员不同于外交使节,没有代表派遣国同接受国进行外交谈判的任务。但派遣国在接受国没有外交使团时,经接受国同意领事官员亦可承办外交事务。两国断绝外交关系时,并不当然断绝领事关系。①

领事的职能虽然没有明确的规定,不同时代和国家要求有所不同,但是,本书所关注的 19 世纪后期 20 世纪初期这一阶段,领事的职能大致包含几个方面。

1872 年,英国政府曾经对领事的职能作过调查,《外交官、领事职能调查委员会报告》认为领事职能主要分为三个部分:①对贸易的促进和保护义务:向英国政府和国民提供与通商贸易相关的商业情报、建议和贸易保护;②公证人义务:作为公证人发放出生、死亡等文书证明;③海运业义务:根据管辖区内海运业状况,向船长、船员提供援助和保护义务。②

《奥本海国际法》认为领事的职能可以分为四个部分:①促进工商业,维护本国工商业利益,将足以影响工商业发展的一切情形报告给本国,并将为保护本国工商业人才的利益所必要的情报供给本国工商业者;②监督航务,负责照管进入该埠的悬挂本国国旗的一切船舶,检查他们的船舶文书并使其具有法律效力,救助遭难水手;③保护侨民,领事对驻在地本国侨民提供保护,签发护照;④公证职能,领事认证签名并使其具有法律效力,为当地和本国政府准备文件的正式译本,并提供各种认证。③

不管从何种角度来看,领事制度建立的目的就是为了保护在外国当局之下的商业和航务,并向他们的政府提供有利于促进贸易的情报。因此,为促进贸易,向政府提供有利于促进贸易的情报是领事职能中最重要的项目之一,由这些情报所汇编而成的领事商务报告也是本书所要关注的重点。

---

① [英]劳特派特修订,王铁崖、陈体强译:《奥本海国际法》上卷,第二册,商务印书馆,1972 年 12 月版,第 278 页。

② [日]角山荣:《英国的领事制度及领事报告》,[日]角山荣编著:《日本领事报告的研究》,同文馆,1986 年版,第 214 页。

③ [英]劳特派特修订,王铁崖、陈体强译:《奥本海国际法》上卷,第二册,商务印书馆,1972 年 12 月版,第 282 页。

第二节　西方国家的领事商务报告

领事商务报告是驻外领事定期向本国政府发回的有关在任国的通商经济情报。主要包括领事管辖区内输出入品的数量、价格、关税,以及船舶出入、港口、海关、农工商产业的各项政策和法规等,有时也包含一些与贸易相关的政治、军事和社会情报。

虽然欧洲国家向海外地区派遣领事的历史可以追溯到中世纪时期,但是,当时领事的主要任务仅限于照管本国的商务、航运,以及保护本国侨民的商业利益。真正意义上的领事商务报告的出现却是 19 世纪的事情。19 世纪中叶欧美国家争夺海外殖民地的竞争日趋激烈,交通和通信条件也得到较大改善,如何快速且准确地掌握海外各地的通商贸易情报,成为左右贸易竞争成败的关键,因此,海外各地驻在领事发回的商务报告的重要性日益显现,成为各国政府和民间工商业者了解海外商情,推动对外贸易发展的重要辅助手段之一。

西方主要资本主义国家在向海外市场不断扩张的过程中,都非常重视本国领事商务报告制度的建设。英国、法国、美国、德国、比利时、丹麦、荷兰、俄国、瑞典、瑞士、葡萄牙等国都在不同时期,以不同的方式发行过领事商务报告,日本在明治维新以后也在借鉴和模仿西方领事制度的基础上逐步导入了领事商务报告制度,成为目前所知东亚国家中唯一公开发行驻外领事商务报告的国家。

因此,在探讨近代中国驻外领事商务报告制度之前,首先对西方国家领事商务报告的沿革和内容有个初步了解,将有助于我们进一步研究近代中国驻外领事商务报告。以下主要借助国外学者的相关研究成果对英国、法国、荷兰、丹麦、瑞典、美国、德国、俄国、日本等主要资本主义国家的领事商务报告的主要内容和保存现状作一简要介绍。[①]

一、近代英国的领事商务报告

英国是 18—19 世纪世界上最大的贸易霸权国家,在世界各地的领事馆数量和规模非常庞大。早在 15 世纪时期,活跃于地中海沿岸的著名商人就开始兼任英国领事,1740 年,英国的海外领事馆总共有 15 个,其中 11 个在地中海沿岸的

---

① 1978 年 5 月,在英国爱丁堡召开的第 7 届国际经济史学会年会上,"领事报告的国际比较研究"作为大会的分组主题,受到了来自英国、法国、美国、德国、比利时、丹麦、荷兰、俄国、瑞典、瑞士等国学者的广泛关注,各国学者就本国领事报告的主要内容和保存现状作了讨论。

港口,1 个在里斯本,其他 3 个在佛兰德斯、丹麦和俄国。到 1790 年,领事馆数量增加到 46 个,其中 12 个在北欧国家,3 个在美国,其余的在地中海和伊比利亚半岛。① 到了 19 世纪,随着英国殖民势力伸向世界各个角落,领事制度日趋健全,驻外领事馆数量也不断增多,英国领事的各项活动真正进入一个新的时期。到 1824 年,英国在海外各地领事馆数量已经达到 107 个。②

虽然英国驻外领事馆数量在 19 世纪初期就已经达到 100 多个,但是长期以来领事的素质和作用却常为时人所诟病。早期英国领事一般由宫廷贵族或者军人充当,通过关系或者贿赂获取领事的职务,不仅缺乏必要的商业知识,而且大多热衷于收取进出港船舶、发放签证、开具各类证明的手续费等,反而对保护本国商人权利,维护国家商业利益等工作缺乏应有的热心。到了 19 世纪,随着英国海外贸易的不断扩大,领事的这种做法引起了在外英国商人团体的不满,要求改革传统领事制度的呼声日益强烈。

从 19 世纪 70 年代开始英国政府对领事制度进行了数次改革,例如:提高领事待遇,注重领事商业和语言能力的培训,导入外交官试验制度等,但从结果来看改革非常的缓慢和艰难。因为在 19 世纪的英国社会对领事制度存在着两种截然不同的见解。一种是从经济自由主义理论出发,认为海外贸易活动本来就是个人行为,应该采取自由放任的竞争态度,领事对经济活动的干预应该尽可能地限制在最小范围,商业会议所和大商业资本家等自由贸易的支持者大多持该观点;另一种是中小工商企业者,为了应对激烈的国际贸易竞争,希望获得政府在外交和情报等方面的支持,他们主张领事能够发挥更加积极的作用。显然,中小工商企业者的呼声没有得到响应,改革的进程受到了大商业资本家的支配。③

英国政府对领事活动的消极态度所产生的后果最终在 19 世纪 80 年代前后显现,在与法国、德国、比利时等主张政府干预经济的欧洲大陆国家的贸易竞争中,英国逐渐开始出现颓势。海外商社纷纷要求政府能够加大支持力度,英国政府显然也已经意识到了这一点,但仍坚持认为政府在经济活动中支持某一特定商人将有违于自由贸易精神,最终只采取了适当的改进措施,这可能也是导致 19 世纪末期英国对外贸易衰退的重要原因之一。④

① D.C.M.Platt. The Cinderella Service: British Consuls since 1825,1971,P.10.
② Theo Barker. Consular Reports of The United Kingdom. Business Histoty, Volume 23, Issue 3, 1981,pp.266 - 267.
③ [日]角山荣:《英国的领事制度及领事报告》,《日本领事报告的研究》,同文馆,1986 年版,第 216 页。
④ [日]石井摩耶子:《近代中国与英国资本——以 19 世纪后半期怡和洋行为中心》,东京大学出版社,1998 年 2 月版,第 22 页。

从 1854 年开始,领事报告以英国议会文书《蓝皮书》(Blue Book)的形式公开发行,最初为年刊,随后增加到一年数次。1854—1886 年各卷是国别索引,其后各卷冠以"贸易年报"(Annual Trade Reports)的形式出版。这类贸易年报一般是英国领事提交的有关驻在地通商贸易整体情况的报告书,中国的驻在地包括厦门、广东、烟台、福州、汉口、宁波、上海、牛庄、汕头等开港口岸。除贸易年报之外,还有一些杂报,一般是英国领事提交的有关某一地区某种特殊经济和社会状况或问题的报告书,例如:1890 年代银价下跌对中国贸易和经济的影响,中国各地海关收支状况等。[①]

但是,年报缺乏情报的速报性,利用时多有不便。1886 年 7 月,商务部出版了领事报告月刊《关税、贸易告示及各种贸易情报的商务部杂志》(The Board of Trade Journal of Tariff and Trade Notices and Miscellaneous Commercial Information),每月 15 日发行,每期 120~130 页,定价 6 便士。[②]

英国在 19 世纪维多利亚时代成为"日不落"帝国,拥有广阔的海外殖民地,并确立了世界贸易中心的地位。英国领事从世界各地发回的领事商务报告,详细记述了当地商业、贸易、风土、社会,乃至政治、外交事件,是各国经济史研究一份不可多得的珍贵资料。近年驻华英国领事商务报告也已经再次汇编出版:Irish University Press Area Studies Series. British Parliamentary Papers. China (Shannon:Irish University Press,1971.)。

二、近代法国的领事商务报告

早在 17 世纪时期,法国政府就在海外组织了定期的领事活动,1681 年著名的柯尔培尔敕令(Ordonnance Colbert)颁布后,法国领事制度逐渐得到确立。法国领事最初是作为皇家海军的一部分,因此法国领事报告也是从"海军记录"(Archives de la Marine)开始的,直到 1781 年法国领事才正式纳入外交部的管辖之下。该时期法国领事报告大致可以分为两个系列:第一个系列是"海军记录",内容包括三个地区:基督教地区、美洲、近东和北非沿岸;第二个系列是外交部文书,1750 年至 1850 年主要来自地中海沿岸国家,1665 年至 1814 年主要来自近东、北非海岸和其他地区,包含大量法国部长和驻外领事有关贸易和经济的往来函件,上述资料现收藏在法国国家档案馆。

---

① David Steeds and Ian Hill Nish. China,Japan and 19th Century Britain. Irish University Press,1977, P.85.

② [日]角山荣:《英国的领事制度及领事报告》《日本领事报告的研究》,同文馆,1986 年版,第 228 页。

从 1816 年至 1897 年的法国领事报告目前保存在法国外交部,被正式分类为《领事贸易报告》(Correspondance Commerciale des Consuls),事实上混杂着大量政治和外交文件,总计 413 卷,按照时间先后顺序排列,像伦敦、纽约、汉堡、巴塞罗那、马德里、热那亚等领事馆的记录非常完整,而部分短时间存在的领事馆则记录相对较少。

到了 19 世纪,法国政府积极参与海外商业情报工作,法国的领事情报活动规模逐步超过了英国,1828 年以后,法国外交部要求驻外各领事馆以统一的形式每三个月递交一次报告,报告内容包括当地进口、出口、贸易总体情况,当地贸易、海运、外国船舶出入、当地产业情况、外汇行情(两周一次)、物价动向、运费及保险费率等。1841 年,外交部要求驻外各领事馆提交详细的工业报告,1846 年以后要求股票买卖情况,1860 年以后要求铁路情况,1883 年以后要求公共工程情况,1889 年以后要求劳动者罢工提交定期报告。19 世纪中期以后,法国领事的调查内容和范围逐步扩大,与此同时,领事报告工作由外交部管辖转为由农商工部(Ministry of Agriculture, Trade and Industry)管辖,报告直接送到农商工部。

1918 年以后,法国农商工部在驻外法国大使馆和重要领事馆内设置了商务官,商务官报告逐步取代了原有的领事报告。

为了推动法国国内产业和对外贸易的发展,法国政府考虑将部分有价值的领事报告整理成册公开出版,但领事报告的内容和名称经常改动。1829—1839 年期间,法国政府将驻外领事馆发回报告的摘要汇编成《杂报要览》(Extraitd'Avis Divers)公开发行,1840—1842 年期间,改标题为《农商部报告书:杂报》(Bulletin duMinistere de L'Agriculture etdu Commerce. Avis Divers)公开发行,1843—1917 年,又改标题为《海外贸易年报》(Annales du Commerce Exterieur)继续发行。1877—1891 年期间,模仿英国领事贸易报告发行形式,农商工部发行了《法国领事报告》(Bulletin Consulare Franfais),1892—1914 年,法国领事报告的一部分内容分载在《商业部年报》(Annales du Ministere du Commerce)和《商务官报告:领事贸易报告》(Le Moniteur Officiel du Commerce: Rapports Commerciaux des Agents Diplomatiques et Consulaires),另一部分内容刊载在财务部汇编的《统计·比较法年鉴》(Le Bulletin de Statistique et de Legislation Comparee),从 1871 年开始直到 1940 年为止。[1]

---

[1]　A. Broder. French Consular Reports. Business Histoty, Volume 23, Issue 3, 1981, pp.279 – 282.

三、近代荷兰的领事商务报告

经历与西班牙八十年战争,1648 年荷兰联邦共和国最终取得独立,为资本主义经济发展创造了条件。荷兰工商业和航运业突飞猛进,造船业最为发达,占当时世界首位,荷兰商船遍布世界,被称为"海上马车夫",阿姆斯特丹成为国内外贸易和工业生产的中心。经济势力的增强,使荷兰有能力建立强大的商船队和舰队,征服世界的许多地区,成为当时的海上贸易霸主。

在 16 世纪最后的十年,荷兰联邦共和国在三个主要的商业活动地区设立了领事代理人,这三个地区分别是:①法国、西班牙、意大利和地中海除了土耳其以外的其他地区;②奥斯曼帝国;③其他欧洲港口。17 世纪初期,荷兰先后在英国(1635)、苏格兰(1594)、法国(1590)、比利时(1669)、奥地利(1756)、丹麦(1637)、挪威(1693)、瑞典(1679)、俄罗斯(1790)、西班牙(1648)、葡萄牙(1612)、意大利(1601)以及黎凡特地区港口(1621)建立领事馆。1658 年 7 月 24 日,荷兰政府颁布了关于驻外领事馆的权利与义务,规定驻外领事需要定期报告各地商业发展与贸易机会。1782 年,荷兰在美国设立领事代表。由议会任命领事后,荷兰驻外领事人数在 1600—1650 年间总共达到 44 人,此后的 1650—1700 年间逐渐增加到 65 人,1750—1795 年间增加到 117 人,从 1795 年到荷兰被拿破仑吞并时仅有 77 人。根据荷兰政府于 1658 年发出的总领事命令:荷兰领事馆应该致力于保护荷兰水手、商人、财产和船只;同时必须报告海外各地重要商业和贸易发展情况,以及尽可能地向荷兰政府和黎凡特贸易委员会传递战争迹象和战前准备。到了 1786 年,荷兰政府明确规定驻外领事需要汇报如何扩大海外商业的手段和方式。

在 1813 年拿破仑帝国崩溃后,荷兰重新获得独立。恢复元气后的荷兰立即在欧洲、土耳其、北非和北美港口设立了 148 个领事馆。荷兰联邦共和国时代领事的后代被新国王任命为新的领事。19 世纪 20 年代,为了扩大荷兰传统贸易范围,荷兰在南美设立了领事馆。在比利时革命(1830—1848 年)引发的经济发展停滞时期,领事服务(达到 200 个领事、副领事和领事代表)对于荷兰海外贸易规模来说是过多了,但是荷兰商会成功地抵制了国内试图削减领事服务的提议。

根据 1814 年、1816 年、1818 年和 1846 年的领事命令,荷兰驻外领事馆应该汇报年度贸易、海运数据和半年度运货清单。他们也被要求汇报海外各国商业法方面的变化,贸易情况,战争迹象和传染病的传播。但是商船和贸易的保护仍然是其主要责任。在 19 世纪上半叶,年度报告和货运单的质量逐年下降,因此在 1846 年荷兰政府不得不发布一份关于起草官方通讯的新指示,然而在 1848 年自由国家建立以后公众才从报告所提供的信息中获得收益。1849 年以后,一些摘录被发表在官方报纸《内德·兰奇·斯塔特报》上。1864 年索尔贝克自由内阁主管外交事务的部长指令荷兰领事扩展年度报告,特别关注以下方面:①农业;②工业;③造船业;④采矿业;⑤商业;⑥航运业;⑦移民;⑧各种细节。

19 世纪 40 年代荷兰领事服务已经扩展到莱茵河和多瑙河沿岸的贸易中心。1857 年以后荷兰领事馆也开设在英国海外殖民地,同时荷兰也允许外国在荷属东印度群岛建立领事馆。在 19 世纪 40—60 年代,荷兰总领事馆、领事馆、副领事馆和领事机构的数量在 196 个至 216 个之间波动,其中全部或部分支付薪水。1874 年之后荷兰建立专业化的领事服务制度,新的专任领事必须在海牙的外交部待一段时间,然后才能在外国从事领事工作。1884 年,荷兰法律规定年轻的荷兰人只有通过官方领事资格考试才能成为领薪领事代理人。从 1874 年起,驻外领事被明确要求必须汇报有利于荷兰商业扩张的各类信息。

在 19 世纪最后的 25 年里,激进的自由主义议员、各种商会和工业家压力集团成功地敦促政府必须使领事服务适应不断变化的经济环境。他们期望国家干预有利于荷兰出口贸易,并认为领事代表在国际贸易竞争中是一种有效的武器。因此,领事代表的人数急剧增加:1887 年,他们的人数达到 505 人,1905 年达到 542 人。1874 年引入了新的领事条例;但直到 1884 年和 1906 年,新的法律才规定荷兰领事必须接受正式检查,从而增加了服务中的专业人员和荷兰人的数量。以前,荷兰的许多领事代表都是外国商人,他们用英语、法语或德语起草报告。

19 世纪的荷兰领事报告(1870 年以前)保存在海牙总档案馆。由于 19 世纪上半叶外交与领事函电的分类发生了变化,追踪领事报告有些困难。而且领事报告有时被送到国家工业与殖民部,财政部或者海军部,现在仅仅能够在他们的档案馆找到。荷兰 H.M.S.O 在官方公报上公布的报告,19 世纪 60 年代的原始报告已被销毁。不幸的是领事报告的草稿无法在领事馆的档案中追查,因为这些收集到的文件仅仅是部分被保存。只有在领事服务专业化之后,荷兰的领事工作才更加谨慎。19 世纪末和 20 世纪的报告仍保存在海牙外交部,可在部门档案处查阅。

较多荷兰领事报告已经出版。从 1849 年开始,外交部将领事报告出版在官方报纸 The Nederlandsche Staatscourant 上。从 1865 年开始,F.O.开始出版系列报告:Verzameling der Konsulaire berigten en verslagen over nijverheid, handel en scheepvaart,The hague,1865—1868(每年由荷兰语、英语、法语和德

语发布 120 个报告)。此外这个系列还包括: Verzameling van consulaire en andere berigten en verslagen over nijverheid, handel en scheepvaart, The Hague,1868—1878.

1879 年公共事务、商业和工业部接管了报告的出版: Verzameling van consulaire en andere verslagen en berichten over nijverheid, handel en scheepvaart, The Hague,1879—1893(每年由四种语言发布的 200 个报告,计 1500 页).

1894 年 F.O.再次负责出版事务: Consulaire verslagen en berichten gedrukt en uitgegeven op last van het Ministerie van Buitenlandse Zaken, Amsterdam,1894—1906(每年由四种语言发布的 180 个报告,计 1000 页).

1907 年改为由 F.O.和农业、工业和商业部每周出版: Handelsberichten which contained a special series: Economische verslagen van Nederlandsche diplomatieke en consulaire ambtenaren, Amsterdam,1907—1937, continued as: Economisch Voorlichting, Amsterdam,1937—1943(每年由荷兰语出版大约 20 个报告,计 500 页).[①]

四、近代丹麦的领事商务报告

16 世纪丹麦的航运业和海外贸易十分发达,并拥有一支规模可观的舰队,丹麦成立了东印度公司,在西印度群岛和几内亚拥有殖民地。

丹麦的领事报告主要集中在:①来自官方留存的档案;②19 世纪以来从外国寄来的领事档案;③大量从 19 世纪开始已经收录进国家档案馆的领事档案;④相关可用的复印资料。

(1)在 1797—1848 年间,丹麦所有关于对外贸易和航运的事务都由贸易部负责,1848 年以后有关领事事务的协会附属于外交部部门之下,直到 1866 年才作为外交部中的一个独立部门运转。该行政机构负责丹麦领事的任命,特殊问题的信件,政策制定,海洋通行证的发行,以及其他相关事务,该部门同样也处理领事报告事宜。

(2)丹麦领事报告在 19 世纪已经被分成两组,并且放置在相应的档案中。第一组领事报告通常是按季度报告商业情况、运费率、物价、当地的统计和一般

---

① C.A.Tames. The Netherlands Consular Service and the Dutch Consular Reports of the Nineteenth and Twentieth Centuries. Business Histoty, Volume 23, Issue 3, 1981,pp.271–275.

的新闻,甚至从报纸上裁减的部分也被寄到了哥本哈根,这些领事报告的质量参差不齐,这与时期、地区和领事关注度有关。在 19 世纪下半叶这些报告被提交给在哥本哈根的商业协会,表明这些资料更加注重实用性而非行政目的。第二组领事报告的特征更加具有统一性,由船舶清单组成,一直延续到 18 世纪中叶并且直到 1904 年。丹麦政府规定所有在海外行驶,悬挂丹麦国旗的船舶,必须向当地的丹麦领事报告,领事方面也必须按季度或年度,向丹麦政府提供船舶到达和离开的清单。从 1905 年开始,提供这些清单的义务转移到船舶所有者身上。领事的船舶清单样式有所不同,但大部分都会提及船长、船籍港、目的港、所载货物、船只的大小(1867 年前在商业清单中注明,1867 后以吨注明)。需要关注的是这些清单开始只包括属于丹麦王室的所有船只,挪威人的船舶直到 1814 年才被包括进来,来自公国(石勒苏益格-荷尔斯泰因)的船舶直到 1864 年才被包括进来,从那以后直到 1920 年,丹麦王国境内的所有船舶才全部包括进来。

(3)20 世纪,特别是第二次世界大战以后,世界各地的丹麦领事馆寄向丹麦国家档案馆的资料中包含大量 18 至 19 世纪的增补性资料,它们包含大多数的信件,但也有一些船舶的登记表、通行证、行驶执照等,在某些情况下这些资料可以填补一定的空白,并且检验那些 19 世纪寄送到哥本哈根的清单和报告。

(4)领事报告一般是政府因行政目的而制作的,但同时具有较高新闻价值。在 19 世纪的上半叶,一部分领事报告出版在政府所属的期刊上,如船舶信息、运费率、丹麦和挪威的出口商品的价格,当地货币的利率等,并被翻译成丹麦文,原稿通常是法语或者德语。实际上出版的只是领事报告中的一小部分信息,尽管这些期刊的信息都源于领事报告,但这些报告的资料价值肯定不如原始档案。从 1888 年开始,领事报告由哥本哈根商业协会汇编成年度出版物编辑出版。

1849 年以前,丹麦议会没有像英国议会一样去建立一个统一的"英国议会文件"的传统。丹麦领事报告的原始资料大部分都存入档案并且至今保存完好,但是,很少有人关注并且利用它。[①]

五、近代瑞典的领事商务报告

在 16 世纪的几次战争中瑞典先后打败了丹麦、波兰的军队,17 世纪瑞典成为称霸欧洲北部的强国。18 世纪初开始衰落,丧失了大部分海外领地。

---

① A.M.Moller. Consular Reports: The Danish Monarchy 1797—1904. Business Histoty, Volume 23, Issue 3, 1981, pp.276 - 278.

瑞典贸易委员会成立于 1651 年,第一任秘书长是约翰·莱辛(Johan Risingh,1617—22 年),之后成为瑞典殖民地的指挥官。贸易委员会的档案中保存着许多有关对外贸易状况的调查报告,约翰·莱辛的报告就是其中最早的一份。

从一开始,贸易委员会的任务就是调查如何拓展瑞典同外国之间的贸易,在与瑞典贸易具有前景的海外城市设置领事馆。17 世纪,瑞典贸易委员会先后在莫斯科、诺夫哥罗德、赫尔辛格、阿姆斯特丹、汉堡、但泽以及里斯本和普列斯科夫设置了领事馆。1729 年瑞典在赫尔辛格、伦敦(从 1722 年开始)、波尔多、里昂、加的斯和汉堡等地任命了领事。1729 年,瑞典在北非的阿尔及尔任命了领事。

在北方大战结束后,瑞典政府对领事制度进行了进一步改革。以斯德哥尔摩商人协会为代表的瑞典商人,在 18 世纪的许多场合对任何扩大领事服务的行为都表现出了抵触,认为扩大领事服务的行为会增加对外贸易的经济负担。尽管如此,在古斯塔夫斯时代,领事服务仍然是扩大了。1815 年至 1850 年间,瑞典在海外新设了 33 个领事馆。1914 年,瑞典领事馆遍布海外 150 个港口。1793 年 1 月 31 日,瑞典颁布了第一个领事条例,随后分别于 1830 年 3 月 9 日、1858 年 4 月 20 日及 1886 年 11 月 4 日颁布了新的领事条例。

1830 年颁布的领事条例规定,瑞典驻外领事馆的职责包括:①一年两次将现行价格发送到贸易部;②通知贸易委员会有关海外各国贸易法律和法规的变动;③报告贸易的各种变化,包括生产量、收获量、政治事件,或者是新的机构和新的发明等;④报送船舶清单,所有瑞典和挪威的进出港口的船只;⑤报送有关瑞典和挪威贸易的年度报告。

根据 1793 年的规定,瑞典领事每年必须报告四次“对海外贸易方有益和值得注意的情况”。在此之前很久,许多驻外领事都定期提交这类报告。早期驻外领事的信件中还附有现在驻在港的经济状况、商业法规和船运清单的详细资料。但是,可以肯定的是驻外领事的各类报告在内容、范围和质量上都发生了很大的变化。

在瑞典贸易委员会的主要档案中,有一系列“来自领事和部长的信件”,其中包括 1908 年以前的 489 份信件。主要是来自汉堡 1730 年至 1907 年(22 卷)、哥本哈根 1788 年至 1906 年(30 卷)和伦敦 1730 年至 1906 年(77 卷)。在贸易委员会的档案中,在主档案馆的“副领事通讯”和统计司的档案(领事报告 1881 年至 1903 年)中也有驻外领事们的信件。1817 年至 1890 年间驻外领事发回的运

货清单被归档在贸易委员会会计司的档案中,1890 年以后的运货清单则可以在统计司的档案中找到。领事的信件也保存在瑞典国家档案局的外交文件中。此外,挪威商务部的档案中应该也有购物清单和领事的信件。自 1858 年起领事报告的摘录发表在商务及航运委员会的年度报告中。[①]

六、近代美国的领事商务报告

美国建国后的数十年内,领事的功能主要是保护美国的商业利益和海外公民,对领事的经济调查作用还没有引起充分重视。1790 年,美国驻海外各国领事馆数量为 6 个,1820 年增加到 70 个,到 19 世纪中叶增加到 184 个。在此过程中,随着美国国内经济的高速发展,海外贸易急剧扩大,美国政府对驻外领事从事海外经济调查的关注度也日益上升。从 1856 年开始,美国政府正式以法令的形式规定驻外领事馆必须每年发回领事报告,这些贸易年报最终汇编成《合众国贸易关系》(Commercial Relations of the United States),向社会公开发行,直到 1914 年为止。这些年度报告内容质量虽然参差不齐,但主要包括当地经济、社会概况,特别是进出口贸易、交通状况等。19 世纪 50 年代,特别是 70 年代之后,领事报告主要用以指导缺乏大型出口部门和海外代理的中小型制造企业。

由于美国政府对推进海外贸易抱有越来越浓厚的兴趣,从 1880 年开始,除贸易年报之外,另外还同时发行了月报,这种做法一直持续到 1910 年为止。为了进一步加强海外经济情报的收集,从 1890 年开始,美国政府又出版了《特别报告》,这类报告一般是接受政府或企业特定的调查课题,例如:"来自欧洲的移民""美洲、亚洲、非洲、澳洲和玻利尼西亚的劳动者"等。有一段时间,作为月度系列报告的一部分出版,19 世纪 90 年代初期作为单行本出版。

19 世纪末期,随着国际贸易竞争日趋激烈,驻外领事的经济调查作用日益显现,美国的驻外领事馆数量大幅增加,1880 年为 252 个,1900 年为 291 个,1921 年达到 314 个。同时,驻海外各地领事馆发回的调查报告数量也大幅增加。从 1898 年开始,美国政府出版了《日刊领事报告》,体例与月报基本相同,直到 1921 年改版为《周刊领事报告》为止。

1903 年,新成立的商业与劳动部(Department of Commerce and Labor)负责领事报告的发行工作,并很快向海外各地派遣了自己的"特别代理人"(special

---

① R.H.Werking. Consular Reports to the Swedish Board of Trade. Business Histoty,Volume 23,Issue 3,1981,pp.294 - 295.

agents)。到第一次世界大战期间,美国的海外经济情报活动更趋活跃。1918
年,又继续在柏林、伦敦、巴黎、北京、东京、里昂等重要城市设置了商务官,和驻
外领事一样商务官也提交了大量非常有价值的调查报告。从当时的情况来看,
美国驻海外领事馆的数量和情报收集能力已经超过了英国和法国。

　　20世纪初期,美国政府着手对领事服务体系进行了较大规模的改革。由于
美国政府没有办法确保领事报告传递的保密性,而不像一些主要的欧洲国家,因
此,美国政府开始拒绝出版更重要、更紧要的领事报告,而是直接发送给相关企
业,这种变化出现在1906年前后。1912年,政府终于建立了美国商会,就在此
前的1910年政府停止了领事报告月报的发行,此后的1914年政府停止了年报
的发行。[①]

　　值得关注的是近年来美国驻华领事商务报告资料已经陆续在国内出版[②],
使得美国驻华领事商务报告的利用状况大为改善。这些资料内容十分广泛,涉
及中国的政治、经济、军事、社会、文化、外交等方方面面,对于近代中国社会经济
史、中外关系史研究领域具有极其重要的价值。

七、近代德国的领事商务报告

　　在德国走向统一之前,德意志各个邦国有着各自的领事制度,1867年北德
意志联邦成立,领事制度逐步趋于一体化。1867年7月1日,颁布了北德意志
联邦宪法,在第4条9项中对北德意志联邦领事制度作了明确规范,规定驻外领
事必须呈报当地贸易、交通和运输等相关情报,并对境外德国公民以合法的援
助、授权文件、合法性、出生、婚姻和死亡登记、遗嘱、航运及海事法律事务。

　　以此为基础,1867年12月3日,北德意志联邦首次任命了驻外领事,并在
埃及、士麦那(土耳其港湾城市)、波斯尼亚、日本、莫斯科等地设置了领事馆。
1879年,联邦政府意识到领事的重要作用,在海外各地增设领事馆,以前各邦国
的领事馆相继关闭。1870年,南德意志联邦加入,1871年德意志帝国成立,原来
北德意志联邦宪法中有关领事的法令成为新成立的帝国法令。为了增强国家实
力,新政府非常注重海外市场的扩张。1871年6月,德意志帝国开始任命驻外
领事,到1887年,德国已经在海外开设了652个领事馆,其中76个为职业领事

---

① R. H. Werking. United States Consular Reports: Evolution and Present Possibilities. Business
Histoty,Volume 23,Issue 3,1981,pp.300 - 302.
② 广西师范大学出版社已经将广州、杭州、南京、安东等美国领事馆报告作为"美国政府解密档案"统一
汇编出版。

馆,576 个为名誉领事馆,职业领事馆中的 19 个为总领事馆,51 个为领事馆,6 个为副领事馆。在较短的时间内实现了海外领事馆数量的快速增长,到 19 世纪末期德国的海外领事馆数量和规模远远超过了老牌帝国英国。①

德国驻外领事发回的贸易报告绝大部分已被纳入外交部的商业或法律部门的文件中。现在德国外交部档案中,1867 年至 1920 年的领事报告数量较少,目前保存在位于波兹坦的国家中央档案馆,大部分是 1920 年至 1945 年的领事报告,目前这些文件存放在波恩。然而由于受到战争的影响,这些文件在 1936 年前后存在着相当大的差距,破损非常严重。文化部门的文件仅包括 1920 至 1945 年期间,其中大部分文件在战争中毁于战火,只有一小部分文件留有残余。

德国外交部根据学科或者活动领域建立一套备案制度。所有领事机构和外交人员就某一特定主题的报告,连同有关规定被收集到一个主题文件内,并按照一般的分类提出相应的计划。因此,在例如公共档案馆,不可能找到普通收集的领事报告。迄今为止,不同部门的主题文件里的部分领事报告已经被学者当成用来查询的政治档案,与外交报告和其他的档案材料一道,用于对待特定课题的研究工作。主题索引卡片提供的信息在很大程度上已经完成。即使是在官方版本中,《德国外交政策的有关文件 1918—1945》(Documents relevant to German Foreign Policy,1918—1945)也已经出版了 48 卷。领事论文只发表于 1925 至 1944 年间。在这里使用的备案制度,因此没有单独的收集,它很可能很难建立一个独立的领事报告公布。②

八、近代俄国的领事商务报告

俄国领事商务报告的出版具有较大的随意性和无规律性,驻外领事大多没有接受过系统的商业知识培训,许多调查报告的质量非常一般,直到俄国政府对海外贸易引起足够的关注,这种状况才逐步发生转变。

19 世纪 80 年代,财务部内开始发表贸易和制造部门的报告,目前只能追踪到一本刊物《工商部信息汇编》(Sbornik svedenii po department torgovli i manufaktur〈Compendium of infonnation from the Department of Trade and Manufactures〉, vol. 1, Konsul'skiye Doneseniya〈Consular Reports〉, SPb., n.d. 1880‑1?, 236 pp),这本刊物包括了财政部设在伦敦、巴黎和柏林的办事

① [日]石垣信浩:《第一次世界大战前德国的通商情报收集体系与海外市场开拓》,《大东文化大学经济论集》第 75 卷第 1 期,1999 年 8 月,第 2 页。
② DR. Gehling. German Consular Reports. Business Histoty,Volume 23,Issue 3,1981,pp.283‑284.

处以及在德国、英国、奥地利、瑞典和丹麦的领事馆有关 1877—1880 年间和俄罗斯的贸易报告，其中大部分的报告是来自德国。

1898 年，外交部开始更加系统地出版驻外领事发回的报告《领事报告汇编》(Sbornik konsul'skikh donesenii)，这是一部汇集大量领事报告，每年约 500 多页的年鉴，直到 1910 年为止。多数报告内容非常简短，但信息量较大，有一些比较实质的和有价值的研究。这些报告内容与俄国对外贸易相关的似乎只占 15% 左右，其中一半以上是免费配送给政府机构和官员，分发给个人的数量是非常有限的，几乎没有超过 50 份。

1905 年革命后，俄国政府为了更多地鼓励民间工商业者发展对外贸易，特别是出口制成品。一个独立的贸易和工业部(Ministry of Trade and Industry)于 1912 年成立，并在许多重要的海外地点开设办事处(伦敦、巴黎、柏林、维也纳、法兰克福、汉堡、鹿特丹、热亚那、马赛、索菲亚、君士坦丁堡、德黑兰、上海、库伦和哈尔滨)。外事部的改革于 1910 年开始，部分目的是为了提供更有效的服务以适应海外对于经济和商业的需求，并为俄罗斯的经济需求提供拥有合格人才和信息的领事服务，以开展这项任务。

1912 年至 1916 年，俄国贸易和工业部负责领事贸易报告的发行工作，将驻外领事发回的报告汇编成《俄罗斯帝国驻外领事工商业报告》(Donesenii imperatorskikh rossiiskikh konsul'skikh predstavitelei za granitseipo torgovo-promyshlennym voprosam SPB 1912—1916)，共有 61 个问题(每年 4 至 17 个)，每一个包括一些根据国家分组的报告。这些报告的内容与那些由外交部早些时候发表的外交事务没有什么不同，但是，撰写内容更加明确地反映了俄罗斯的商业利益，这些报告几乎都是与俄罗斯的对外贸易直接有关的。另外，15 个独立的领事报告由苏维埃临时政府在 1917 年发表，这些关于 1915 年的报告几乎完全是关注俄罗斯与中国东北、蒙古和新疆的贸易。一些报道也于 1912—1916 年发表在《外交部新闻》(lzvestia Ministerstva lnostrannykh Del)。第一次世界大战前夕，俄国政府每年大致收到一千多份驻外领事发回的报告，其中伦敦领事馆数量最多，每年达到 137 至 163 份。[①]

九、近代日本的领事商务报告

后发资本主义国家日本是目前所知的东亚国家中唯一公开、持续地发行过

---

① V.I. Bovykin, D.W. Spring and S. J. Thompstone. Russian Consular Reports Up to 1917. Business Histoty，Volume 23，Issue 3，1981，pp.291 - 293.

领事商务报告的国家。日本领事报告的定期、系统发行是始于 1882 年 7 月由日本外务省记录局负责编纂的《通商汇编》(1882 年 7 月至 1886 年 12 月)。此后,在不同的历史时期日本领事报告经历了《通商报告》(1886 年 12 月至 1893 年 12 月)、《通商汇纂》(1894 年 2 月至 1913 年 3 月)、《通商公报》(1913 年 4 月至 1924 年 12 月)、《日刊海外商报》(1925 年 1 月至 1928 年 3 月)、《周刊海外经济事情》《海外经济事情》《外务省通商日报》(1928 年 4 月至 1943 年 10 月)的刊名变化。在出版体制、发行频度、揭载内容等方面也多有变化。

《通商汇编》最初两期为年刊,形式和内容均比较简单。为更加迅速地刊登来自各地的领事报告,1886 年 12 月,《通商汇编》改版成旬刊的《通商报告》继续发行。从 1886 年 12 月 18 日的第 1 号开始,至 1889 年 12 月 18 日的第 131 号为止。甲午战争爆发前夕,日本对华贸易急速扩大,领事报告数量也大幅增加,为此领事报告在编纂体制上发生了较大的变化。首先在发行体制上,最初是每月发行一册的月刊,1894 年 12 月 9 日第 1 号发行,由外务省通商局第一课负责编纂和发行。1900 年开始每月 4 至 6 号,还不时辅以“附录”“临时增刊”等形式发行,到 1903 年 3 月 26 日共发行了 258 号。1913 年 4 月 4 日,《通商汇纂》改称《通商公报》继续刊行。每周 2 期(星期一、四)出版,每年约 105 期,由外务省通商局编纂。《通商公报》每周 2 期发行之外,另发行临时增刊,实际每月 8～9 次。从 1920 年 10 月 4 日第 769 号开始,改由帝国地方行政学会发行,发行内容基本保持不变,1924(大正 13 年)年 12 月第 1228 号出版后废刊。1925 年 1 月,《通商公报》与其他杂志《商报》合并为《日刊海外商报》,由外务省通商局编纂,帝国地方行政学会发行,刊物持续到 1928 年 3 月,历时 3 年零 3 个月。1928 年 4 月,《日刊海外商报》改名《周刊海外经济事情》发行,由外务省通商局编纂。1934 年末被迫改为半月刊发行,另外发行新的日刊《外务省通商局日报》。随着太平洋战争的扩大,日本经济恶化,1943 年 10 月,外务省通商局撤废,《海外经济事情》停刊。

与欧美国家的领事贸易报告相比,日本领事商务报告具有独特的意义。

首先,日本对中国的关注程度非常高。英国于 1824 年就已经在海外设置了 107 个领事馆[1],德国于 1887 年在海外设置了 76 个职业领事馆[2],美国于 1921

---

① Theo Barker. Consular Reports of the United Kingdom. Business History, Volume 23, Issue 3, 1981,P.266.

② [日]石垣信浩:《第一次世界大战前德国的通商情报收集体系与海外市场开拓》,《大东文化大学经济论集》第 75 卷第 1 期,1999 年 8 月,第 2 页。

年在海外设置了 314 个领事馆[①]。但是欧美国家在中国设置的领事馆数量占到很少的比例。日本虽然在 1870 年才在中国上海设立了临时领事馆,但是扩张速度特别迅速,领事馆不仅遍布中国沿海、沿江主要开港口岸,还深入成都、昆明等内陆地区,构建起一个完整、庞大、系统的领事馆网络。根据 1936 年的统计显示:英国在中国设置了 18 个领事馆,美国和法国分别是 15 个,德国只有 8 个[②],而日本在中国却设有 55 个领事馆。[③] 这充分说明了日本的对外经济扩张和关注重点在于中国,在中国设立的领事馆数量要远远多于欧美主要资本主义国家,足以证明日本领事商务报告中有关中国报告的翔实程度和重要史料价值。

其次,日本领事商务报告内容丰富,形式多样。日本借鉴和吸收了欧美国家领事商务报告制度的优点,结合本国特色,形成了具有日本特色的领事商务报告制度。报告内容不仅包括中国的商业和对外贸易,而且涉及货币金融、工业、农业、矿业、水产、交通、关税、移民,乃至社会习俗、政治、军事等方方面面。报告形式上除年报、月报等定期报告之外,还辅以大量的临时报告,随时报告中国的各类情况。这些资料是中国近代社会经济史、中日经济关系史研究不可多得的一份珍贵史料。

最后,日本领事商务报告史料价值的独特性。日本与中国同为东亚国家,历史上又曾经长期受到中国文化的影响,在语言、思想、社会风俗、生活习惯、行为规范等方面有诸多相近之处。由于文化的相近性,日本领事在中国开展田野调查或文献查阅过程中,相比欧美国家的驻华领事而言更加方便,而且对中国社会经济现象的理解可能更加准确、更加全面。

---

① R. H. Werking. United States Consular Reports:Evolution and Present Possibilities. Business History,Volume 23,Issue 3,1981,p.300.
② 外务省编纂:《在支外国领事馆调》,1936 年版,第 1 - 13 页。
③ 大阪市产业部贸易课编:《海外商工人名录》,1937 年版,附录第 3 页。

第二章

中国近代领事制度的建立

第一节　中国传统外交的近代转型

　　传统中国的世界秩序来源于历代封建王朝的"天下观",中国人一直认为华夏处在世界的中心,而中国的统治者是全世界的统治者。西方列强入侵亚洲之前,即 19 世纪中叶前,中国无论从政治经济还是文化上都占统治地位,其他亚洲国家都在某种程度上承认中国的这种统治地位的合法性。即使在有些事情上,中国的霸权并不符合它们的利益,但它们并没有兴趣,也没有足够的力量向这种权力结构挑战。朝贡制度的基本前提是:中国是世界的中心和核心,中国皇帝至高无上,外邦君主只有承认自己是中国皇帝的藩属,履行对中国的朝贡义务,才能得到与中国建立国际关系的权利。和中国接邻的和朝贡中国的只是中国的政治和文化卫星国。在这种制度下,中国无疑在亚洲国家体系中占有统治和中心的地位。

　　在鸦片战争以前,中西不仅是两个不同的文化体系,而且是两个互相不了解的世界,西方的侵入改变了亚洲国家之间原有的权力分配格局。欧洲由于资本主义迅猛发展和殖民扩张,19 世纪中期世界性的国际体系已经形成。当欧洲"条约制度"和中国的"华夷秩序"相遇时,冲突就不可避免地发生了。

　　1834 年 7 月,英国政府派律劳卑为"商务监督"来华查办贸易事务,此为中国有外国领事之始。律劳卑是 1833 年英国政府废除英国东印度公司对华贸易专营权后,派往广州的第一任英国政府驻华商务监督。但英国领事的地位并未被清政府承认,只是将其视为照料英国在华贸易的事务官。

　　鸦片战争后的《南京条约》,使英国单方面取得了在中国通商口岸的设领权,

"自今以后,大皇帝恩准英国人民带同所属家眷,寄居大清沿海之广州、福州、厦门、宁波、上海等五处港口,贸易通商无碍;且大英国君主派设领事、管事等官住该五处城邑,专理商贾事宜。"①此为外国在华设领之始,随后各国援引"一体均沾"也先后在通商口岸设立领事。1858年中英《天津条约》,英国进一步取得了在中国派驻公使的权力和在新增通商各口的设领权,从而将片面设领权由五口扩大到了北部沿海各口并伸向了内地。此后,西方列强陆续取得了在中国各通商口岸的设领权和领事裁判权,并派驻了领事。

在取得设领权之后,英国进一步希望向中国派遣公使。1858年中英《天津条约》第二款规定,清政府和英国可"交派秉权大臣,分诣大清、大英京师"。但是清政府一直拖到1860年中英、中法《北京条约》签订后才被迫接受各国公使常驻京师。各国公使驻京后,晚清外交更见艰难,动辄为外国公使所掣肘,乃至"中国之虚实,外国无不洞悉,外国之情伪,中国一概茫然。其中隔阂之由,总因彼有使来,我无使往,以致遇有该使倔强任性,不合情理之事,仅能正言折服,而不能向其本国一加诘责,默为转移"。为了应对各项洋务,1861年1月,清政府设立总理各国事务衙门。总理衙门在成立之初是一临时机构,打算洋务减少后把它撤销。可没想到,此后的洋务越来越多,总理衙门遂成为第二个"军机处"。总理衙门认为,西方各国到中国来,通商传教,有事可办,应当派驻使节;而中国无须到外国去办事,所以不用派使节驻外。② 由于清政府囿于传统朝贡外交思想的束缚,"一统无外,万邦来朝",鸦片战争后一直没有对西方的设领要求做出积极的对等反应。中国从无派遣外交代表常驻异邦的惯例,仍然对设领遣使问题抱有抵触心理。

在中国原有的朝贡体系中,不可能产生建立在近代国际关系观念基础上的互派常驻使节制度。清政府对于外国公使驻京一事,是坚决反对的,当然也不愿意派遣自己的公使常驻外国。早在1858年中美在《天津条约》谈判时,美方代表曾建议时任直隶总督谭廷襄派员赴美保护华工华商,但谭廷襄以"天朝富有万物,抚有万民,无暇顾及区区浪迹国外之弃民"③予以回绝。谭的这种认识表明清政府依旧承袭着传统华侨政策,对海外侨民背弃祖宗、远离故土怀有深深的敌意,这种贫乏的认识决定了清政府根本不可能在这段时期内向外派设领事,直到第二次鸦片战争后,情况才有所改观。

---

① 王铁崖编:《中外旧约章汇编》,三联出版社,1957年版,第31页。

② 宝鋆等修:《筹办夷务始末》(同治朝),卷40,台北:文海出版社,1971年版,第32页。

③ 陈瀚笙编:《华工出国史料汇编》,中华书局,1985年版,序。

　　第二次鸦片战争后,举朝为之震动,以曾国藩、李鸿章为代表的洋务派深悉此时的晚清正处于时代的大变局中,李鸿章更是发出"三千年未有之变局"的感慨,面对这一变局,清政府不得不改弦更张,调整对外政策,于是设领问题开始为清政府所注意,并为此相应地做了一些准备。清政府对设领认识的深化首先见诸条约,1860 年,中俄《北京条约》第八款规定:"俄罗斯国可以在通商之处设立领事官等,以便管理商人——中国若欲在俄罗斯京城或别处设立领事官,亦听中国之便。"①这是第一个明确提出双方互设领事的条约,它给予了清政府对等派设领事的权利,但清政府囿于成见,并没有将之付诸实践。1868 年,晚清派出蒲安臣使团访美,蒲安臣代表清政府与美国签订了中美《续增条约》即《蒲安臣条约》,条约第三款:"大清国大皇帝可于大美国通商各口岸任便派领事官前往驻扎,美国接待与英国、俄国所派之领事官,按照公法条约所定之规,一体优待。"②但该条约最终被打上蒲安臣擅签的烙印,约内载明的设领权也被束之高阁。尽管此时中外条约内已出现了中国向外设领的相关规定,但并非清政府主动争取,清政府在条约内主动争取设领权始于中英《新定条约》。1869 年中英《新定条约》里有中国可在英国及英国属地各口派官驻扎的规定,③这条规定是中国政府首次、主动要求外国承认中国有向其及其属地派设领事的权利,但最终因为英国商人的强烈反对而没有获得批准。虽然条约未能获得批准,但清政府能在中外修约中主动提出向外设领的要求还属首次,必将对以后的设领谈判与领事实践产生重大影响。

　　外国公使在华交涉也给清政府向外派驻使节起了某种示范作用。1862 年,海关总税务司赫德曾经译出《国际法原理》送交总理衙门,希望增进中国官员对西方领事制度的了解。1864 年,由丁韪良翻译《国际法原理》以《万国公法》的名字呈报总理衙门,这也引起了与中外交涉相关官员们对国际法中包括遣使驻外等问题的高度关注。1865 年,赫德向清政府呈递了一篇著名奏折,名为《局外旁观论》,提出"派委大臣驻扎外国,于中国有大益处。在京所住之大臣,若请办有理之事,中国纂应照办;若请办无理之事,中国若无大臣驻其本国,难以不照办。"④赫德还进一步指出,中国委派大臣常驻外国,可以越过北京那些外交官,直接与外国政府打交道,这样不但有助于中国,而且有助于中国与西方保持

---

①　王铁崖编:《中外旧约章汇编》,三联出版社,1957 年版,第 151 页。
②　王铁崖编:《中外旧约章汇编》,三联出版社,1957 年版,第 262 页。
③　王铁崖编:《中外旧约章汇编》,三联出版社,1957 年版,第 308 页。
④　宝鋆等修:《筹办夷务始末》(同治朝),卷 40,台北:文海出版社,1971 年版,第 20 页。

一种十分牢固的关系。

1866 年，英国驻华公使馆参赞威妥玛也向总理衙门呈递《新议略论》的建议书，力陈"盖泰西诸国，素以相派大臣为尽来往之力，亦同礼者联为局中，不同礼者视为局外，中华果愿一体互派，其益有二。如今中国独立，不与邻邦相交，各国未免心寒，能与相通，庶可易寒为热，则各国既有关切之心，斯其无故侵占之渐，较易防堵。抑或适与某同因事较论，中华果为有理，其余各国，必须帮同。若非用心相助，亦可用言劝解。此乃外设代国大臣之议，可见系属中华全益"。"派员在外，又有益处，中国尚未见及，亦无足怪。但不如听其所劝而行，况因现际天下大乱之时，须行尤甚。"①也就是说，当时已有人意识到，如不接受这一事实，走西方外交之路，中国的前途必然多灾多难。1871 年，法国总统梯也尔建议中国向法国派遣使节，以便"两国更为有益"，同年签署的《中日条约》也有类似内容，这些都构成清廷设领遣使的外部压力。列强侵略日益深入，中外交往愈加频繁，清政府也迫切需要了解外情，调查与掌握列强动态显然十分必要。

面对列强要求中国设领遣使的外部压力，实际上，更为强大的动因来自清政府内部。"华工问题"和"日本侵台"等事件是促成设领遣使展开的直接推动力。

明朝中后期开始，就有大量中国人流寓海外，尤其是东南亚地区。18 世纪末期开始，随着拉美独立运动的开展，英属殖民地奴隶制的废除，以及美国黑奴的解放，资本主义世界市场急缺大量廉价劳动力，在此背景下，中国沿海省份贫苦农民大规模出洋务工。鸦片战争前，仅东南亚地区华人已接近 150 万之多②，1868 年，仅美国金山一埠，华人已有十数万众③。大量华工出洋做苦力，由于未设官保护，华工备受欺凌，各地受虐情况不断传来，尤以古巴、秘鲁的华工受虐最深，他们往往"日未出而起，夜过半而眠，稍有违命，轻则拳打足踢，重则收禁施刑。或私逃隐匿则致之死地，或交官工所迫做苦工，或由官工所发售狼毒，苛例擢发数难。"④迫于国内外舆论的压力，清政府认为有损国体尊严与国际地位，不得不重新审视和改变其相沿成习的传统华侨政策，于 1874 年组成"古巴调查团"远赴古巴调查华工受虐情况，并最终通过《古巴华工条款》取得了派总领事官前往古巴哈瓦那驻扎、保护本国之民的权利。⑤ 这是第一次以外交保护的方式来

---

① 宝鋆等修：《筹办夷务始末》（同治朝），卷 40，台北：文海出版社，1971 年版，第 32 页。

② 庄国土：《华侨华人与中国的关系》，广东高等教育出版社，2001 年版，第 174 页。

③ 志刚：《初使泰西记》，湖南人民出版社，1981 年版，第 871 页。

④ 谭乾初：《古巴杂记》第 12 帙；王锡棋：《小方壶斋舆地丛钞》第 1 册，杭州古籍书店，1985 年版，第 4 页。

⑤ 王彦威、王亮辑编：《清季外交史料》卷 12，第 223 页。

保护华工,这次成功实践为清政府提供了一些外交护侨的经验,也坚定了清政府设领护侨的决心。

1874年,日本以琉球渔民在台湾被杀为借口,出兵台湾。此举极大地刺激了清政府,成为其对外派驻使节的转折点。原来,日本出兵台湾后,威妥玛致信总理衙门询问相关情况。接着,法国翻译官德微理亚、总税务司赫德、西班牙公使丁美露"先后到总理衙门探寻,清廷才知道此事"。① 一向被清廷藐视的日本竟敢出兵侵台,本身对清政府就是一极大刺激,而事先清政府对此竟一无所知,这更让人觉得气短。李鸿章总结经验教训,于1874年12月致书总理衙门,指出向日本派驻使节一事,不能再拖延了。1875年,他再上奏折,指出:日本侵略台湾,"若先有使臣驻彼,当能预为辩阻,密速商办。否则亦可发兵于后,与该国君臣面折廷争,较在京议辩更为得力"②,所以遣使赴日了解情况乃刻不容缓之事。

第二节 近代中国驻外领事馆的设立

一、清末驻外领事馆的设立

在欧洲,领事的出现要早于外交使节,设置领事的目的主要是保护本国侨民,维护本国在海外的商业利益,推动对外贸易的发展。因此,领事制度的发展与该国海外商业发达程度息息相关,领事系统与外交系统渊源有别,职责也不尽相同。由于清朝外交制度从19世纪后期的西方嫁接而来,对使节和领事的职责区分甚为模糊。西方国家在中国派驻领事先于派遣常驻使团,而清政府是在派遣驻外使节之后才开始在外国设立领馆。

1875年的马嘉理事件成为清廷正式派遣常驻使节的契机。8月,清政府为了"谢罪"派遣郭嵩焘、刘锡鸿为正副使出使英国。同年12月,任命已在美国的留学生监督陈兰彬、副监督容闳为驻美国、西班牙和秘鲁的正副使。翌年9月,由何如璋、张斯桂为正副使出使日本。

随着第一批使臣的派驻,海外设领也被推向了实践。1875年,出使美日秘国大臣陈兰彬奏称:"查美国各邦华人约共十四万余计,金山一带已有六万,大半系佣力谋生,近因外来洋人及本处工人积不相能,事端百出,自须亟设领事以资

---

① 王芸生:《六十年来中国与日本》第1卷,三联书店,1979年版,第69页。
② 王彦威:《清季外交史料》第1卷,书目文献出版社,1987年版,第9-10页。

保护。"1876 年,郭嵩焘出使英国途经新加坡时,了解到华人流寓数十万,华商在新加坡又拥有巨大的经济实力和社会影响力,这便更加坚定了他先前提出在新加坡设领的信念。之所以首先设置新加坡领馆有其特殊原因,最主要的原因是吸引侨汇。郭嵩焘出使英国途径新加坡时,曾查明英国属地新加坡等处,中国流寓经商人民已有数十万人,其中不乏富商大贾,据《游历笔记》记载:新加坡"华人皆闽广人,善贸易,绅商富户甚多",①每年从这里都有大量侨汇汇至内地。据后来薛福成统计,新加坡"设立领事十三年……其前后携寄回华者,当亦不下一二千万两",②可见侨汇数额之巨。而国内由于连年战乱以及支付对外战争赔款,清政府的财政日渐相形见绌。然而清政府的财政能够"尚可周转",很大程度上得益于华侨的巨额侨汇,侨汇成为清政府"利薮""财源"之所在,从而促使郭嵩焘萌生了设置领事利用华侨经济力量的想法。此外,新加坡领馆的一切经费可于华侨"户口、年貌、册费内筹备",清政府无须负担,只略给开办经费,其"应支薪水听从筹画报销",③这也是新领馆有别于其他各馆首先设立的主要原因。抵英后,郭嵩焘当即向总理衙门奏请设立新加坡领事。经驻英使臣郭嵩焘与英国政府反复交涉,光绪四年二月十九日,即 1878 年 3 月 22 日,中国驻新加坡领事馆开馆,华商胡璇泽被委派为首任领事,负责"保护民商"和"弹压稽查",中国第一个驻外领事馆正式设立。

1878 年,驻日使臣何如璋抵日后,"各口华商纷纷禀求设官保护",何如璋随即派员察看了日本各通商口岸后,选择商贸发达、华洋诉讼较多的横滨、神户、长崎三口分别设立了理事官,并委派随员范锡朋、刘寿铿、余瓓分别充任。

此后,清政府随着向德、美、日、法、俄等 16 国派遣驻外使臣(在有的国家是兼任)的进程,经过与外国政府反复的交涉和抗争,陆续在日本、朝鲜、美国、小吕宋(菲律宾)、夏威夷、古巴、英属殖民地、荷属东印度、莫桑比克(葡属)、秘鲁等地区设立了领馆。尽管 1868 年 7 月中美《天津条约》续增条款规定,中国可向美国各通商口岸派驻领事官员,但是清政府直到 1879 年在檀香山设立商董(因两国未建交),1881 年改为领事,1880 年在旧金山设领事馆、1883 年在纽约设领事馆。1897 年清政府在海参崴设商务委员,1909 年改为总领事馆。

受制于固化的政治体制和有限的出使经费,同时也因为清政府对派遣驻外

---

① 《游历笔记》第 11 帙;王锡棋:《小方壶斋舆地从钞》第 8 册,杭州古籍书店,1985 年版,第 573 页。

② 刘锦藻:《皇朝续文献通考》卷 339;顾廷龙:《续修四库全书·史部》第 820 册,上海古籍出版社,1995 年版,第 229 页。

③ 杨坚:《郭嵩焘奏稿》,岳麓书社,1983 年版,第 385 页。

领事的作用缺乏足够理解,甲午战争之前,清政府在海外设置领事馆的数量一直比较少。1895 年中日甲午战败,列强加深了对中国侵略。1900 年 8 月,八国联军攻占北京并签订了《辛丑条约》。清政府的尊严丧失殆尽,完全处在列强财政和军事的控制之下,为了继续维持统治,清政府不得不进行一些改革。

1901 年,清政府改总理衙门为外务部,规定外务部的职掌为"外交政务,暨侨居各国之本同臣民及通商事务,监督驻扎各国之出使大臣及领事,并稽查直省外务司",集中国家外交权力,加强对驻外使臣和领事的管制,外务部对驻外使领馆的体制也进行了一系列的改革。清政府对于在外国设领表现出积极态度,目的在于加强护侨以争取人心,拓展商务以开拓财源,加强控制华侨以遏制孙中山同盟会等反清势力在海外的发展。经过艰苦谈判,清政府先后解决了长期悬而未决的在澳洲、加拿大、缅甸、荷属东印度等地的设领问题,还在南非、墨西哥、巴拿马、新西兰、朝鲜等地设立领馆(见表 2-1)。另外,清政府还在意大利那不勒斯(1904 年)、热那亚(1911 年)、美国的波特兰(1906 年)、葡属莫桑比克(1905 年)、法国的波尔多(1908 年)、马赛(1910 年)、挪威(1908 年)和奥国(1909 年)等地委派名誉领事。截至 1911 年,清政府共在海外各地设立了 40 多个领事馆。[①]

表 2-1 晚清驻海外领事年表

设立年	地 点	首任领事	备 注
1877	新加坡	胡璇泽	
1878	横滨兼筑地	范锡朋	
1878	神户兼大阪	廖锡恩	
1878	长崎	余瓗	
1879	古巴	刘亮沅	
1879	马丹萨	陈善言	1894 年后不设领事
1879	檀香山	陈国芬	
1880	旧金山	陈树棠	
1883	纽约	欧阳明	
1886	箱馆兼新泻夷港	刘坤	1897 年裁撤
1884	嘉里约	刘福谦	1907 年后由二等书记官兼

---

① 故宫博物院明清档案部编:《清季中外使领年表》,中华书局,1985 年版,第 71-90 页。

（续表）

设立年	地　点	首任领事	备　注
1893	槟榔屿	张振勋	
1896	汉城兼龙山、元山	唐绍仪	
1896	仁川兼术浦、群山	唐荣浩	
1897	海参崴	李家鳌	
1898	小吕宋	陈纲	
1899	镇南浦兼平壤	汤肇贤	
1899	釜山兼马山浦	傅良弼	
1902	波士顿	弥格尔	美国人
1902	元山	懿善	
1904	南斐洲	刘玉麟	
1904	奈波里	雅纳戚	意大利人，名誉领事
1904	墨西哥	梁询	
1905	莫桑比克	费里士窝傅	德国商人，名誉领事
1906	波特兰兼舍路	梅伯显	当地华商
1908	澳大利亚	梁澜勋	
1908	纽丝纶	黄荣良	
1908	舍路	阮洽	当地华商
1908	波铎	贝尔孟	法国商人，名誉领事
1908	挪威	佘德	挪威人，名誉领事
1909	仰光	欧阳庚	
1909	加拿大	龚心剑	
1909	温哥华	萧永熙	
1909	雪梨	刘汝兴	当地华商
1909	普扶	雷华	当地华商
1909	碧士钵	王占元	当地华商
1909	萨摩阿	林润剑	
1909	奥地利	安福来特道西克	奥国商人，名誉领事
1910	巴拿马	欧阳庚	
1910	马赛	柏郎	法国商人，名誉领事

（续表）

设立年	地　点	首任领事	备　注
1911	新义州	王克均	
1911	爪哇	苏锐钊	
1911	泗水	陈恩梓	
1911	把东	徐善庆	
1911	折弩瓦	马根齐	意大利人，名誉领事

资料来源：《清季中外使领年表》中华书局，1985年版。

从清政府向外派驻使领的过程可以看出几个特点。

1. 领事职能由护侨转向商务

近代中国外交由传统朝贡制度转向西方领事制度，主观上是被动、消极的，在不得已的情况下被强制转型。客观上是为了处理与欧美国家日益纷繁复杂的政治、外交事务以及海外华侨保护事宜。随着中外贸易的发展，到了晚清商务渐渐成为清政府设领的最主要原因，领事的职能也较多体现在商务上。特别是1901年外务部和1903年商部成立以后，领事馆的功能有了大幅度拓展，重视发展领事馆的商务和调查职能。1903年，商部奏设商务随员时奏准："嗣后各领事应将所驻各埠商务情形，按季迳行呈报到臣部，一面申呈出使大臣查核。"①领事职能重心的转移成为清政府后期设领的一大显著特征。1909年制定的《出使报告章程》，清政府规定驻外领事需定期报告辖区内商业情况。

清政府派出使臣的国家基本上是欧美国家，派出领事的城市主要集中在日本、朝鲜、南洋，以及美洲华侨、华工比较集中的商埠。清政府在美国、南美、澳洲、非洲国家设置领事馆的最主要目的是为了保护华工，而在日本、朝鲜等东亚国家设置领事馆则主要偏重于商务。当然，随着时间的推移，商务的重要性日渐突显。

2. 领事馆人事权逐渐收归到外务部

多数使领人员由相对开明的洋务派官员转身，并没有受过专业语言和国际法训练，且外交官地位不高，只是个临时差使。领事同样作为出使大臣的幕僚，由出使大臣选派，早期领馆的人事权掌握在出使大臣手中，所谓"东西洋各岛设

---

① 《政艺通报癸卯全书》上编，《政书通辑》卷6，光绪二十九年癸卯铅印本，第54页。

立中国理事官、领事官,由出使大臣于参随中拣选奏明任事",①进而"遴派参赞、领事等官分驻通商津要。"②领事的提名权与任命权掌握在出使大臣手中,这便使得领事在机制上实际变成了使臣的幕僚,同使臣形成了一种人身依附关系,极易造成人员的滥用。1906年,外务部对此作出规定:"以后使馆参领等各缺,应由臣部及储才馆中合格人员调充,各馆人员均不得由出使大臣任意调用。"③将使馆内部的人事权收归到外务部,由外务部统一管理,改变原来使馆参赞、随员等都是使臣幕僚的状况,以消除任人唯亲,"一朝天子一朝臣"的弊端。

3. 领事馆人员编制逐步制度化

据1875年总理衙门奏定《出使章程》,规定出使大臣分为三等,设一正一副,三年一任,仅为差使,并非实官。章程对使馆馆员、馆员编制、使馆馆务等作了规定。在《出使章程》中,规定驻外领事分为三等:第一等总领事,第二等正领事,第三等副领事或署领事;领事同样作为出使大臣的幕僚,由出使大臣选派;领事同使馆馆员一样,只定薪水,不拘原来的官阶,属于一种差使。1906年《变通出使章程》对各级领馆的人员编制作了统一规定:新加坡、小吕宋、金山、朝鲜、横滨各总领事馆及海参崴商廨额设总领事、二等通译官、二等书记官、三等书记官各一员,每馆计4人;纽约、檀香山、神户、长崎等大领事馆设领事、二等通译官、二等书记官各一员,每馆计3人;仁川、元山、釜山、镇南浦等领事馆或副领事馆额设领事、二等书记官各一员,每馆计2人。同时又规定领事馆事繁者准酌添三等书记官一员。

清政府先后制定和出台了《出使章程》《出使经费更订章程》《变通出使设立员缺及薪俸章程》《出使报告章程》等,对驻外领馆的编制、选拔、薪俸、领馆职能进行了一系列的调整,保证领事馆的活动能顺利进行,并为驻外领事海外护侨、商业调查、推进贸易等工作提供了法律依据。晚清驻外领事馆的设置,标志着中国近代领事制度初步建立。

二、民国时期驻外领事馆的增设

民国建立以后,基本沿袭了晚清的外交体制。1912年2月13日,外务部向

---

① 昆冈:《钦定大清会典》卷100;顾廷龙:《续修四库全书·史部》第794册,上海古籍出版社,1987年版,第933页。
② 裕福、沈师徐:《皇朝政典类纂》卷474,沈云龙:《近代中国史料丛刊续编》第92辑,台北:文海出版社,1976年版,第11219页。
③ 王克敏、杨毓辉:《光绪丙午(三十二)年交涉要览》,沈云龙:《近代中国史科丛刊续编》第30辑,台北:文海出版社1976年版,第6页。

接受驻使国发出照会,宣称"为照会事,现在本国正在组织临时共和政府,所有现驻贵国出使大臣,暂改称临时外交代表,接续办事。除电知各该员外,相应照会贵大臣、贵署大臣转达贵国政府查照可也,须至照会者。"①到了次年各国陆续承认中华民国,这些临时外交代表便相继成为中华民国的全权公使,各使馆遂成为公使馆。

为了改变晚清落后的外交体制,北洋政府成立初期,就采取了多种措施,试图将外交权力集中于外交部。

其一,晚清时所有出使大臣都加钦差衔,可直接上奏皇帝,不受总理衙门或外务部节制,而且出使大臣多非职业外交家出身,却一手包办使馆事务。驻外使领馆在管理上因循陋习,如"中国驻外公使可以领到他驻外任期三年的全部经费,包括他自己的薪俸、使馆经费以及馆员的薪金。此外,他还可以领到其所属领事馆的经费和领事的薪俸",公使随员及使馆工作人员也均由公使自行决定。这种三年一包的包干制,弊端明显。为破除这些清末旧习,北洋政府为驻外机构订立了新规。要求驻外公使、领事及使、领馆馆员,都要经北京外交部委任,不再由驻外公使自行决定;在财务制度上,规定每个驻外使馆必须按年度编造预算,其中说明人员数目、级别、薪资及使馆各项开支所需津贴,报部批准,再由外交部按月汇拨经费;在业务上,规定驻外使馆必须定期向部汇报;在保密工作上,规定外交文电密码必须时时变动。②1912年11月27日,北洋政府外交部公布《中华民国使领各馆暂行章程》。由于行政关系进一步明确,工作有章可循,外交部与国外使领馆的工作效率都大大提高。

其二,清末封疆大吏多兼总理衙门大臣衔,各自办理外交。外务部时期,曾经试图将外交权收归中央,取消督抚兼衔,但成效不佳。北洋政府成立后,为加强对各省外交交涉的规范控制,将晚清督抚地方外交事权收归中央,外交部于1913年1月8日,正式颁布《划一现行中央直辖特别行政官厅组织令》,该令规定地方办理交涉机构,如交涉员、视察员、特派员等,均改为中央直属机构,与地方政府相合作而不相统属,即今后所有涉外事务由外交部同意办理,相关机构或部门只起配合作用 而不得直接办理对外交涉。5月21日,外交部颁布《外交部特派各省交涉员及各埠交涉员职务通则》,外交部开始在各省设特派交涉员,各重要商埠设交涉员,使其成为外交部直属机构,以此划一各省对外交涉事务。由

① 《临时公报》辛亥年十二月二十七日。
② 顾维钧:《顾维钧回忆录》第1册,中华书局,1985年版,第102页。

于这些措施的实行,晚清地方自办外交而形成的对外交涉多极现象得到一定程度的改观。

其三,在外交制度改革的同时,北洋政府还对驻外使领馆制度作了规范。1912 年 11 月 20 日,外交部公布了《驻外使领馆各馆暂行组织章程》,其中规定了各使领馆的人员配置,同日颁布的还有《外交官领事官任用暂行章程》,对外交官领事官的任用办法及任职资格作出了规定。驻外领事业务具有专业性质,需要由受过专门训练的人来任职。清末政府各部人员的任用一向由高级官员推荐,谋职者一般由政府要员写信推荐。外交总长陆徵祥表示,不管来自部内外,只要被推荐者没有受过外交专业训练,他决不接受,因而改变了晚清将那些既不懂外交又不会说外语的人派往重要外国首都、要地充任使领官员的做法,不仅大大提高了中国驻外使馆的工作效率,而且也提高了中国在国际舞台上的声誉。通过上述措施,驻外使领馆人员一律由职业外交官充任,北洋政府外交部初步实现了对驻外使领的规范管理。

为了进一步完善各驻外领事馆的分工,明确职责,1915 年 1 月,北洋政府颁布了《领事官职务条例》,该条例详细规定了外交部对驻外领事官的工作职责、工作程序的要求,指出:驻外总领事、领事、副领事在所驻国管辖区域内以发展本国商业、保护侨商为职务,接受所驻国之本国公使指挥监督,除无公使国驻扎之国外,各领事不得与所在国中央政府直接交涉,要与辖区内的所驻国地方政府随时与之直接办事,各领事于其职务上应守秘密时间不得泄露,至于报有议论本国要政者,须随时详报。领事对于所驻国之各项法律暨与本国所定国际条约应详细研究,并须熟习所驻地暨管辖区域内通商行船之法律与其习惯,对于本国人在外出入国籍、生死婚娶等,要按章办理在外侨商人数职业,以及本国与所驻国通商进出口货物统计,以及所驻国的工、商、农等经济信息要从速详报外交部、农商部,并报公使备案,领事馆、副领事馆并应兼报总领事馆。[1] 对领事官工作职责作了明确规定。

1916 年 3 月 2 日,外交部又颁布了《外交官领事官官制》,驻外使领馆的组织和使领馆人员的职责均有明确规定。领事馆分为总领事馆、领事馆、副领事馆 3 级,领事官分为总领事、领事、副领事、随习领事、通商事务员五等,三级领馆分别以总领事、领事、副领事为馆长,其下设副领事 1 人(实际仅在总领事馆)或不设,随习领事 1 人或不设。此外,每馆设主事 1～2 人,学员不定人数。未设领事

---

① 蔡鸿源主编:《民国法规集成》第 10 册,黄山书社,1999 年版,第 242 页。

之地设通商事务员,未设领事和通商事务员之地设名誉领事。就每个领馆的编制而言,与晚清的情况基本相同。① 这些规定使外交官、领事官明确了职责所在,从而各司其职,工作效率得到了提高。

民国时期的领事事务不仅范围扩大,需要密切与国内各主管机构的联系,清末那套领事完全隶属于使臣的体制就越来越不适用了。北京政府时代的变通办法是,在 1916 年的领事职务条例中规定:①"驻外各领事各受所驻国之本国公使指挥监督";②"各领事在所驻地遇有疑难事件,应随时商承公使办理,其有事关紧要而离公使所驻地较远者,得直接请求外交部。外交部所发训条,仍应随时详服公使接洽";③"本国各部暨驻他国各使领有委托领事办理或调查之事,应即遵办。领事致各部公文,除奉有特别训条外,均详由外交部转达。惟委托事件,在领事有以为碍难照办者,得详请外交部核示"。这些规定意味着,驻外使节虽仍保留着指挥和监督权,但领事可与外交部直接联系,同时也可直接接受其他各部的委托。到了国民政府时代,领事对驻外使节的隶属更为松弛。后者对领事仅保留了一个监督权,使领馆组织条例明文规定各级领事是"承外交部之指挥"。在实践上,领事馆通常作为一介独立机构进行工作,并直接向外交部报告工作,甚至对总领事馆也只抄送一个报告副本以沟通情况。领事和驻使在工作上也变成一种合作关系。显然,这样减少中间管理层次,有利于国内的外交部以及侨务委员会等直接抓领事的工作。

根据 1914 年"中国驻外领事馆员额"统计显示,派驻总领事:新加坡、澳洲、加拿大、海参崴、爪洼、金山、小吕宋、巴拿马、横滨、朝鲜、古巴;领事:槟榔屿、纽丝纶、仰光、温哥华、萨摩岛、泗水、把东、纽约、檀香山、神户、长崎、仁川、釜山、新义州;副领事:元山、镇南浦、伊尔库次克、棉兰。② 截至 1923 年,与北洋政府建交的共 23 国,驻外领事馆共 39 处。北洋政府时期,互派大使的只有苏联一国。各省设特派交涉员,重要地点设交涉员,办理地方涉外事务。③

南京国民政府成立后,北洋政府时期大部分的驻外使领、外交官和外交部的职员得以留用,其队伍组成仍以传统的职业外交官为主。比起北京政府时期,国民政府在健全外交部机构的同时,对驻外使领馆的设置进行了一定程度的充实和调整,使驻外机构在数量、级别和规模上都有了相当程度的发展。

1930 年,国民政府颁布《驻外使领馆组织条例》,对各级领馆的组织作了比

---

① 《东方杂志》第 13 卷第 4 号。
② 《统计月刊》第 20 期,第 48 页。
③ 左言东编著:《中国政治制度史》,浙江大学出版社,2009 年版,第 381 页。

较明确的规定,编制也有所扩大。其分别为:

领事馆分总领事馆、领事馆和副领事馆三类。

总领事馆,设领事 1 人,副领事 1～2 人,随习领事 1～2 人,主事 1～2 人,此外必要时可以增设领事 1 人。

领事馆,设领事 1 人,随习领事 1～2 人,主事 1～2 人。

此外,总领事馆得派设学习员 1 人。

总领事馆领事、副领事承总领事之指挥,领事馆副领事承领事之指挥襄办领事事务及掌理文书调查事宜。

随员、领事承长官之指挥分掌文书及调查报告之事项。

未设领事之地设通商事务员。

未设领事和通商事务员之地设名誉领事。[①]

在驻外领事馆方面,民国时期由于中外人民往来日益增多,国际贸易扩大,领馆尽管增裁及规格升降无常,但增设远比裁并多。除清末已经设立领事馆之外,增设或曾经增设总领事馆的地区有:北婆罗洲、巴黎、汉堡、纽约、神户、坎大拿、列宁格勒、莫斯科、伯力、伊尔库次克、黑河、斜米、新西伯利亚、伦敦、悉尼、加尔各答、芝加哥、火奴鲁鲁、台北、马拿瓜、危地马拉、河内、维也纳、多伦多、安卡拉、大溪地、仰光等;增设或曾经增设领事馆的地区有:阿姆斯特丹、棉兰、三宝垄、脱利斯脱、覃必古、双城子、庙街、赤塔、特罗邑、阿拉木图、塔什干、安集延、宰桑、山打根、利物浦、吉隆坡、孟买、马赛、西雅图、纽阿连、洛杉矶、波士顿、霍斯敦、清津、巨港、望加锡、西贡、威廉斯坦、米兰、哈巴租腊、开罗、吉达、麦息、科伦坡、亚历山大、塔那那利佛、皆因、阿尔及尔等;增设或曾经增设副领事馆的地区有:昂维斯、米市加利、阿披亚、苏瓦、马沙打冷、巴拉马利波等。

根据国民政府外交部 1931 年的统计,中国在外国设立领馆 55 个,派出各类领事官员 183 人;18 个国家在中国各地设立 118 个领馆,常驻领事官员 209 人。早先的领馆命名颇不统一,有的用地名,有的用国名,自 1932 年 6 月后始确定领馆名称从驻在地的地名。在华人比较集中又没有设立领馆的地方,国民政府于 1932 年设置了签证货单专员办事处或商务委员办事处,以适应办理签证货单的需要。表 2-2 是 1933 年中华民国驻海外领事馆统计表。

---

① 外交部参事厅编:《外交部法规汇编》,1937 年版,第 61 页。

表 2-2 1933 年中华民国驻海外领事馆统计表

国别	驻外领事馆
德国	汉堡领事馆
比利时国	安特卫普副领事馆
古巴国	夏湾拿总领事馆
英国	伦敦总领事馆、渥太华总领事馆、新加坡总领事馆、悉尼总领事馆、约翰内斯堡总领事馆、加尔各答总领事馆、利物浦领事馆、山打根领事馆、仰光领事馆、温哥华领事馆、惠灵顿领事馆、槟榔屿领事馆、吉隆坡领事馆、曼切斯特领事馆、阿披亚副领事馆、孟买副领事馆、苏瓦分馆
美国	纽约总领事馆、金山总领事馆、芝加哥总领事馆、马尼拉总领事馆、西雅图领事馆、披特伦领事馆、火奴鲁鲁领事馆、纽阿连副领事馆、罗安琪副领事馆、休斯敦副领事馆
法国	巴黎总领事馆、博都办事处、里昂办事处、马赛领事馆
危地马拉国	危地马拉总领事馆
意大利国	脱利斯脱副领事馆
日本国	横滨总领事馆、函馆办事处、神户总领事馆、大阪办事处、名古屋办事处、京城总领事馆、台北总领事馆、长崎领事馆、门司办事处、釜山领事馆、清津领事馆、新义州领事馆、元山副领事馆
墨西哥国	顺拿腊领事馆、覃必古领事馆、米市加利副领事馆、马沙打冷副领事馆
尼加拉瓜国	马拿瓜总领事馆
荷兰国	巴达维亚总领事馆、阿姆斯得达姆领事馆、泗水领事馆、巨港领事馆、棉兰领事馆、望加锡领事馆
苏联	海参崴总领事馆、黑河总领事馆、伯力总领事馆,伊尔库次克总领事馆、塔什干总领事馆、赤塔领事馆、双城子领事馆、特罗邑领事馆、庙街领事馆、阿拉木图领事馆、安集延领事馆、宰桑领事馆、斜米领事馆

资料来源:国民政府主计处统计局:《中华民国统计提要(二十四年辑)》,1935 年,第 215 页。

  根据 1936 年《中国外交年鉴》记载,国民政府委派名誉领事 32 人,多由外籍人担任,只有 6 名华人。外交部 1931 年 9 月颁发的《驻外名誉领事职务暂行办法》规定,名誉领事受各所在国的中国公使及所在辖区的主管领事指挥和监督;遇有疑难事件应随时商承公使或主管领事办理,必要时可直接请示外交部;名誉领事的职务范围包括发展贸易,扶绥侨商,办理调查及委托事项,办理签证及发给护照等。[1]

1938年,国民政府在海外设有总领事馆23个,领事馆26个,副领事馆10个,商务官事务所1个,办事处4个,该统计未包含名誉领事馆。到1942年,国民政府共计在海外设有总领事馆20个,领事馆14个,副领事馆8个,办事处3个,名誉领事馆20个,名誉副领事馆7个。[2] 因为领馆与使馆的工作范围有严格的界定,虽然第二次世界大战期间一部分轴心国占领区的领事馆被关闭,但大多数领事馆的工作并未受到影响。

① 《中国领事工作》编写组编:《中国领事工作》下册,世界知识出版社,2014年版,第384页。
② 陈雁:《抗日战争时期中国外交制度研究》,复旦大学出版社,2002年版。

第三章

中国驻外领事商务报告制度的形成和发展

第一节　晚清驻外使领商务报告制度的初步建立

一、早期驻外使臣的报告制度

近代著名国际法学者奥本海曾在其《国际法》一书中列举了外交官的三种职责。第一是谈判或商议；第二是观察或调查；第三是保护侨民权益。并认为调查是使领最重要的职责，他们提供的报告往往会成为国家决策的重要依据。[①]

从中世纪领事制度诞生开始至 18 世纪，领事的地位和作用似乎并不明显。早期领事一般由宫廷贵族或军人担任，其收入也主要是来自商人和船舶进出手续费。但是，进入 19 世纪后，随着国际贸易范围的扩大，领事的作用开始显现。尤其是在当时的历史条件下，远隔地东亚的贸易情报是西方普通商人和企业所渴求且难以获取的，领事的情报收集和服务功能日益受到重视，成为各国政府海外情报战略中的重要一环，领事馆也成为西方国家向东方贸易扩张的情报据点。

近代英国、法国、美国、德国、俄国和日本等国都曾经利用驻华领事馆对中国市场开展过各类调查和情报收集，由政府发行的领事商务报告为本国商人对华贸易提供了信息保障。日本更是后来居上，将领事馆的情报功能发挥到极致。

清政府派遣郭嵩焘出使英国后，深感规范驻外使臣活动的必要性。1876 年10 月，清政府"事属创始，并无成案可循，自应明定章程以资遵守"，专门制定了

---

① ［英］劳特派特修订，王铁崖、陈体强译：《奥本海国际法》上卷，第二册，商务印书馆，1972 年 12 月版，第 282 页。

《出使章程十二条》，以规范驻外使臣的各项事宜，该章程也适用于随后派出的领事。

一、拟由礼部铸造铜关防，颁发出使各国大臣各一颗，其文曰大清钦差出使大臣关防。

二、出使各国大臣，自到某国之日起，以三年为期。副使一律办理。

三、出使各国大臣，分头二三等名目。此次办理伊始，均暂作为二等。

四、所带参赞领事翻译等员，由该大臣酌定人数。亦以三年为期，年满奏奖。

五、到各国后，除紧要事件，随时陈奏外，其寻常事件，函咨该衙门转为入奏。

六、有兼摄数国事务者，应如何分驻之处，由该大臣酌定。

七、月给俸薪，照现在实职官阶支给，二、三品充二等钦差者，月给俸薪一千二百两，三、四品充三等钦差者，三品一千两，四品八百两，其四品充二等者，月给一千两，副使俸薪，月给银七百两。

八、兼摄数国事务者，月给俸薪，毋庸另加，副使一律办理。

九、俸薪自到某国之日起，按数支给，扣足三年为期，期满停支。如接办大臣未到，期满大臣尚未交卸，按照在任日期算给，俟接办大臣到后住支。其参赞领事翻译等语，如经接办大臣留用者，俸薪即从年满日期接算支给。

十、出使各国大臣及副使以下各员，由中国起程，及差次回华，行装归装，各按照三个月俸薪银数支给，均由各关六成洋税内动支。

十一、每年俸薪及一切经费，由该大臣按年分晰造报。

十二、俸薪及一切经费，由江海关汇齐按年汇寄。

在与本国的信息沟通方面，"出使各国大臣到各国后，除紧急事件随时陈奏外，其寻常事件函咨臣衙门转为入奏。"①可见，清政府曾经授权驻外使臣如有紧要事情可直接上奏皇帝，非紧要事宜由总理衙门代为上奏；一般海外交涉事宜及时、定期报告给总理衙门备案，但是，并没有对报告的格式、内容等方面做出更详细的规定。

---

① 朱寿朋编：《光绪朝东华录》第一册，光绪二年九月，中华书局，1984年版，第112页。

同时,为了能使国内及时了解海外情况,总理衙门还制定了日记制度。规定东西洋出使大臣,凡有关交涉事件及各国风土人情,当逐日详细记载,按月汇成一册咨送总署备案查核。翻译外洋书籍、新闻纸等内有关系交涉事宜者,亦即一并随时咨送,以增进国人对外洋各国的了解。但是,由于受到郭嵩焘《使西纪程》被毁事件影响,日记制度执行的并不顺利。① 而且,由于缺乏刚性约束机制,各使臣表现不一。驻俄公使许景澄尚随时报告,驻美公使杨儒每年或报一二次,而驻英法公使龚照瑗却从未有片牍告知。为此,总署一再强调,各公使必须按季将交涉事件写成奏折上报,按月将各国政教情形函告总署,遇上秘密事件,应随时密报。②

在信件的传递保障方面,清政府也作了一些安排。过去,清朝地方大臣上奏一般采用驿传方式,但出使大臣远在千里之外,已远远超出清政府版图之外,其上奏如何传递呢? 郭嵩焘在渡英前曾提议:"臣等出使英国,据总理衙门奏定章程,以驻扎三年为期。海道相距约四五万里,每月公司轮船来往皆停泊上海一口。臣等陈奏事件,关系紧要,应由驻扎地方拜发。余皆函达总理衙门代奏,其递送函信及由长江递发家信,应饬上海招商局经理,已札招商局员游击黄惠和收管来往信件,以专责成。"③总署采纳了郭嵩焘的意见,在上海的轮船招商局中专门设立了文报局,负责信件接收工作。

随后,清政府又在天津设立了文报局,作为向北京传递信件的窗口,由直隶总督兼北洋大臣衙门具体负责该项工作。1876 年 12 月 13 日,总理衙门上奏:"嗣后军机处发还该署侍郎(郭嵩焘兼任署礼部左侍郎——作者注)摺报,未能由驿递寄。拟由兵部递交直隶督臣李鸿章收下,由该署设法转寄。迨嗣后出使他国大臣之摺报,亦照此办理以免贻误。"④明确规定军机处与驻外使臣的通信通过北洋大臣李鸿章之手转寄。

军机处作为清廷的中枢权力机关,辅佐皇帝参与最高决策,代皇帝发布上谕,是中外情报汇集之处。总署成立后,两个部门在人事和业务上有很多交叉之处,关系非常密切。有关这一点,在翌年总理衙门的奏折"总署奏请补发使英郭嵩焘等敕书折"中充分得到反映。"总理各国事务恭亲王奕䜣奏为遵旨奏事,窃

① 张宇权:《思想与时代的落差——晚清外交官刘锡鸿研究》,天津古籍出版社,2004 年版,第 143 页。
② 尹德翔:《东海西海之间:晚清使西日记中的文化观察、认证与选择》,北京大学出版社,2009 年版,第 36 页。
③ 朱寿朋编:《光绪朝东华录》第一册,光绪二年十月,第 134 页,总第 318 页。
④ 朱寿朋编:《光绪朝东华录》光绪二年十月乙卯。

臣衙门于二月二十八日接军机处交出郭嵩焘奏奉使英国呈递国书无充当公使文……"。① 就这样，皇帝—军机处·总理衙门—天津文报局—上海文报局，以及通过每周一次上海至伦敦的定期轮船，皇帝和驻外使臣的通信体系初步建立。

当时上海至伦敦航行时间大概需要 40～50 左右，虽然偶有海难事故发生，但基本上能保证信件的正常传递。例如：郭嵩焘在历时 51 天行程后，于 1877 年 1 月 22 日抵达伦敦后，发回了在英活动及向英政府递交国书的奏折。同年 4 月 11 日，"使英郭嵩焘等奏报抵英国呈递国书摺"送到皇帝手中。皇帝朱批后又以相同的途径发回给郭嵩焘。②

19 世纪 60～70 年代，世界通讯技术的进步也改变了传统远距离通信方式。虽然清政府此前一直昧于西方科学技术的发展，拒绝外国人设立电线的要求，但事实上已经无法阻止西方电线的侵入。早在 1864 年，俄国建成一条由西伯利亚至恰克图的电报线，翌年续向海口拓展。1869 年 10 月，俄国批准丹麦大北电报公司从西伯利亚中部架设陆线通达海参崴，然后安设海线到日本、上海以及香港。在公共租界的支持下，延伸至上海租界该公司报房，1871 年 4 月正式通报。苏伊士运河通航后，1870 年英国东方电报公司敷设一条从英国到印度孟买的海底电线。后改组为大东电报公司，经马来半岛、新加坡等地到达香港，于 1871 年 6 月通报。崇厚曾于 1870 年冬出使法国，1871 年 12 月回国，其间多次利用大北海线与总署互通电信，使总理衙门体验到电报的功用。③ 在郭嵩焘派出数月后，通过西方人之手，总理衙门也尝试利用电报与驻外使臣沟通信息。1877 年 4 月 2 日，总理衙门委托赫德在上海发出电报，向郭嵩焘发出指示，通过江海关驻伦敦事务所康培尔（James Duncan Campbell）接收并转交郭嵩焘。此后刘锡鸿等外交官也多次使用该方式传递信息。但是，该阶段电报传递仍然只是作为一种辅助手段。④ 1874 年，以日本借端出兵台湾事件为契机，清政府认识到通信的重要性，允许电线铺设。到 19 世纪 80—90 年代，国内通讯网络基本形成后利用率才有明显改观。

另外，根据秦国经对清末外务部档案文书的调查和研究也表明，清末外务部

---

① 王彦威、王亮编：《清季外交史料》卷之九，光绪三年正月至三月，台北：文海出版社，第 180 页。
② 王彦威、王亮编：《清季外交史料》卷之九，光绪三年正月至三月，台北：文海出版社，第 178 页。
③ 徐元基：《论晚清通讯业的近代化》，《学术季刊》1987 年第 4 期。
④ ［日］千叶正史：《近代交通体系与清帝国的变貌——电信·铁道网络的形成与中国国家统合的变容》，东京：日本经济评论社，2006 年 12 月，第 58 页。

确实有一套严格的驻外领事报告的收发制度。外务部曾经设置文报局专管寄递各驻外使领与外务部的来往公文,在上海设"总办驻沪出使文报局",在天津设"北洋文报局",分别隶属南北洋大臣管理。司务厅是管收发文件的机构。外务部的收文主要有三类:

(1)皇帝、总统发下的谕旨、国书。

(2)收各平行衙门及使臣的文书。

(3)收下属各官员的文书有:

①呈文:各关道行文外务部用呈文。

②申、禀:驻外领事、副领事及参赞行文外务部用申或禀。

③公启:相当于公开信。多是海外侨商受到迫害要求保护时,向外务部致公启。

④新闻纸、西国近事、报告清册:新闻纸、西国近事是驻外使臣收集的各国消息。报告清册是驻外使、领根据1908年外务部奏定的《出使报告章程》定期向外务部报告的清册。内容有所驻国的外交、政治、军事、商务等各方面的情况。

⑤墨领、报销册:墨领是驻外使、领等领取经费后所具的领结。报销册是驻外使、领报销川、装银两及各种经费的清册。①

西方国家的领事制度经历了几个世纪的实践和积累,而晚清驻外使领是在比较被动的情况下走向世界的。在制度、知识、人才、心态等方面的储备严重欠缺。可以说,近代中国领事制度是在不断摸索和挫折中逐步形成的。

1876年10月28日颁布了《出使章程十二条》中,对驻外使臣通信作了初步规定。"出使各国大臣到各国后,除紧急事件随时陈奏外,其寻常事件函咨臣衙门转为入奏。"②同时,为了能使国内及时了解海外情况,总理衙门于次年(光绪三年十一月初一日)还制定了日记制度。"即翻译外洋书籍、新闻纸等件内有关系交涉事宜者,亦即一并随时咨送,以资考证。"③规定东西洋出使大臣,凡有关交涉事件及各国风土人情,当逐日详细记载,按月汇成一册咨送总署备案查核。这样,通过上奏和日记的形式及时向总署汇报驻在国的情况,成为清末驻外使馆的一项重要工作。

使臣出国后,也按照总署要求发回了大量上奏。例如:赴任后的郭嵩焘频频

---

① 秦国经:《清代的外务部及其文书档案制度》,《历史档案》1981年第2期。

② 朱寿朋编:《光绪朝东华录》第一册,光绪二年九月,中华书局,1984年版,第112页。

③ 《请饬出使大臣将交涉事宜逐日登记汇册咨送以备查核片》,《清同光间外交史料拾遗》十八,卷五,第8页。

向国内发回信息,1877 年 5 月至 9 月间就有 9 篇。"使英郭嵩焘等奏请禁止鸦片摺""使英郭嵩焘等奏请饬总署会商驻京公使严订神甫资格以免发生教案片""使英郭嵩焘等奏保荐伍廷芳摺""使英郭嵩焘等奏英外相调处喀什噶尔情形摺""使英郭嵩焘等奏喀什噶尔剿抚事宜请饬左宗棠斟酌核办片""使英郭嵩焘等奏续陈鸦片事宜折""使英郭嵩焘等奏请纂成通商则例摺""使英郭嵩焘等奏新加坡设立领事片""使英郭嵩焘等奏请派员赴万国刑罚监牢会片"。① 这些上奏既方便清政府了解外国情形,也为清政府决策提供了参考。

经历了十几年的磨练,封建士大夫出身的中国使臣逐渐适应了西方领事制度。香港《循环日报》于 1884 年 4 月和 5 月间连载了一位第一批外交官出使的记录,题为《出洋琐记》。该文详细记载了出使经过和应注意的事项。其中强调:使臣宜洞悉外情。西方人来中国,不仅公使、领事悉心考察我国的政教风俗,上至朝廷,下至民间的大小事情,连来华的商人、传教士,每到一地,必探其道路的远近,山川之险阻,民间物产,地方之利弊等,都详为记载,甚至绘图说明。当今朝廷既不惜岁费巨帑简派使臣往驻彼国,亦欲得知其情形。使臣到了驻在国,必须虚心延访彼国之人,以得其政教之要领,形势之扼塞。及抵其国都则察其议院用意所在,即一言一微,一事一细,亦悉详记而切究之,倘与中国关涉事体要重者,即为专折、奏闻余亦每月汇报总署。如此,彼有举动,我悉周知,可以预为防备。因此,刺探外情是使臣第一要着,即第一急务。②

驻外大臣还结合海外经历,为国内经济发展建言献策。在振兴商务和改革税制方面,驻英法等国大臣薛福成认为:"西洋诸国,往往重税外来之货,而减免本国货税,以畅其销路",而中国税则与西方国家反其道而为之,致使"金银漏卮于外洋,而土产不行于异国也"。驻俄大臣曾纪泽致函总理衙门,提出废除协定关税,本国自订税则主张。理由很充分,即"查西洋税则,本系各国自主之权",决不能被别国操纵。他倡议自订税则,"示以一定数目,百折不回",列强"亦无如我何"。薛福成还专门撰写了《海关征税叙略》《海关出入货价叙略》《海关出入货类叙略》等文章进行探讨。他主张"乘各国换约之时,渐改值百抽五之例,稍重洋货进口之税则,而于洋烟洋酒之税,更加重焉。丝茶二项,宜稍轻出口税,以减成本而广销流"。③

除了上奏之外,驻外使臣中把日记整理成册者不乏其人。诸如:斌椿的《乘

---

① 王彦威、王亮编:《清季外交史料》卷之九,光绪三年正月至三月,台北:文海出版社,第 178 页。
② 梁碧莹:《艰难的外交——晚清中国驻美公使研究》,天津古籍出版社,2004 年版,第 88 页。
③ 祖金玉:《早期驻外使节对晚清经济变革的贡献述论》,《史学集刊》1999 年第 1 期,第 35 页。

楂笔记》、郭嵩焘的《使西记程》《伦敦和巴黎日记》《郭嵩焘日记》,刘锡鸿的《英轺私记》,张德彝的《欧美环游记》,何如璋的《日本游记》,黎庶昌的《西洋杂记》,陈兰彬的《使美纪略》,容闳的《西学东渐记》,李凤苞的《使德日记》,曾纪泽的《出使英法俄国日记》,戴鸿慈的《出使九国日记》,薛福成的《出使英法意比四国日记》、崔国因的《出使美日秘国日记》等。

二、驻朝鲜、海参崴商务委员的商务报告

除驻外使臣积极发回海外信息之外,领事在赴任之后也曾经开展过一些商业调查和振兴商务的活动,晚清驻朝鲜和海参崴商务委员就是典型例子。

1882 年 10 月,清政府与朝鲜高宗政府签订《中朝商民水陆贸易章程》,第一条便是相互派遣商务委员的内容:"嗣后由北洋大臣札派商务委员,前往驻扎朝鲜已开口岸,专为照料本国商民。该员与朝鲜官员往来,均属平行,优待如礼。如遇有重大事件,未便与朝鲜官员擅自定议,则详请北洋大臣咨照朝鲜国王,转札其政府筹办。朝鲜国王亦遣派大员驻扎天津,并分派他员至中国已开口岸,充当商务委员。该员与道、府、州、县等地方官往来,亦以平礼相待。如遇有疑难事件,听其由驻津大员详请北、南洋大臣定夺。两国商务委员应用经费,均归自备,不得私索供亿。若此等官员执意任性,办事不合,则由北洋大臣与朝鲜国王彼此知会,立即撤回。"[①]事实上,总办朝鲜各口商务委员是兼具商务与外交之双重使命,之所以没有直接使用总领事等外交官称呼,在于清政府坚持对朝传统朝贡关系体制,不肯将对朝关系事务与对欧美列强之近代条约关系一律对待。如果说总办朝鲜各口商务委员一职在代表清政府利益之外交层面相当于驻朝总领事的话,那么派驻在仁川、釜山、元山等各通商口岸的分办商务委员便相当于该地领事。[②]

陈树棠在担任驻朝鲜商务随员期间,在中朝商务和外交方面做了大量工作,还发回了不少有价值的商务报告。仅据《清季中日韩关系史料》显示,1884 年至1900 年期间,从朝鲜发回的商务报告达到 72 篇,包括驻朝鲜商署一般交涉 29篇,朝鲜华商租界 12 篇,在朝鲜华商及外人异动 18 篇,仁川行驶汽船 13 篇。

其中,1884 年 2 月,驻朝鲜商务委员陈树棠向李鸿章与总理衙门提交了一份长达十几页的有关光绪九年中朝通商现状的报告,卷首称:"每至年终将华商

---

① 中国第一历史档案馆编:《清代中朝关系档案史料汇编》,国际文化出版公司,1996 年版,第 447 页。
② 权赫秀:《陈树棠在朝鲜的商务领事活动与近代中朝关系》,《社会科学研究》2006 年第 1 期,第 156页。

到朝鲜若干名，完过进出口税银若干，据实详报，请咨总理各国事务衙门查考"。显然，驻朝鲜商务委员每年向国内报告朝鲜商务事情已经制度化。该报告是陈树棠根据汉城、麻浦、仁川三口分办商务委员的调查报告汇编而成，内称在朝鲜上述三口已有华商 136 人，雇工华人 26 人，并有华商店铺 28 家、洋行 1 家、船舶 1 只，而华商自光绪九年五月至十二月间向朝鲜海关缴纳进口关税计 3 828.61 英镑，出口关税 110.78 英镑，船钞亦达到 346.25 英镑，总计中国商船向朝鲜海关缴纳进出口税及船钞 4 285.64 英镑。[①]

　　1903 年 12 月 22 日，驻海参崴商务委员向外务部递交了当地商务情形报告，并附译了"俄国度支表一件"，详细列举了俄国的收支总额、增减额、各税种情况，以供清政府参考。这份长达十几页的调查报告保存在外务部档案中。[②]

826

驻朝鲜商务委员陈树棠的奏折（光绪十年二月）

　　这些调查报告大多以奏折的形式发送至北洋大臣李鸿章，再转呈总理衙门，对于清政府及时把握朝鲜和海参崴地区动态，促进中外通商无疑具有积极作用。虽然报告的体例、格式和内容尚无统一规范，而且比较局限于华商在朝活动，对当地商业和实业的关注较少，还不能算是具有近代西方意义的领事商务报告，但可以看作是晚清驻外领事商务报告的雏形。

　　可见，多数驻外使臣和领事都认真履行自己的职责，并向国内相关部门提交

①　"中央研究院"近代史研究所编：《清季中日韩关系史料》第三卷，台北"中央研究院"近代史研究所，1972 年，第 1337－1341 页。

②　缩微复制中心编：《清外务部收发文依类存稿》，全国图书馆文献缩微复制中心，2003 年，第 139 页。

过各类调查报告、日记、上奏等。特别是到清末新政时期,由于政府对工商业的积极推动,驻外领事报告的数量大增。这些调查报告既方便清政府了解外国情形,便于在对外交涉中能做出正确的对策,也使中国对世界有个真实的了解。

但是,非常遗憾的是19世纪后期驻外领事向总理衙门、包括后面的外务部递交的各类材料并没有引起清政府的足够重视,没有像西方国家一样统一汇编成册,向社会公开发行,这种状况直到清末新政时期才有所改观。

三、清末新政后驻外领事商务报告制度的完善

19世纪末20世纪初期,是近代中国社会经济发展变化的一个重大转折时期,特别是甲午战争的失败,标志着自强运动的破产,在民间兴起了要求发展工商实业的要求。同时也迫使清政府反省过去的经济政策,"通商惠工,为古今经国之要政,自积习相沿,视工商为末务,国计民生,日益贫弱,未始不因乎此,亟应变通尽利,加意讲求"。[①] 清政府真正意识到原有统治方式已经难以奏效,强必须先富,富必须依靠更改法令,振兴商务,把发展工商实业作为立国的出路。清政府在经济政策上则转变为鼓励发展民间实业,开始推行重商政策。

1901年1月29日,慈禧太后用光绪皇帝的名义颁布上谕,命督抚以上大臣就朝章国政等问题详细议奏。4月21日,又下令成立了以庆亲王奕劻为首的"督办政务处"作为筹划推行"新政"的专门机构,总揽"新政"事宜。7月24日,清廷诏令总理衙门改为外务部,班列六部之首,改革传统外交制度。将官员由兼任改为实缺,分为会计、考工、榷算、庶务四司,并将部内官员的升转制度健全化,颇有气象一新之感。但是,驻外使领馆人员,并未随外务部的成立而实官化,而是延续总理衙门时期,将外馆的人事任命权委于公使。因此外务部成立时,并未发布任何行政命令,主动调整驻外领事与馆员的职务。

1903年9月设商部,颁布了一系列工商业规章和奖励实业办法,倡导官商创办工商企业,这些改革措施都为经济发展奠立了良好的制度基础。尤其是商部的创设本就受到外国工商业发达因素的影响,所以商部成立伊始就非常关注西方国家商业的发展。在商部和外务部的共同推动下,驻外商务报告制度获得较快发展。虽然清政府于1878年3月在新加坡开设了中国第一个驻外领事馆,但是受制于固化的政治体制和有限的出使经费,清政府在海外设置领事馆的步子一直很慢。截至1903年,清政府只在新加坡、小吕宋、横滨、神户、长崎、汉城、

---

① 朱寿朋编:《光绪朝东华录》第五册,中华书局,1984年版,第5013页。

仁川、釜山、旧金山、纽约、古巴、秘鲁等地设有领事馆,大多位于东亚和东南亚地区,以及华工较多的美国、古巴和秘鲁等地,而欧洲许多国家只设置了公使馆,而没有设置领事馆。

1903年商部成立以后,为便于了解海外商情,推动对外贸易,商部于同年10月10日咨文外务部,请求考察出洋华民工商事业;并于同月20日奏请各馆选派商务随员,确立领事与商务随员应负起调查商务与定期报告的职责:

> 惟考察商务虽寄其权于领事,然必须有谙习商学之人,为之挈领提纲,斯能巨细毕举。查外洋各国均派有商务随员,专考求工商事业,与一切贸易情形,随时申报本国,以资采择。今臣部宗理商政,亟宜仿行,惟目前经费未充,只可暂以使馆人员兼摄其事。拟请饬下各出使大臣即就现在使馆随员中,遴派留心商学者一人作为商务随员,嗣后各领事应将所驻各该埠商务情形按季径行呈报臣部,一面申呈出使大臣查核。至商务随员应将所驻各该国商务情形每届年终汇报臣部一次,并应将商业利钝盈虚之故详着论说寄呈备核。①

由于经费所限,清政府在海外许多重要商埠没有设置领事馆,但在这些国家却设置了公使馆,为了充分利用有限资源,商部效仿西方国家的商务官制度,奏准暂时由各个公使馆在随员中选派一人,作为商部的驻外商务随员,每到年终之时,把驻在国的商务情况汇报商部一次。并且平时如有商情变化,也须详细论说,随时向商部汇报。

与此同时,商部也进一步强化了驻外领事在商务调查方面的职能,商部在1903年奏设商务随员时也同时奏准:"嗣后各领事应将所驻各该埠商务情形,按季径行呈报商部,一面申呈出使大臣查核。"②显然,商部试图通过在驻外使馆内设置商务随员的办法,强化使馆在海外经济调查方面的功能,同时也注重发挥领事的作用。

1903年12月26日,商部再度颁布《商务随员呈报商务章程十二条》,以及《领事官呈报商务章程十条》。《商务随员呈报商务章程十二条》中明确规定商务随员负责调查事项如下:

① "遴派商务随员事",台北"中央研究院"近代史研究所藏〈外交档案〉:02-35-010-12。
② 《政艺通报癸卯全书》上编,卷6,上海政艺通报社,1903年石印本,第54页。

一、该国全年之中国进口货总数及价值,分门别类详报。

二、该国全年出口各货总数及价值,并运至中国者,分门别类详报。

三、全年全国生意若何,华商买卖兴旺与否详报。

四、全年各国船只在该国进口出口者各若干艘,吨数若干详报。
(嗣后如有中国船只在该国往来,即照此款呈报)

五、全年中国与该国生意进出,何货起色,何货减色,报知大概情砂。

六、华商在该国人数多少,男若干女若干。是年初来者若干,回中国者若干,一并报知。

七、华商铺店在该国共若干,在何埠各若干,何项生意分门别类详报。

八、是年华商生意赢亏之故,宜俸察具报。

九、该国是年商务若何,各国运货至该国及运往他国之总数报明。

十、华商在该国与该地方官民相待情形为何,有无华商重大案情,有无冤抑,一俸详报。

十一、中国有何货物为该国营销何宜者,有何新法工艺可使中国仿行者,详细具报,其有他国运往该国畅销之新式货物,一并申报。

十二、该随员除以上所列全年详报外,如有推广商务,有裨中国商业各条陈,应随时抒所见地,呈报查核。①

《领事官呈报商务章程十条》中所规定的驻外领事负责调查事项如下:

驻扎各国各埠领事官应将该管地方关涉商务事宜呈报商部,每季分报,年终总报。其款目应照如下所列:

一、每季并每年底该管地方,中国进口货若干,价值若干,何项货物分门别类具报。

二、每季并每年底该埠出口运至中国之货若干,价值若干,何项货物分门别类报。

三、每季并每年底该处中国生意若何,兴旺与否查明详报。

四、每季并每年底各国船只由该埠驶至中国者,报明各若干艘,吨数若干。(嗣后如有中国船只或中国人所租船只到该埠者,即照此款具

---

① "遴派商务随员事",台北"中央研究院"近代史研究所藏《外交档案》:02-35-010-12。

报）

　　五、每季并每年底中国与该埠生意进出,及何货起色,何货减色,并报知大概情形。

　　六、每季并每年底华商到该报及离该埠之人数详报。

　　七、年底除将以上所列照报外,须将全年该埠生意细情,华商赢亏各节详报。

　　八、年底须查明该埠华人多少,男若干女若干,到该埠者若干,回华者若干,分别详报。

　　为满足未设领事馆国家的商务信息需求,商部便寻求在使馆由使馆随员充当商务随员角色,同时以领事与商务随员进行调查。有派驻领事的地点由领事负责调查,未派驻领事的地区,由驻该国使馆内的商务随员负责调查。从以上两则章程的比较可以看出,商务随员与领事在承担商务调查的职责方面,基本上没有太大差别。主要是关注驻在国的商业贸易情形,中国商品在驻在国的销售情况,华侨华商在当地经营和生活状况,驻在国一些新技术和新发明等信息。但是,商务随员与领事在调查职责方面仍有一些细微差别。主要体现在:

　　(1)承担调查报告内容:商务随员因为是专司商务调查之职,一年仅有一报,因此商务报告的内容就要求更加详细。商务随员负责调查驻在国的进出口货物数量、价值,驻在国与中国进出口贸易数量、价值,驻在国船舶进出数量,华侨华商在当地人数、经营、诉讼状况,驻在国一些新技术和新发明等信息。领事负责调查驻在地中国商品的进出口数量、价值,船舶进出数量,华侨华商在当地人数、经营状况;

　　(2)调查报告提交频率:商务随员是一年一报,而领事需完成年度报告之外,还要按季度呈报该埠商务情形;

　　(3)负责调查范围:商务随员负责的范围较大,涉及全国的商务内容,而领事主要关注驻在商埠的商业情况。

　　领事报告与商务随员报告章程在1903年底公布后,各驻外使馆很快就将该地的商务情形回复外务部与商部。在1904年5月25日出版的《商务报》中,已见驻美商务随员提交的调查报告"照录驻美商务随员说帖"。[①] 而1906年所开办的《商务官报》,亦可以见到农工商部对领事报告所下达的批示:

---

① "驻美商务随员说帖",《商务报》,第13期,光绪三十年4月11日。

册报均悉,列表甚为清晰,按语多有见地,足征留心商务,殊堪嘉
许,嗣后仍应详细调查,按季汇报,于各商赢亏之故,加意推求以备参
考,本部有厚望焉,此批九月十七日。①

可见,晚清驻外领事商务报告制度的确立,是基于19世纪末期国内重商思
想的兴起,商部成立以后希望借助驻外领事馆的力量来促进对外贸易的发展,在
商部的积极推动下进行的外交制度改革,而不是外务部主动调整驻外使馆职务
的成果。

1903年商部的上奏具有重要意义,一方面它是继1876年《出使章程十二
条》之后,清政府在驻外领事报告制度建设方面迈出了非常关键的一步;另一方
面,它开创了晚清驻外使馆和领事馆同时承担海外经济调查,促进对外贸易发展
的特例。

1906年,外务部奏定驻外使馆编制,正式规定在驻英国、法国、德国、俄国、
美国、日本六国的使馆设置商务委员。除了将驻外使馆人员改为实缺外,也在各
使馆增设了商务委员一职。1907年,外务部《变通出使章程》中规定:驻英、法、
德、俄、美、日、奥、意、比、荷十国使馆各设商务委员一人,其职责是"商务委员各
使馆专派一人,稽查外国商务及金银市价,随时禀报本部、农工商部"。② 将驻外
公使、领事、参赞、商务委员人员由兼任改为实官,官五品,职等与报告次数都比
照领事。驻外使馆所设商务委员,其工作受外务部、农工商部的双重领导,同时
受使臣的监督,商务委员向外务部作报告,应先期呈交使臣审阅,并由出使大臣
转呈外务部。1906年和1907年的规定进一步明确了商务委员的性质、管辖地
和工作职责。各馆增设商务委员与驻外使馆人员所兼任的商务随员不同,商务
委员为实缺但受限于经费,并非所有外馆的商务随员皆改设商务委员。仅英、
法、德、俄、美、日本等通商较久,贸易事务较繁的国家设置。其他奥、意、比各馆
未设商务委员者,仍由使馆人员兼充商务随员。海参崴则保留"交涉商务委员",
其职责与领事相近,直到1909年改设总领事。

1909年,外务部奏定《出使报告章程》,不仅对使臣,而且对商务委员和领事
的报告制度作了非常具体的规定,是晚清真正具有近代意义的驻外报告制度。

驻外使臣是清政府在所驻国家的最高外交代表,具有统领全盘事务的地位。
其报告内容分为五个门类:外务门、政治门、军务门、商务门和学务门。其中的商

---

① "本部要批",《商务官报》,丙午第22期,光绪三十二年10月5日。
② "外务部奏议覆变通出使章程折",《外交报》第171期,1907年4月7日。

务门所含内容为所驻国与本国之商务、所驻国与他国之商务、所驻国国内之商业及农工等业情形。

　　商务委员报告和领事报告的内容和形式基本相同,只是在涉及所辖地区方面有所区别。

　　管辖区域方面:凡不属于各领事所管区域内及事关全国者,由商务委员报告。该报告一面呈交农工商部,一面呈交该管使臣核阅后转呈外务部。

　　第六条　领事及商务委员应将以下所列各项,按照第二条第二、第四两项内,所分之类详细报告。

　　甲、调查以下所列各项统计(或按月或按季或按年,就其有法可查得者列之)。

　　一、进出口货物价值之统计(以运往或运自本国者,属于第二条第四项之甲类;以运往或运自他国者,属于乙类。合并之统计属于丙类,余类推)。

　　二、进出口金银之统计。

　　三、进出口船舶之统计。

　　四、进口税之统计(进口税分货税、船钞、他项杂税,三项有出口税者,亦应列入)。

　　五、所驻国进款、出款及公债之统计(公债分国内债、国外债)。

　　六、本国人往来所驻国男女老幼人数之统计。

　　乙、调查以下所列各项情形。

　　一、关税及内地各税之税率(如值百抽几之类,应逐货列名,过有变更随时查明报告)暨抽税之办法。

　　二、所驻国现行钱币及市面金银流转盈亏之情形。

　　三、所驻国之主币与外国之主币汇儿之价值(分所驻国与本国汇兑及与他国汇兑两项,按日或按星期列表)。

　　四、所驻国各种银行情形(资本、预备金、出贷款各项之多寡比较)。

　　五、所驻国各种工艺情形。

　　六、所驻国各种农产情形。

　　七、所驻国与本国及他国交通情形并国内交通情形(指轮路邮电言)。

　　八、本国人在所驻国经商情形。

九、本国人在所驻国佣工情形。

十、所驻国人民之风俗习尚有关于本国货物在所驻国之销路者。

十一、报告分临时、按期两种。临时报告由出使大臣随时邮电递达。按期报告由出使大臣督同领事、商务委员等员每年每季务必造送报告。一次以每季末一日后三十日为限,如春季报告四月内必寄出。

十二、凡造送报告务必遵用外务部颁定之纸张大小格式图表,纸张大小听便,照第二条分门别类,凡属于一类者,务必分别誊写,不宜接连腾在一纸。

十三、凡调查报告务以确实可靠者为主,其详文原件,调查时依以为据者,务必与报告一并邮送外务部,凡翻绎洋文名目,宜注明洋文。

十四、凡造送报告除应行报告陆军部学部农工商部者外,无论官商,不得以此项报告私相授受,以免泄满。其应行刊登各项官报者,由该部会同外务部核阅。①

1909 年的《出使报告章程》在 1903 商部制定章程的基础上进一步细化。新章程将领事报告分为调查与统计两大类,内容涵盖农业、工商业、金融、税率等各个方面,章程的内容更加详实。报告形式和时间:所有报告均分为临时和按时两种,临时报告随时邮电递达,按期报告每年、每季必须造送一次,以每季最后 1 日后 30 日为最晚寄出日。报告必须遵用外务部颁定的纸张大小格式,并附以所依据的洋文原件。调查报告应该报送陆军部、学部、农工商部者,此外"无论官商,不得以此项报告私相授受,以免泄满。其应行刊登各项官报者,由该部会同外务部核阅",驻外领事报告仅能在政府官报上,民间报刊无法刊登,以此确立了《商务官报》对驻外领事报告信息源的垄断性。

第二节　民国时期驻外领事商务报告制度的发展

北洋政府时代基本上沿袭了清末的驻外领事报告制度。1915 年 1 月 20 日,北洋政府颁布了《领事官职务条例》,外交部对驻外领事官的工作职责、领事报告制度作了进一步规范。

---

① 商务印书馆编译所编:《大清宣统新法令》第 6 册,上海:商务印书馆,1910 年铅印本,第 7 页。

领事官职务条例

第一条　驻外总领事、领事、副领事在所驻国管辖区域内以发展本国商业、保护侨商为职务，接受所驻国之本国公使指挥监督；

第二条　驻外各领事各受所驻国之本国公使指挥监督；

第三条　各领事在所驻地遇有疑难事件，因随时商承公使办理，其有事关紧要而离公使所驻地较远者得直接请求外交部，外交部所发训条仍应随时详报公使接洽；

第四条　除无公使国驻扎之国外，各领事不得与所在国中央政府直接交涉，要与辖区内的所驻国地方政府随时与之直接办事；

第五条　各领事于其职务上应守秘密时间不得泄露，至于报有议论本国要政者，须随时详报；

第六条　领事对于所著国之各项法律，暨与本国所定国际条约，因详细研究，并须熟悉所驻地暨管辖区域内通商行船之法律与其习惯；

第七条　本国各部暨住他国各使领馆有委托领事办理或调查之事应遵办，领事致各部公文，除奉有特别训条外，均详由外交部转达，惟委托事件，在领事有以为疑难，照办者得详请外交部核示；

第八条　本国人在外出入国籍，生死婚娶各项事宜，按照本国或所驻国法律应由领事证明者，各该埠领事得发证明书，并随时分别详报外交部；

第九条　侨民在外身故，其所遗产业，如未留有遗属无亲属证明领取者，得由领事证明，暂为接收，一面详报外交部，转行核办；

第十条　在外侨商人数职业暨本国与所驻国通商进出口货物统计，均由领事调查造册，每年一次报告外交部、农商部；

第十一条　关于所驻国商业、工艺、农产、银行、交通、公共卫生各项情形，由领事按季报告外交、农商两部，其有重要变更，修改税则，颁布新律，及有关本国货物之输出，该国货物之输入等事，应随时从速详报；

第十二条　领事官有器物及馆屋情形,应遵照审计处拟定检查有
　　　　财产附属明细表,按年度报告;

第十三条　各领事依照前列各条按期报告外交部外,应兼详公使
　　　　备案,领事、副领事馆并应兼报总领事馆。①

在 1915 年的《领事官职务条例》中,规定驻外领事除了保护海外侨民之外,
商业调查的事项主要有:海外侨商人数、职业统计,本国与所驻国通商进出口货
物统计,上述内容由驻外领事调查,每年一次报告外交部、农商部。另外,所驻国
商业、工艺、农产、银行、交通、公共卫生各项情形,由驻外领事按季报告外交部、
农商部,其中有重要变更,修改税则,颁布新律,以及有关本国货物之输出,该国
货物之输入等事项,随时从速详报。报告的形式也大体可分为年报、季报和临时
报告。

此外,1918 年以《驻外各使馆星期报告》的形式,将当时驻外使领馆内部档
案汇编并公开发行,全书共有 40 编,由陈祷、汪毅、吕崇三人共同编校。《驻外各
使馆星期报告》(民国七年),以此为依凭的史料刊布渠道,对当时驻外使领馆内
部档案的公开发行,做出了独特的贡献。《驻外各使馆星期报告》封面印有"密存
计某馆报告几件共几页"字样,以示来源,同时有报告总计的件数及页数统计。
在标题下有文件的具体日期及文件的编号标注,其分类则较自由,除和从前相似
的分为外交、政治、军务、商务、学务 5 门外,政治门又改称内政门,其中又专门分
出法律门;军务门又改称军事门,其中又分出陆军门、海军门;商务门大大细化,
从中又分出艺术门(工艺发明)、交通门、船舶门、财政门、战时商务门、战时工业
门等。此外也有专门的调查报告、交涉报告。② 涉及范围关乎中国与所在国及
所在国内政外交情况的方方面面。另外,还有所在国报章及著作中有关中国情
况的记载译文。

1927 年 4 月,南京国民政府成立。1929 年 5 月,外交部颁布《驻外使领馆报
告规则》,所编制报告内容包括:关于驻在国与本国之事,关于驻在国与他国之
事,驻在国国内之事,经所属长官核定后,寄呈外交部。

规定报告应"分门别类"进行编制,其中"外交门"分为三类:驻在国与本国相
关之事;与他国相关之事;驻在国与他国议定各种条约或协定情事。"政治门"分

---

① 蔡鸿源主编:《民国法规集成》第 10 册,黄山书社,1999 年版,第 242 页。
② 《驻外各使馆星期报告(附驻外文牍)》,全国图书馆文献缩微复制中心,2004 年。

五类：有驻在国的政治方针及进行状况、朝野各政党策略及势力之消长、议会之举动及议论、朝野要人略历及其论著、各机关用人行政大要等。"法律门"分两类：驻在国的宪纲宪法以及新颁之法令、法规情况。"条约门"分为四类：驻在国与他国所订普通条约，驻在国与他国所订密约，驻在国与他国特订专约，驻在国与其他各国所订公约。"军事门"分为两类：驻在国陆海军航空之组织及其现状，驻在国军事上之动作。"财政门"分为三类：驻在国现在之财政情形，驻在国未来之经济策略，驻在国之殖民政策。"商务门"分为三类驻在国与本国之商务近况，驻在国与他国之商务关系，驻在国国内农工商业等各项现状。"侨务门"分为五类：驻在国华侨之党务，驻在国华侨工商事业及经济之状况人数之增减，驻在国对待华侨之待遇，驻在国之华侨派别争潮，驻在国之华侨教育。报告内应载明年月日号数。所编报告，如得诸名流著述，应注明作者姓名；若译自报端，亦声明译自何日何报，以备查考。

驻外使领馆报告规则

第一条　驻外使领馆职员应秉承各该长官将下列各项事宜汇编报告，经所属长官核定后寄呈本部。

（一）关于驻在国与本国之事

（二）关于驻在国与他国之事

（三）关于驻在国国内之事

第二条　前条所列报告应为分别门类如下

外交门　分三类

（一）驻在国与本国相关之事

（二）驻在国与他国相关之事

（三）驻在国与他国议定各种条约或协定之事

政治门　分五类

（一）驻在国政治方针及进行状况

（二）驻在国朝野各正常策略及其势力之消长

（三）驻在国议会之举动及其议论

（四）驻在国朝野要人略历及其论者

（五）驻在国各机关用人行政大要

法律门　分二类

（一）驻在国宪纲宪法及现行法规

（二）驻在国新颁之法令或条例

条约门　分四类

（一）驻在国与他国所订普通条约

（二）驻在国与他国所订密约

（三）驻在国与他国特订专约

（四）驻在国与其他各国所订公约

军事门　分二类

（一）驻在国陆海军航空之组织及其现状，分三目

　　　陆军

　　　海军

　　　航空

（二）驻在国军事上之动作

财政门　分三类

（一）驻在国现在之财政情形

（二）驻在国未来之经济策略

（三）驻在国之殖民政策

商务门　分三类

（一）驻在国与本国之商务近况

（二）驻在国与他国之商务关系

（三）驻在国国内农工商业等各项现状

侨务门　分五类

（一）驻在国华侨之党务

（二）驻在国华侨工商事业及经济之状况人数之增减

（三）驻在国对待华侨之待遇

（四）驻在国之华侨派别争潮

（五）驻在国之华侨教育

第三条　各馆报告关于外交门政治门军事门商务门侨务门者定为十日一次，其他类定为一月一次，但有必要时得随时报告。

　　　　领馆报告应注意商务侨务两门，并应将该两门报告缮具副本呈由本部分转实业部及侨务委员会。

第四条　报告内应载明年月日号数，由承编馆长或馆员署名，其用

纸不拘华洋,但须照本规则用纸大小以归一律以便汇订
成册。

第五条　各馆员所编报告由本部于年终考核其成绩,卓越者由情
报司查明开单呈请酌予奖励,其有不遵部章程及各该馆
长官命令编报或敷衍稽延者亦由情报司开单呈请酌予
处分。

前期奖励或处分办法由本部另定之。

第六条　所编报告如得诸名流著述应注明作者姓名,若译自报端
亦声明译自何日何报以备查考。①

　　南京国民政府时代的驻外领事报告制度比早先又前进了一步,领事报告分为定期、不定期及终任三种。不定期报告是在交涉过程中或发生重要情况时由使节将情况随时函电国内;终任报告是使节任满回国后向国民政府主席口头和书面报告,由于国民政府主席只是礼仪性的国家元首,因而这种报告只是一种形式;定期报告是馆员的日常工作,经馆长审定后向外交部发出,内容分为外交、政治、法律、条约、军事、财政、商务、侨务 8 门,其中重要的内容,诸如外交、政治、军事、商务、侨务门十日一次,其他的一月一次。各驻外领事馆对于商务、侨务两类报告,还应缮具副本呈由本部分转实业部及侨务委员会。因此规格比原来更细,也较实际。另外还制定了奖惩制度,办理报告成绩好的由情报司开单呈请奖励,不好的则酌予处分。

---

① 　外交部参事厅编:《外交部法规会编》,1937 年 5 月,第 116 页。

第四章

近代中国驻外领事商务报告的公开

第一节 驻外领事商务报告的发布和转载

一、驻外领事商务报告的发布

1903 年开始,驻外领事和商务委员陆续从海外寄回了大量商务报告,并分呈外务部和商部,目前这些商务报告也大多比较完整地保存在中国第一历史档案馆《外务部档案全宗》《农工商部档案全宗》,中国第二历史档案馆《外交部档案全宗》。这表明,晚清政府曾经建立过类似西方的领事商务报告制度,但是,非常遗憾的是清政府并没有像西方国家一样将上述商务报告统一汇编成册向社会公开发行,这可能也是目前国内外学术界普遍认为晚清不存在驻外领事商务报告的重要原因之一。晚清政府虽然没有把驻外商务报告统一出版,但是,在具有官方背景的《商务报》《商务官报》《农商公报》《外交部公报》上,开辟专栏刊登了不少商务报告,这或许是近代西方领事商务报告制度在中国的一种特殊表现。

（一）《商务报》和《商务官报》

在晚清社会巨大危机面前,清政府对待商务的态度逐步发生了改变,均视"商务为当今要图",设立商务主管机构,创办商报、商会和商学等提上议事日程。清末新政时期光绪帝发布上谕:"振兴商务为目前切要之图,泰西各国首重商学,是以商务勃兴,称雄海外。……应如何设立商学、商报、商会各端,暨某省所出之物产,某货所宜之制造,并著饬令切实讲求,务使利源日辟,不令货弃于地,以期逐渐推广,驯致富强。"①这表明振兴商业,以图富强,成为朝野共识,拉开了清末设立商务管理机构,创办"商务报"的序幕。

1899 年 4 月,在张之洞的鼎立支持下,汉口商务局主办的《湖北商务报》正式发行,旬刊,以"开商智、振商务"为办刊宗旨,主要刊登商务谕旨、奏疏、政令、中外商情、商学商律、发明创造等专业性知识。所刊"均与互市大局,振商要图有关,非寻常民报可比","转发绅商阅看,使知中外货殖之赢虚,制造之良枯,行销之通塞,庶可透晰利病,力图振兴。"②全部内容译载于中外各大报刊的文章。

经笔者粗略统计,《湖北商务报》引用的中外文报刊主要包括《中外日报》《汉报》《沪报》《苏报》《申报》《字林西报》《华英捷报》《新闻报》《日本时事新报》《中外商业日报》《大阪朝日新闻》以及日本领事贸易报告《通商汇纂》等。《湖北商务报》前后出版 5 年,共计 138 期,是国内最早发行的商务类报刊之一,开商务类报刊之先河。

在《湖北商务报》的影响下,1900 年 3 月 1 日,由江南商务总局上海分局主办的《江南商务报》在上海发行,旬刊,以开通风气、沟通官商感情、介绍中外商业情报为主旨。设商务列说、中外商情、列表、公牍、货税、商原、西文编译等八个栏目。江南商务局系两江总督兼南洋通商大臣刘绅一于 1899 年奉旨在江宁(今南京)设立的,为江南最高商务行政管理机构,在上海设有分局。该报在刊出有关商务谕旨、公牍等官方商务文件之外,编录关税盈绌和农殖、工艺新法新书,很少有主笔的评论,只在某些消息中夹叙夹议,反映了一些商人的呼吁和要求,还介绍了大量西方和日本与商业发展相关的规则和章程。该报发行札发两江所属各州县,大县 12 份,中县 8 份,小县 6 份,报费在布政使司在养廉项上按季扣解总局,每期共发 1 960 份,加上咨送湖广总督衙门及国内外订户,每期发行约 1 000 册,1900 年初曾一度实行"官派民购",在上海大马路(今南京路)京都同德堂公开发售,并招登告白,宣称"登广告例收半价"。

6 年之后,1906 年 9 月,由南京江南商务局编辑的半月刊《南洋商务报》开始发行,从 1906 年 9 月到 1909 年 11 月,共出版 78 期,分谕旨、论说、译录、奏议、文牍、规律、记事、群议、杂俎九个栏目,译录外人论说。

而由清政府商部谕办的《商务报》,至迟到 1903 年 12 月才出版,《商务官报》则更迟,至 1906 年 4 月才出版。至于各省商报,也大多在 1905 年前后才创办。

① 朱寿朋:《光绪朝东华录》,中华书局,1984 年版,第 4096 页。
② "湖广督宪张派阅湖北商务报札",《商务官报》第 3 册。

1903 年 9 月,清政府设立了专司保护和鼓励工商业的国家机构——商部。商部的设立标志着清末振兴实业的开始,也表明了国家对工商业在经济中重要地位的正式承认。规定商部内设尚书一人,左右侍郎二人,负责领导商部工作。其下分设保惠、平均、通艺、会计四司,分别负责招商、农务、路矿、工商等方面工作。另有司务厅负责收发文件、缮译电报等事项。

为宣扬清政府商务方针,启发商民智慧,调查中外商务,促进中国商业发展,清政府设立了商务官报局,定期出版官报。以官报阐明清政府的有关商务政令,如商部发布的法令条文,中外有关商务之作,各种商务条约、合同、条陈、章程、机关报告,以及各省物产制造的调查等项,以此促使国民了解、学习中西方的商务知识。

《商务报》是 1903 年 12 月奉商部谕办,铅印旬刊,由北京商务报馆编辑,工艺官局印书科刊行。它以清政府商务部为背景的刊物,按照商部规定"只准按商律办理,即有议论亦只考究商务,不涉他事"。商部郎中吴桐林为总经理人,他是一位爱国的民族资本家,又是一位具有改良主义思想的政治活动家。该报经费由集股而成,具有官商合办性质,以"浚商智"为宗旨,鼓吹振兴商务、发展工矿实业、开展商战、制定护商政策等。所载内容分上谕、公牍、论说、浅说、商情、译述、实业、小说等栏目,介绍了许多西方经济贸易、自然科学、生产技术以及国外对中国商务的评论等,1906 年 1 月停刊。有关停刊原因,有销路不畅的因素,也有内部人事纠纷因素。吴桐林曾有如下叙述:"余父子办理此报二年之久,初甚艰难。鉴儿出京推广销路,由长江各省至四川,广托官商各界及外洋各埠代为销售,共得销数四千数百余份,预算再办一年,所收报费即可退还商股矣。不意唐又忌之,保举章宗祥接办。"[①]

1906 年 4 月《商务报》收归官办,进行扩充,改名《商务官报》,章宗祥任主编,由农工商部商务官报局出版。旬刊,逢五发行,每年休刊一月,遇有要件仍随时发行作为临时增刊,全年 33 册,闰月增刊 3 册,每期约 40 页左右,零售每册二角。在北京、汉口、天津、奉天、保定、上海等地均设有代售处。以"发表商部之针、启发商民之智讯、提倡商业之前途,调查中外之商务"为办刊宗旨。

《商务官报》主要栏目及相关要求如下:

论说:以经济学理为基础,而参以实际应用之方法,此为发挥本报主义之地;

译录:东西各报其关系商务者,精理名言不遑枚举,至各国之对我经营犹足

---

① 陆阳著:《唐文治年谱》,三联书店,2013 年 7 月版,第 84 页。

公牍

商部考查美國商務

駐美國紐約正領事官吳儀鳦慝具送報告

謹將光緒三十年駐美紐約領事署春季報恭呈　鈞鑒

第一欵　由中國各口運至紐約貨物　自西曆一九○四年一月至三月

表甲

貨名	生		絲 定	
月份	重量 磅	價值	重量	價值
一月	三二九二七一		一五六九七	
二月	二八七三二四		一七二一三六	五二五五八四
三月	三六一九○二		一九七五一	
合計	九七八五二九七			

查由中國至紐約生絲綃定多由金山及溫哥化運入有時與日本絲並至故窒碍
倘難確查右表保環絲乘曾調查為此三月由中國運美生絲綃定總數

中國運美生絲分有三等　一上海絲一廣東絲一黃絲上海絲為上廣東絲次之黃
絲為末本季紐約市綃價上海絲每磅計美銀三元二角左右廣東絲每磅計美銀
三元一角左右黃絲價值不高以此種絲係屬食野桑而吐產于中國北方色澤未
佳衹能紡織綢之類本市絲價之漲落覷需求者之多寡有時亦覺泥剪價值為

表乙

貨名	物數	價值	所自地	運入商
茶葉 漲落	一九三九六大箱		上海	外商
	一五○二八小箱		福州	同
	一五二四大箱		福州	同
	六一七四一小箱		廈門	全
	一○二二六大箱		全	全
	三一二三九小箱		全	全

《商务报》第二十七期书影(光绪三十年九月初一日)

注意,译录于此,以示他山之助;

公牍:凡关涉商务重要问题者节录登载,其例行公事,分类如谕旨、奏稿、咨文、批示,凡商部各种批示悉行登载,商民得以此为据;

法律章程:凡商部新定各种商律及新颁各种部章,悉行首先登载,以示公布;

调查报告:凡调查报告之件足资参考者节录登载,或全文照登,约分三类,本部特派员之报告、各省商务机关之报告、各埠领事之报告;

专件:凡关于商务上各种条约合同条陈章程等类,悉归此门登载;

记事:以关涉商部及商界中之事为限;

附录:不拘体例。①

晚清驻外使领发回的商务报告最早出现在《商务报》的"公牍"栏目,例如:

---

① "商务官报章程",《商务官报》丙午第一期,1906 年 4 月 28 日。

调查报告

商务官报　调查报告　日本领事论中国商务情形

节录　长崎领事卞绋昌报告

《商务官报》第二十八期书影（光绪三十二年十二月初五日）

1904年5月25日《商务报》第13期，"照录驻美商务随员说帖"，6月4日第14期又连载一期。6月14日第15期上刊登了"驻美纽约领事呈商部原稿"，并连载五期。8月11日第21期上刊登了"照录新加坡总领事凤仪申报出进口货物单""调查法国里昂埠丝业市价表"。9月20日第25期上刊登了驻美商务随员孙士颐、苏锐剑发回的"商部调查美国种棉法"。9月30日第26期上刊登了"美国留学生章宗元条陈商部原稿"。10月9日第27期上刊登了驻美国纽约正领事夏偕复发回的"商部考察美国商务"。10月19日第28期上刊登了"驻札长崎领事呈报商情"。在《商务报》"公牍"栏目中基本上每期都会有，少则1篇，多则3篇。

　　《商务官报》发行后，将驻外领事商务报告由"公牍"栏目调整到"调查"栏目，每期刊登数量有所增加，篇目说明也更加详细。例如：1906年第1至10期中选录驻外商务领事报告，除第8期外，每期都刊登了1~4篇左右的领事报告。1906年4月28日第1期上选载了1篇商务报告，是节录驻美商务议员容揆、孙士颐、唐虞年报告"美国华商情形及推广商务办法"。5月8日第2期上选载了3

篇商务报告,分别是驻美纽约领事夏偕复报告"美国商用输出入通法",节录驻日商务随员梁居实报告"日本横滨怡和洋行制茶记",节录神户领事长福报告"日本神户华商商务情形说略"。5月18日第3期上共选载了4篇商务报告,分别是节录日本商务随员梁居实报告"日本棉业情形记"、节录驻美商务议员容揆、孙士颐、唐虞年报告"美国人拟在上海设立商品陈列所"、节录驻美商务议员容揆、孙士颐、唐虞年报告"美国制造鞘桶法"、驻美纽约领事夏偕复报告"美国对等条约之问题"。

晚清商部虽然没有像西方国家那样将驻外使领发回的商务报告统一出版,而只是在自己的机关杂志上有选择性的向社会公开。这虽然在一定程度上延误了商机,阻隔了内外商业信息的流动,也广为世人所垢病,但考虑到晚清极端困难的政治和经济形势,笔者认为仍不失为一种务实的举措,因为《商务报》和《商务官报》在当时已经具有一定的发行渠道和规模,利用比较成熟的媒介远比另行发行来得更加经济、更加效率。

《商务报》虽然具有官商合办的性质,但据总经理吴桐林称:"余承办《商务报》,未立商部之前,阻挠者众。贝子问鉴儿曰:"风气不开,奈何?鉴儿请办商务报以开风气。贝子言于王。召余父子同商办法,订为官商合办。"①最初开办《商务报》遇到不少阻力,最后是在吴桐林的积极要求下实现的,而非政府有意推动,所以《商务报》商办的性质可能更深厚一些。考察《商务报》的经营方式,报刊的销售多数通过私人渠道进行,并没有依靠商部背景进行强制配售,行政机构附属的寄售点,仅各省商务总局和邮政总局而已。

1906年《商务报》收归官办,改名《商务官报》由农工商部商务官报局出版,正式成为农工商部的行政公报。官报的发行以派销为主,利用行政手段,自上而下按行政区划层层分摊,派销数额多寡是官员政绩考核的内容之一。除了各省商务局、官报局及商会可代售外,也在各通商口岸设立了许多代售点(见表4-1),以谋求拓展销路。

表4-1　《商务官报》代售处

本报总代售处		本报代售处	
汉口	文明书局	汉口	商务局徐啸山
北京	第一书局	北京	商务印书馆

---

① 陆阳:《唐文治年谱》,三联书店,2013年7月版,第84页。

（续表）

本报总代售处		本报代售处	
上海	文明书局	天津	北洋官报局
		奉天	振泰书局
		保定	官书局
		上海	中外日报馆
			商务印书馆
			开明书店
		福州	湖北会馆黄永泉
海外代售处：日本古今图书局（1908 年新增）			
其余各省商局商会及邮政局均有寄售			

资料来源："本报代售处"《商务官报》第一期，光绪三十二年 4 月 5 日。"本报代售处"《商务官报》第一期，光绪三十四年 6 月 5 日。

　　由上表可知，《商务官报》除了通过政府强制配售之外，也通过商务报馆和民间书局代为销售。值得关注的是这些寄售书店多为当时发行新式学堂教科书的书局，可见《商务官报》的主管部门也是非常希望利用书局的发行系统扩大销路，进一步推广商务知识。对于晚清官报的销售和民众欢迎程度，以往的研究也有一些不同观点。有学者认为官报的发行量还是可观的，例如：《四川官报》每期印刷 1.1 万份，《晋报》每期印刷 1.13 万份，《湖北官报》每期印刷 2 万份，推算省以上综合性官报印数在 5 千至 1 万份，当时只有上海《新闻报》和《东方杂志》等两三家经常性印数达万份。但也有学者认为官报印量虽大，但并不受人民欢迎，对社会影响甚微，而且经营上非常困难，无力与民营报刊竞争。有商会史学者援引《天津商会档案汇编》中，商务分会因商务萧条，无力缴交报费而呈请农工商部勿再派《商务官报》的资料，认定《商务官报》在地方商民间不受欢迎，影响力微乎其微。虽然有上述不同学术观点，但是如果抛开晚清官报的销售和民众欢迎程度等问题，《商务报》和《商务官报》作为晚清新式媒体，客观上对普及商业知识起到了积极作用。①

　　总之，与欧美国家的领事商务报告相比，中国驻外领事商务报告公布内容比较有限，存在着诸多不足，但是，在晚清专制政治的环境下，政府能够将驻外官员

---

① 李斯颐：《清末 10 年官报活动概貌》，《新闻与传播研究》，1991 年第 3 期。

的调查报告向社会公开,已经具有进步意义。并且,这些调查报告是根据中国政府派驻在海外各大商埠的官员亲眼所见、亲身调查所得,在权威性、准确性方面比国内新闻报刊要更胜一筹。

(二)《农商公报》

1914 年 8 月在北京创刊出版,月刊,由农商部编辑和发行,作为农商部的行政公报,约 1926—1927 年停刊。农商部于 1914 年初选派林大闾、徐球专办公报编辑事宜,洪翼升、屠振鹏、谢恩隆、章鸿钊、周典、漆运钧、萧柱中、许之衡、司徒衍兼办公报编辑事宜,后又增补张景光、吴瑞兼办公报编辑事宜。林大闾早年赴日本东京高等工业学校学习,归国后任翰林院编修,辛亥革命后任农商部佥事,后转任《农商公报》主办。

《农商公报》1914 年第 1 卷第 2 期书影

从公报编辑体例上看,《农商公报》分为政事门(文牍、法规)、报告门(特别报告、常年报告、统计)、调查门、著译门、选载门(专件、近闻)等栏目。报告门栏目分为特别报告、常年报告和统计,特别报告一般刊登特定产业、商品、事项的专门调查。常年报告刊登农商部规定的国内外常规调查,从实际刊登情况来看,主要是刊登来自海外的领事报告。统计主要刊登国内农业、矿业、气候统计表。从1914年8月15日《农商公报》第1期开始,报告门栏目的常年报告中就刊登了2篇发自驻外领事馆的报告,"本国人在海参崴一带商工情形(驻海参崴总领事陆是元)""本国人在古巴经商情形(驻古巴办兼总领事林桐实)",第2期刊登了3篇领事报告,"本国人在新义州经商情形(驻新义州领事嵇康)""由海参崴进口销俄华茶论略(驻海参崴总领事陆是元)""中澳来往货物之大概(驻墨尔本代理澳洲总领事麦锡祥)"。

当然,在极少数情况下领事报告也出现在其他栏目,例如:1916年10月15日第27期,除了在常期报告中刊登了2篇领事报告之外,特别报告中刊登了"考察澳洲牧羊业报告书(驻澳大利亚总领事曾宗鉴)",著译门中刊登了"高丽人参种子种法(驻朝鲜副领事黄宗麟)"。1916年12月15日第29期,调查门中刊登了"印度政府公布限制华商运货赴英属各埠办法(驻仰光领事贾文燕)"。

1917年8月15日第37期开始,报告门不再明确区分特别报告、常年报告和统计,但刊登内容没有发生变化。每期的《农商公报》基本上刊登3～5篇左右的领事报告,这样的状况非常稳定,比晚清时期《商务报》《商务官报》上领事报告时有时无的状况要大为改善。

由于《农商公报》是农商部的行政公报,所以在发行上对行政机构采取强制派销制度,"各省巡按使特别区域都统,通饬所属各县知事就地承销,凡欲阅本公报者可即备价就近向县知事署订购,如县署现认销之数不足分配,即可陆续详情巡按使都统添发或饬定报者开具地址姓名,并将邮费报费迳行寄北京农商部公报编辑处订购。"①《农商公报》在全国各省的派阅情况大致相同,江苏省"每县平均六份,以一份为县署购备,五份由县代为派售。"②民国时期江苏省大概有61个县,以此概算,仅江苏省就派阅了366份。1914年中华民国成立初期承袭清朝旧制,全国有22省和若干特别地区,以此概算《农商公报》在全国的派阅量在8 000份左右。如果出现订阅费用拖欠情况,农商部会下文去催索费用。例如:安徽省"巡按使咨复认销六十五份,当经照饬《农商公报》编辑处从八月份第一期起按期寄送其报,邮费统照全年份价目计算每届三个月由贵公署汇解一次"。③

为了扩大《农商公报》的影响力,拓展销路,公报编辑部在各期封底页频繁做广告,"凡订购或代售至十份以上者按照定价八折,百份以上者一律七折,如有愿

---

① 《农商公报》1914年9月,第1卷第2册。
② 《江苏省公报》1915年第400期,第4页。
③ 《安徽公报》1915年第94期,第10页。

代承销者,可直接函达本报编辑处商订合同,如能每月承销二百份以上者,并当酌予特别利益以示酬报。"① 显然,《农商公报》已经改变官报高高在上的姿态,积极加入推广中去。

农商部向各行政机关派销《农商公报》,有时也会应驻外使领馆的请求,向驻外各使领馆寄送《农商公报》,"农商公报可否按期分寄驻外各馆请核办见复函,瑞士使馆请由部咨商主管机关收集各种商业记载发寄驻外各馆。"② 从驻外使领馆和农商部的交流可以看出,国内外信息已处于良性互动状态。

为了提高刊物的质量,保证《农商公报》编辑工作的顺利开展,1922 年 11 月农商部专门下文要求各附属机关提供相关材料,"查本部编辑处编列之农商公报,所有各项材料,除派专员选译外,概由本部部员暨各附属机关,随时供给。各该机关对于各项之实业计划书,以及成绩图表并著译等件,仰即各检一份,送交本部编辑处,以备采择可也。"③

(三)《外交部公报》

《外交部公报》于 1928 年开始编纂出版,直至 1949 年 6 月停刊,共发行 19 卷 202 期,月刊,由南京国民政府外交部公报编辑所编辑。国民政府外交部设立专门编辑机构负责《外交部公报》事宜。编辑所作为外交部所属的办事机构,设置编辑主任一人,由图书室主任兼任,掌理公报编辑一切事务;编辑员若干人,由外交部各处司遴员兼任,并呈请外交部长派定,其人员组成的阵容较为强大。在其编辑程序上,也以严格的规章制度来保证内部运行有条不紊。先由编辑员将应载公报的外交文件先期搜集送交编辑所,会同编辑共负校勘之责。编辑所定于周二、四、六下午 3 点至 5 点为专办公报编辑时间。另外,各处司还设送登公报簿,将选登文件之事由登载清晰,以便编辑所快速办理。其文稿由部长核定,交总务处庶务科发交印行。④ 在如此严格组织之下,走上常制化的《外交部公报》,定期遴选当时刚刚发生及已办结的各类外交案件中有关紧要者登载刊发。其文件类型各异,卷帙浩繁,实已成为民国期间与现实政治互动最为紧密的外交资料发布的主流渠道。其及时、权威性,也使得它成为当时民众了解、研究外交的最佳资料来源。

---

① 《农商公报》1914 年 10 月,第 1 卷第 3 册。
② 《外交部公报》1922 年第 10 期,92 页。
③ 中国第二历史档案馆编:《民国时期文书工作和档案工作资料选编》,档案出版社,1987 年版,第 188 页。
④ "外交部公报编辑所办事规则",《外交部公报》第 1 卷第 6 号,1928 年 10 月。

最近三年德國人造絲織出口統計表

（以百磅景爲單位）

駐漢領事館

一九三〇年德國機器製造品出口狀況

駐漢保留事館

《詳德國刊必恐海外報》

《外交部公报》1931年第7卷第4期第3号书影

在编辑体例方面设立了"法规""命令""文书""个案文件专载""特载"及"附录"诸类。其中"文书"一类,主要有提案、咨文、训文、呈文及公函,为外交部与其他政府各部门及各省政府、交涉员之间往来文件;"个案文件专载"则是资料发布中的大端,数量庞大,文件丰富。而"附录"一栏,则为关于驻外使领馆报告国外政治、经济、文化、军事等方面的信息、文书等。后来由于驻外领事报告刊登数量在大幅增加,专门开辟了"报告"栏目。

领事报告最早出现在《外交部公报》第1卷第4号的"附录"栏目,"驻特罗邑领事馆七月份报告一件",第1卷第5号的"附录"栏目,"横滨港四五月份中日贸易之盛衰""横滨港本年上半期出入船舶之繁盛",第2卷第6号刊登在"专载"栏目,但已经特别列出"驻外领事馆报告",并刊登了4篇领事报告"加拿大之对外关系""萨尔被占区收回交涉之起源""欧美各国兵力调查""缅甸华侨商务衰落之九大原因"。总之,前面几期的刊登状况并不稳定和连续,刊登的栏目也时有变动,每期刊登篇数也比较有限,从第3卷第1号开始固定刊登在"报告"栏目,以刊登领事报告为主。

二、驻外领事商务报告的转载和影响力

虽然有学者认为晚清官报的发行大多依靠政府强制配售,并不受人民欢迎,对社会影响力微乎其微。但是,也有学者认为信息经多次复制不会损害其内容,同时信息复制时边际费用相当低廉,有时报刊销售量无法全面反映信息的传播情况,而是要看报刊内容的转载情况,或许更加真实地反映信息传播的价值。一份报刊被读者购买后,这份报刊的读者未必只有一个,可能会有多人会阅读这份报刊,此外,许多人还能从公共阅报处等渠道看到这些报刊。所以,即使报刊的销量并不好,只要内容足够新颖,经过其他媒介的不断转载,同样能够取得良好的效果。①

《商务报》出刊之后,《四川官报》便转载其中文章,并行文推广。由于当时官报普遍缺乏良好的信息来源,转载大报刊信息是普通报刊的主要经营方式,《四川官报》也不例外,除公牍与本省新闻外,论说与外省新闻都转载自国内各大报刊。1903 年 11 月《商务报》创刊时,《四川官报》便转引《大公报》上的新闻,散布《商务报》即将出版的消息。② 此后除转载如"商本于农说"等论说类文章,还在"演说"栏,以白话文方式加以推广:

> 第三节　说看《商务报》增长见识令人发愤自强
>
> 各国商务的强盛,人人能说,人人美慕。他们各样都由读书得来……四川实业学堂,再过几年,总是要设的。且不忙说,要想眼前的利益,除前两事外,惟有看北京商务报。这报去年才出的,四川也有分派处,文理浅显不深奥,各省货物出产行情,调查十分详细。……但是人的见识,总是要读书才能扩充。商务报是新出来的,详明透澈,不可不看。将来利源日辟,不愁经商的不发财,不愁四川不富强,那时怕各省还比不上哩。③

受限于期数的缺漏,无法得知此演说文的稿源来自何处,但是吴桐林本籍是四川,也许是通过吴氏父子在家乡的人脉与影响力,才使《四川官报》推广《商务

---

① 万雅筑:《〈商务官报〉与清季经济资讯网络》,台湾师范大学历史系硕士论文,2012 年,第 141 页。
② 《四川官报》第一期,光绪三十年 1 月,收入《清末官报汇编》,全国图书馆文献缩微复制中心,2006 年 V8,第 23900 页。
③ 《四川官报》光绪 30 年 1 月,收入《清末官报汇编》V8,第 24136 页。

报》不遗余力。除了《四川官报》的转载之外,当时最有影响力的官报《政治官报》《南洋官报》均转载过《商务官报》上刊登的驻外领事报告(见表4-2)。

表4-2　各类政府官报转载的驻外领事商务报告

领事报告题目	转载刊物	转载日期
节录驻横滨领事吴仲贤报告横滨商务情形文	《南洋官报》	1906 年第 53 期
美国造纸业之一大发明一大改良(录纽约领事夏偕复报告)	《南洋官报》	1907 年第 75 期
驻美大臣咨送金山总领事及各学生暨留学生会各收据文	《学部官报》	1906 年第 5 期
新嘉坡总领事孙士鼎报告南洋各岛华商兴办学堂情形	《政治官报》	1907 年第 9 期
长崎正领事张鸿报告长崎华商贸易情形(未完)	《政治官报》	1908 年第 142 期
长崎领事张鸿报告华商贸易情形(续第一百四十二号)	《政治官报》	1908 年第 144 期
续长崎领事报告华商贸易情形(续第一百四十四号)	《政治官报》	1908 年第 157 期
续长崎领事报告华商贸易情形(续第一百五十七号)	《政治官报》	1908 年第 161 期

资料来源:《政治官报》《南洋官报》各期。

除了地方官报的转载,其他商业类报刊也进行了转载。例如:《政艺通报》1905 年第 4 卷第 21 期艺学文编卷五(光绪三十一年)上刊登的"驻古巴参赞兼总领事官报告上年古巴商工事业文",就是转载于《商务报》1905 年第 53 期公牍上的"驻古巴参赞兼总领事官报告上年古工商工事业"。

当然《东方杂志》的持续转载,对驻外领事商务报告影响力扩大,起到了非常重要的作用。《东方杂志》创刊于 1904 年 3 月,终刊 1948 年 12 月,历时近 46 年,共 44 卷 819 期。以"启导国民,联络东亚"为宗旨,是近代中国影响最大的期刊。《东方杂志》内容除了刊载其本社论说及其采编的新闻之外,也转载当时各种官商报纸刊物所载的重要文论和新闻要事,对当时的时政、时事以及各个方面的重大事件,都逐一报道,详加评论,内容十分广泛丰富。《东方杂志》的第一任主编徐珂,非常重视《商务官报》的文章,几乎在每期《东方杂志》中均会选辑《商务官报》的文章,其中有不少是中国驻外领事商务报告。即使 1908 年商务印书馆将主编改为孟森,将《东方杂志》的体例加以调整,开始以本社撰稿为主,减少转载其他刊物的文章。但在调查报告中仍会转载《商务官报》的驻外领事报告,直到 1909 年杜亚泉接任《东方杂志》主编,将该刊大幅改版后,情况才有所改变。表 4-3 是《东方杂志》转载《商务官报》中的领事报告情形,可清楚看出《东方杂志》与《商务官报》的信息交流①。

表 4－3　《东方杂志》转载《商务官报》中的领事报告

《东方杂志》 所载期数	出版日期	栏目	领事报告题目	作者	《商务官报》 所载日期	栏目
第 3 卷 第 10 期	光绪 32 年 9 月 25 日	实业	日本王子抄纸 部记	驻日商务随员 梁居实报告	光绪 32 年 闰 4 月 15 日	调查报告
第 3 卷 第 11 期	光绪 32 年 10 月 25 日	商务	日本长崎商务 情形	节录长崎领事 卞綍昌报告	光绪 32 年 6 月 5 日	调查报告
第 3 卷 第 11 期	光绪 32 年 10 月 25 日	商务	秘鲁华商大概 情形	节录秘鲁领事 陈昌始报告	光绪 32 年 6 月 15 日	调查报告
第 3 卷 第 11 期	光绪 32 年 10 月 25 日	商务	美国茶叶情形	驻美商务随员 容揆、孙士颐、 唐虞年报告	光绪 32 年 6 月 15 日	调查报告
第 3 卷 第 12 期	光绪 32 年 11 月 25 日	实业	世界茶之生产 及消用考	驻美领事夏偕 复报告	光绪 32 年 6 月 25 日	调查报告
第 4 卷 第 1 期	光绪 33 年 1 月 25 日	商务	纽约华商生意 情形	节录驻美领事 夏偕复报告	光绪 32 年 7 月 25 日	调查报告
第 4 卷 第 1 期	光绪 33 年 1 月 25 日	商务	新加坡中国商 务情形	节录新加坡总领 事孙士鼎报告	光绪 32 年 8 月 25 日	调查报告
第 4 卷 第 2 期	光绪 33 年 2 月 25 日	实业	英属白蜡办矿 则例	槟榔屿副领事 梁廷芳译	光绪 32 年 8 月 25 日	专件
第 5 卷 第 8 期	光绪 34 年 8 月 25 日	调查	日本蚕丝会 梗概	驻日商务委员 黄遵楷报告	光绪 34 年 7 月 5 日	调查报告
第 5 卷 第 8 期	光绪 34 年 8 月 25 日	调查	日本蚕丝会 定款	驻日商务委员 黄遵楷报告	光绪 34 年 6 月 25 日	专件
第 5 卷 第 9 期	光绪 34 年 8 月 25 日	调查	南洋调查表	新加坡总领事 左秉隆	光绪 34 年 7 月 25 日	调查报告
第 6 卷 第 3 期	光绪 34 年 8 月 25 日	调查	报告横滨商务 近情		宣统元年 2 月 5 日	调查报告

资料来源:《东方杂志》《商务官报》各期。

---

① 万雅筑:《〈商务官报〉与清季经济资讯网络》,台湾师范大学历史系硕士论文,2012 年,第 142 页。

《东方杂志》创刊于 1904 年 3 月,是近代中国非常有影响力的杂志,在 1910 年度《东方杂志》的发行量约为 1.5 万份,居全国杂志之首。[①] 近代中国最具影响力的报纸《申报》,1912 年为 7 000 份,1916 年为 14 000 份,1917 年这一数字才上升为 20 000 份[②],足见《东方杂志》在晚清报刊界中的重要地位。因此《东方杂志》的长期转载,对于《商务官报》而言,不但具有广告效益,而且极大地提高了报刊的知名度,同时也能间接扩大其影响力。尤其晚清知识分子为了启蒙下层民众,发行大量的白话报刊,并于各城市中普遍设置阅报所。除了《东方杂志的》转载之外,《商务官报》一定会通过其他报刊的转载,扩大其传播和影响力。

除了《东方杂志》之外,民国时期上海总商会的机关报《上海总商会月报》[③]和南京国民政府工商部机关报《工商半月刊》[④]也都转载了不少驻外领事报告(见表 4-4),这些报告虽然没有详细说明来源于哪个刊物,但从题目基本可以判断是来自《农商公报》和《外交部公报》中的驻外领事报告。通过各种政府公报和商业刊物的不断转载,中国驻外领事报告的影响力和受众面日益扩大。

表 4-4　《上海总商会月报》《工商半月刊》转载的驻外领事报告

领事报告题目	转载刊物	转载日期
中国纺绩业之发展与日本棉纱输出之影响(驻横滨领事馆商务报告)(附表)	《上海总商会月报》	1921 年第 1 卷第 4 期
日本横滨对华输出入贸易消长之比较(驻横滨领事馆商务报告)(附表)	《上海总商会月报》	1922 年第 2 卷第 7 期
横滨华侨贸易商之近况(驻横滨领事署商务报告)	《上海总商会月报》	1922 年第 2 卷第 2 期
纽约领事馆报告二则	《上海总商会月报》	1922 年第 2 卷第 9 期

---

① 《本馆四十年大事记》,《1897—1922 年商务印书馆九十五年:我和商务印书馆》,商务印书馆,1992 年版,第 679 页。

② 宋军:《申报的兴衰》,上海社会科学院出版社,1996 年版,第 103 页。

③ 《上海总商会月报》是上海总商会编辑出版的刊物。1921 年 7 月创刊,1948 年 12 月停刊,共出刊 24 卷 9 期。辟有"述评""时论""专论""商学""商情""调查""统计""工商界消息""会务纪载""传记"等栏目。该刊登载北洋政府和南京国民政府的各项法令条例,记录上海各个时期的经济状况,资料翔实,对研究北洋军阀和国民党反动统治集团的经济政策和上海地区经济史,有较高的参考价值。

④ 《工商半月刊》是南京国民政府工商部工商访问局编印,1929 年创刊,1936 年停刊,共出刊 169 期,成为国民政府工商部机关刊物。其内容主要介绍了民国时期国内工商实业兴办情况的调查结果、报道国内外经济要闻、公布各种统计资料,另刊有我国经济法规及工商部工作计划、与外国通商条约等,是民国时期的重要刊物之一。

（续表）

领事报告题目	转载刊物	转载日期
横滨港由中国输入货物运销情形（驻横滨领事商务报告）（附表）	《上海总商会月报》	1922年第2卷第1期
驻纽约领事馆报告一则	《上海总商会月报》	1922年第2卷第5期
我国夏布商业衰落之朕兆及其补救方法（朝鲜领事馆商务报告）	《上海总商会月报》	1923年第3卷第3期
驻印总领事呈复吾国丝织品在印所征关税及销售情形	《工商半月刊》	1930年第22期
苏俄对外贸易关系法规译要（驻赤塔领事馆报告）	《工商半月刊》	1932年第8期
甲午以后台湾对外贸易述略（驻台北总领事馆报告）	《工商半月刊》	1932年第9期
甲午以后台湾对外贸易述略（驻台北总领事馆报告）	《工商半月刊》	1932年第9期
国货畅销南洋市场（驻巨港领事馆报告）	《工商半月刊》	1932年第12期
东印度之棕榄油事业（驻巨港领事馆报告）	《工商半月刊》	1932年第13期
日本蚕丝业之现状及华丝所受排挤影响（驻横滨总领事馆报告）	《工商半月刊》	1932年第15期
槟榔屿华侨之椰油业（驻槟榔屿领事馆报告）	《工商半月刊》	1932年第16期
英国之关税政策（驻伦敦总领事馆报告）	《工商半月刊》	1932年第18期

资料来源：《上海总商会月报》《工商半月刊》各期。

第二节　驻外领事商务报告的撰写人群

一、商务随员和商务委员

在西方国家，领事的起源要早于外交使节，设置领事的目的主要是保护本国侨民，维护本国在海外的商业利益，推动对外贸易的发展。领事系统与外交系统渊源有别，职责也不尽相同。由于清朝外交制度从19世纪后期的西方嫁接而来,对使节和领事的职责区分甚为模糊。西方国家在中国派驻领事先于派遣常驻使团,而清政府是在派遣驻外使节之后才开始在外国设立领馆。上述局面就造成晚清外交的独特性。

近代西方国家的领事商务报告主要由领事完成,偶尔也会出现公使撰写的商务报告,但数量非常有限,这也是一般将商务报告通称为"领事商务报告"的原因所在。与近代西方领事商务报告相比较,晚清驻外领事商务报告的一个较大区别在于报告撰写人群的多样化。

由于晚清社会的复杂性和对商务工作的轻视,早期驻外领事的主要职责是侨务。随着中外贸易的发展,到了晚清商务渐渐成为清政府设置领事馆的最主要原因,领事的职能也较多体现在商务上。特别是 1901 年外务部和 1903 年商部成立以后,领事馆的功能有了大幅度拓展,重视发展领事馆的商务和调查职能。但是受制于固化的政治体制和有限的出使经费,清政府在海外设置领事馆的步子一直很慢。截至 1903 年,清政府只在新嘉坡、小吕宋、横滨、神户、长崎、汉城、仁川、釜山、旧金山、纽约、古巴、秘鲁等地设有领事馆,大多位于东亚和东南亚地区,以及华工较多的美国、古巴和秘鲁等地,而欧洲许多国家只设置了公使馆,而没有设置领事馆。

为了充分利用有限资源,1903 年 10 月 20 日,商部《奏请派使馆人员暂摄各国商务随员片》,"再出洋华民工商事业关系最巨,业由臣等奏请咨行各出使大臣,并劄行海参崴商务委员详细查明分析开报,奉旨允准在案,惟考察商务虽寄其权于领事,然必须有谙习商学之人为之契领提纲,斯能巨细毕举。查外洋各国均派有商务随员专考求工商事业,兴一切贸易情形,随时申报本国以资采择,今臣部综理商政,亟宜仿行,惟目前经费未充,只可暂以使馆人员兼摄其事,拟请饬下各出使大臣即就现在使馆随员中遴派留心商学者一人,作为商务随员。嗣后各领事就将所驻各该埠商务情形按季迳行呈报本部,一面申呈出使大臣查核,至商务随员就将所驻各该国商务情形年终汇报臣部一次,并应将商业利钝、盈虚之故详著论说,寄呈备核,如蒙俞允即由臣部行知各出使大臣遵照办理,所有请派使馆人员暂摄商务随员,缘由理使附片具陈伏乞。"①商部奏准暂由各使馆在随员中选派一人,作为商部的驻外商务随员,每到年终时,把驻在国的商务情况汇报商部一次。并且平时若有商情变化,也须详细论说,随时向商部汇报。

据笔者粗略统计:有使臣、领事、商务随员、商务委员、商务议员,甚至还有参

---

① 《北洋官报》第 149 册,第 12 页。

赞和留学生。以 1908 年为例：在《商务官报》中公布的 89 篇报告中，商务委员（含商务随员和商务议员）发回的报告占 43 篇，领事 36 篇，参赞 4 篇，使臣和留学生各 3 篇。显然，驻外使馆内的商务随员、商务委员和驻外领事馆中的领事是撰写商务报告的主要人群。

商务官（Commercial Attache）①制度最早起源于英国，此后俄、德、意、法、美等西方列强相继导入该制度。传统意义上的领事职务不仅承担海外经济情报收集，还要负责海外本国人保护、领事裁判等多种任务。而且领事较多来自外交系统，商务知识相对欠缺，驻地调动又比较频繁，在制度上存在着较多弊端。商务官制度的设立旨在进一步加强对海外经济情报收集和通商贸易事务管理方面的控制权，更好的为各国海外经济扩张服务。

表 4-5 是欧美国家的商务官制度沿革，可见英国最早在 1880 年建立了商务官制度，并逐步在巴黎、东京、中国、伦敦、伊斯坦布尔等地设置了商务官。俄国也于 1893 年开始在柏林、伦敦、巴黎、罗马、华盛顿、北京、东京、哥本哈根、德黑兰等地设置商务官。德国、意大利、法国和美国也基本上在 19 世纪末 20 世纪初期确立了海外商务官制度。除了英国和俄国在中国设置了商务官之外，德国、法国和美国也分别在中国设置了商务官。

从商务官行政隶属状况来看，各国情况有所差异，有的国家属于外务系统，有的属于商务系统，有的甚至属于财务系统，但一般是前期属于外务系统，逐步向属于商务系统过渡。商务官的主要职责是承担视察报告、贸易介绍、大公使辅佐、领事援助、签订条约、参加国际会议等。该制度出现的大背景是 19 世纪末期世界贸易竞争日趋白日化，原有的领事制度无法适应新形势，需要有一种新的领事制度来为海外贸易竞争保驾护航。

---

① 商务官（commercial attache），随着时代和官制的变化，有不同的称呼，如商工事务官、商务职员、商务参事官、商务书记官等。为叙述上的方便，本书统一采用商务官的称呼。

表 4 – 5　欧美国家的商务官制度沿革

国别	创立年	所属	任用方法	职责	驻在地
英国	1880	外务大臣任命,通商局、商务部、大公使馆所属	无资格限制	视察报告、贸易介绍、领事援助	巴黎、东京、中国、伦敦 2 名、伊斯坦布尔,共 6 名
		海外贸易局（1917年设立,外务部、商务部共管）、大公使馆所属		视察报告、贸易介绍、领事监督、大公使辅佐	海外各国:商务官（商务参事官、书记官）38 名 英帝国:商业事务官 11 名、贸易通报员 51 名
法国	1908	据外务大臣申请任命,商务大臣副署、大公使馆所属	从现职外交官领事中选拔		英国、美国、中国、日本、中近东、非洲、南美、法国,共 6 名
		商务部（商务大臣推荐,外务大臣同意）、大公使馆所属		向商务省通报、外交派遣员的技术顾问	伦敦、罗马、华盛顿、上海、法兰克福、东京等,共 25 名
德国	1902	外务大臣任命、领事馆所属	公开选拔		圣彼得堡、横滨、上海、布宜诺斯艾利斯、比勒陀利亚、悉尼、曼彻斯特、加尔各答、里约热内卢、纽约
美国	1918	商务部、大使馆所属		官制上不确定,1924 年官制改革在大公使的监督下指导所有海外派遣官吏的通商任务	商务官 21 名:柏林、伦敦、巴黎、北京、东京、里昂等 商业事务官 6 名
意大利	1905	商务大臣任命,受外交官、领事的监督	高等商业学校出身	商况调查报告	柏林、巴黎、华盛顿、亚历山大港、的黎波里、布加勒斯特等 7 名,名誉工商事务官 10 名
俄国	1893	财务部贸易事务官,财务部、商务部共管		商况报告、签订条约、参加国际会议	柏林、伦敦、巴黎、罗马、华盛顿、北京、东京、哥本哈根、德黑兰

（续表）

国别	创立年	所属	任用方法	职责	驻在地
日本	1910	外务省	参照外交官及领事官规定	工商业及一般经济状况的调查、充当内外贸易的中介	上海、香港、伦敦、纽约

资料来源:《各国商工事务官官制杂件》第一卷,农商务省商务局:《关于英国的贸易机关》《关于美国的贸易机关》《关于法国的贸易机关》1924 年。转引自[日]本宫一男:《关于第一次大战前后商务官制度的展开》,《外交史料馆报》第 3 号,1990 年 3 月,第 21 页。

说明:虚线以上是第一次世界大战前,以下是第一次世界大战后。

　　商务随员和商务委员成为晚清驻外领事报告的主要撰写人员,这是近代中国驻外领事报告的一个重要特点。晚清政府在驻外使馆中设置商务随员,完全是为了弥补驻外领事馆的不足。因为 1903 年中国只在新嘉坡、小吕宋、横滨、神户、长崎、汉城、仁川、釜山、旧金山、纽约、古巴、秘鲁等地设有领事馆,在欧洲各国几乎还没有正式设置领事馆。为满足未设领事馆国家的商务信息需求,商部便寻求在使馆由使馆随员充当商务随员角色。

　　表 4-6 是刊登在《商务报》1905 年第 38 期的"商务随员表",可见在 1903 年 10 月商部上奏之后,商部陆续在英国、法国、美国、日本、奥国、意大利、比利时等使馆中选任了商务随员。

表 4-6　晚清商务随员表

国别	商务随员
英国	陈贻范(1903 年 11 月咨报)
法国	张人杰(1903 年 10 月咨报)、水均韶、周维廉(1904 年 3 月咨报)
美国	孙士颐、苏锐钊(1903 年 10 月咨报)
日本	王克敏、梁居实(1903 年 9 月咨报)
奥国	莫镇江(1904 年 5 月咨报)
意大利	许沐锲(1903 年 10 月咨报)
比利时	沈瑞麟、刘锡昌(1904 年 7 月咨报)

资料来源:《商务报》1905 年第 38 期,第 26 页。

1906年,外务部奏定驻外使馆编制,正式规定在驻英、法、德、俄、美、日六国的使馆设置商务委员。1907年,外务部《变通出使章程》中规定:驻英、法、德、俄、美、日、奥、意、比、荷十国使馆各设商务委员一人。各馆增设商务委员与驻外使馆人员所兼任的商务随员不同,商务委员为实缺但受限于经费,并非所有外馆的商务随员皆改设商务委员。仅英、法、德、俄、美、日本等通商较久,贸易事务较繁的国家设置。其他奥、意、比和各馆未设商务委员者,仍由使馆人员兼充商务随员。海参崴则保留"交涉商务委员",其职责与领事相近,直到1909年改设总领事。

查阅《商务报》和《商务官报》刊载的领事报告,经常发回调查报告的商务随员有驻英商务随员陈贻范、驻美商务随员容揆、孙士颐、唐虞年、驻日商务随员梁居实(后调任驻美商务随员)、何寿朋、驻西班牙商务随员黄履和、驻德国、奥国商务随员莫镇江、驻比商务随员刘锡昌、驻俄商务随员恒晋等。商务委员有驻英商务委员周凤岗、驻法国、德国商务委员水均韶、驻法国商务委员朱诵韩、驻日商务委员黄遵楷、驻意商务委员凤恭宝、驻海参崴商务委员桂芳、许同范。

当然也有几位商务随员的调查报告未出现在《商务报》和《商务官报》上,例如:驻法商务随员张人杰、周维廉、驻日商务随员王克敏、驻意大利商务随员许沐鏐、驻比利时商务随员驻沈瑞麟,不知是从未发回过调查报告,还是发回了没有被选载。不过,从同一时期其他报刊查找,发现驻法商务随员张人杰曾经发回过一些调查报告,并刊登在《济南报》1904年第74号,"出使法国随员张人杰考察法京巴黎商务说帖",[①]《南洋官报》1904年第15期,"出使法国随员张人杰积极兴办巴黎商务"。[②] 从一个侧面印证了大多数驻外商务随员认真履行了商贸调查职责,并发回国内。

由于晚清政府国库空虚,"外务部为节省经费起见,裁撤各埠商务委员",[③]虽然外务部有此动议,但从实际来看1909年之后的《商务官报》上仍然刊登着众多商务委员发回的报告,可见商务委员制度并没有在清末消亡,进入民国时期该制度得到了延续。

1912年4月5日北洋政府参议院通过了《工商部官制》八条,以作为工商部筹建的指导原则。针对商务委员的派遣权问题,"商务委员之设并不自今日始,如驻外公使馆中皆有常驻商务委员,前清时代由外交部派遣并不由农工商部派

---

① "出使法国随员张人杰考察法京巴黎商务说帖",《济南报》1904年第74号,第8页。

② "出使法国随员张人杰积极兴办巴黎商务",《南洋官报》1904年第15期,第1页。

③ 《大同报》1908年第10卷第12期,第31页。

遣此项委员,每值四季须作报告书,一面报告于外交部,一面报告给农工商部,前清时之商务委员如此,但商务委员为工商部之重要职官,凡调查外国商务之情形,皆商务委员必须由工商部自行派遣,始能收指臂之效。如由外交部派遣,亦不过一纸空文而已,万难得外国商务之真象,故国务会议工商部与外交部商酌派遣商务委员,由工商部自行之! 从前所谓由外交部派遣之委员不过于公使之随员中派委,与工商部实无直接之关系。若改为由工商部派委,既有直接之关系,则收效自易,至于谓驻外财政员与驻外领事可以兼任商务委员,事实上实有作不到之处,驻外财政员事体繁杂,绝不能兼任调查商务,驻外领事则分驻各地不能统察全国商务之真情,而商务委员则驻放公使馆中,地点既为全国枢纽,调查自易著手,而一国之商务可以得其真相矣。"① 后来经过表决,参议院同意工商部有单独派遣驻外商务委员之职权。

1920 年 7 月 1 日,全国商会联合会上书大总统《请饬部会订设置商务随员办法由》,"窃自欧战告终,世界商业竞争更加剧烈,各国对于国际贸易莫不积极进行力图发展,而综其发展之计划大都注重于实地之调查。……我国驻外领事设置略有规模,比年以来随时斟酌增设,如伦敦、巴黎、昂维斯等处近经先后添派领事,有案至驻外商务随员一职,在前清时本经商部奏设,嗣于民国元年工商部拟具改正案,正名商务调查员,由外交、工商两部会同选派,提交国务会议议决施行,名称仍旧正在遴员派往。适值政府主张减政,此项员缺遂裁撤,查驻外领事虽有调查商务之责,然其平常职务大都偏重于侨民保护,维持百端待理,至于商务委员则专以调查接洽为事,两者相辅而行,不容偏废,况值兹商战剧烈在彼方,且踵事增华在我,更未便因陋就简所在驻外商务随员一职,拟请饬下外交部农商部会同商订设置办法,并规定任用资格,职员统属经费数额各项呈候。"②

1928 年 12 月 5 日,全国商会联合会上呈《驻外使领馆添设商务随员案》,国民政府时期,驻外商务官一般由外交部与前实业部(后来的经济部)商办派设,最初为商务专员,"分驻本国驻外使领馆驻在地或重要商埠"。③ 1936 年后,驻外商务官分为商务参事、商务秘书和商务专员三级,参事派在大使馆,秘书派在大使馆或公使馆,专员派在使馆所在地以外的重要商埠。商务官享受驻在国外交官待遇,直接秉承本部部长之命的同时,也要受使馆馆长的指挥、监督。

商务随员和商务委员承担起海外经贸调查是晚清时期特殊历史背景下的产

---

① "参议院第四十九次会议速记",《政府公报》1912 年 8 月 20 日,附录。
② 《劝业丛报》,1920 年第 1 卷第 2 期,第 228 页。
③ 商务印书馆编:《中华民国现行法规大全》,商务印书馆,1934 年版,第 831 页。

物,随着民国时期海外领事馆的不断增设,商务随员和商务委员也逐渐不再承担领事报告的工作,在随后的《农商公报》和《外交部公报》中没有出现商务随员和商务委员撰写经贸调查的情况,驻外领事成为领事报告撰写的主要人群。

二、领事

从《商务报》和《商务官报》刊载的领事报告来看,晚清时期驻外领事撰写的调查报告数量比不上商务随员和商务委员。

晚清驻外领事馆共有 40 多处,但是,真正按照外务部的要求发回领事报告的并不多。设在欧洲、澳洲、美洲和非洲的多数是名誉领事馆,由外国商人和华商担任名誉领事,基本没有发回领事报告。经常发回调查报告的驻外领事有驻美纽约领事夏偕复、驻长崎领事卞绶昌、驻神户领事长福、驻横滨领事吴仲贤、驻韩总领事马廷亮、驻釜山领事沈炳儒、驻新加坡总领事孙士鼎、驻槟榔屿领事梁廷芳、驻吕宋领事苏锐钊、驻秘鲁领事陈始昌等。晚清时期海外商贸调查较多由商务随员和商务委员承担。

北洋政府时期随着海外领事馆的不断增设,驻外领事得到大幅充实,商务随员和商务委员也逐渐不再承担领事报告的工作,在该时期的《农商公报》中没有出现商务随员和商务委员撰写经贸调查的情况,驻外领事成为领事报告撰写的主要人群。从选载的领事报告来看,主要是来自东亚地区的领事馆报告,例如:驻朝鲜总领事富士英、王鸿年、马廷亮、驻新义州领事许同范、孙荫兰、驻仁川领事张鸿、张国威、吴台、驻釜山领事柯鸿烈、辛宝慈、李体乾、驻镇南浦副领事胡襄、陈筏、驻元山副领事马永发、驻横滨领事王守善、徐善庆、周珏、驻神户领事稽镜、驻长崎领事徐善庆、郭则济、驻海参崴总领事陆是元、驻伊尔库次克领事吴铭瀋、管尚平等。也包括其他地区的领事馆报告,例如:驻菲律宾总领事施绍常,驻棉兰领事张步青,驻爪哇总领事欧阳祺,驻仰光领事贾文燕、周国贤,驻巴东领事余祐蕃,驻檀香山领事伍璜、谭学徐,驻古巴总领事林桐实,驻澳大利亚领事曾宗鉴、魏子京,驻温哥华领事王麟阁、陈维敏,驻纽丝纶领事李光亨、邵挺,驻南非总领事刘毅等。

南京国民政府时期的《外交部公报》上选载的调查报告,基本上由驻外领事馆提交,少数有几篇由公使(大使)馆提交的报告。该时期领事报告一般只注明"驻某某领事馆",而不出现领事的名字。

三、其他人员

晚清时期由于经费的限制,清政府在海外设置的领事馆数量并不多,在欧洲和南美地区的部分国家也只设置了公使馆而没有开设领事馆,为了充分调动一切可以利用的资源,扩大商贸调查范围,驻外使臣和参赞也会主动参与海外经贸调查并发回调查报告,作为领事报告的一个重要补充。

驻美国公使梁诚、驻法国公使刘式训、驻意大利公使黄诰、驻荷公使钱恂、驻秘鲁参赞黎熙、谭骏谋等,都曾经发回过调查报告。例如:"驻英大臣陈报参赞陈贻范与毛尔塔商人尔利加爱力斯往复函稿""巴黎未设商会诸国销货数目表(驻法刘大臣咨送)""金山华侨赈抚及善后情形(节录驻美梁星使函)""记密拉诺会场失火与新泼龙山洞事(节录驻意黄星使函)""意国饲牛法(驻意黄大臣咨报)""驻古巴参赞兼总领事官报告上年古工商工事业""孙正叔参赞散鲁伊斯观会杂记""秘鲁商务情形(节录驻秘二等参赞陈始昌报告)"。

除了上述使领人员参与海外经贸调查之外,为弥补调查力量不足,晚清政府也会动员海外留学生参与调查,并将留学生发回的调查报告刊载在《商务报》"公牍"和《商务官报》"调查报告"栏目上。例如:留英商科学生徐恩元发回"中英近年贸易情形",留法学生冯承钧发回的"亚洲各国商务一览表",留美学生章宗元发回"美国留学生章宗元条陈商部原稿""美国加利福尼亚大学商科课程表",留美学生陈辉德发回"中国桐油在美国情形",留美学生刘成禹发回的"旅美华人商务情形"等。驻外使臣、参赞和留学生撰写的商务报告,也可以认为是广义上的领事商务报告,不过,上述情况在进入民国之后就逐渐消失了。

第五章

近代驻外领事商务报告的资料分析

第一节　近代中国驻外领事商务报告的形式

近代中国驻外领事商务报告的形式有一个不断完善的过程。1876 年 10 月,清政府制定了《出使章程十二条》,在与本国的信息沟通方面,"出使各国大臣到各国后,除紧急事件随时陈奏外,其寻常事件函咨臣衙门转为入奏。"①可见,清政府曾经授权驻外使臣如有紧要事情可直接上奏皇帝,非紧要事宜由总理衙门代为上奏;一般海外交涉事宜及时、定期报告给总理衙门备案,但是,并没有对报告的格式做出更详细的规定。

1903 年商部成立,颁布了一系列工商业规章和奖励实业办法,倡导官商创办工商企业,在商部和外务部的共同推动下,驻外商务报告制度获得较快发展。1903 年 12 月,商部颁布《商务随员呈报商务章程十二条》,以及《领事官呈报商务章程十条》。明确规定驻外领事需完成年度报告之外,还要按季度呈报该埠商务情形;而商务随员因为是专司商务之职,一年仅有一报,因此商务报告的内容就要求更加详细。1909 年,外务部奏定《出使报告章程》,报告分临时、按期两种,临时报告由出使大臣随时邮电递达,按期报告由出使大臣督同领事、商务委员等员每年每季务必造送报告。北洋政府时代基本上沿袭了清末的驻外领事报告制度,1915 年 1 月 20 日,北洋政府颁布了《领事官职务条例》,外交部对驻外领事官的工作职责、领事报告制度作了进一步规范,报告的形式也大体可分为年报、季报和临时报告。1929 年 5 月,南京国民政府外交部颁布《驻外使领馆报告

① 　朱寿朋编:《光绪朝东华录》第一册,光绪二年九月,中华书局,1984 年版,第 112 页。

规则》,报告分为定期、不定期及终任三种,商务、侨务门上报时间为十日一次。根据各个时期的报告规则,领事报告的形式主要分为年报、季报、月报和临时报告等几种形式。

一、年报

年报是驻外领事对驻在开港城市通商贸易及其相关事宜进行汇总的报告。主要内容包括驻在国全年从中国进口货总数及价值,该国全年出口货物总数及价值,全年各国船只在该国进出口者数量和吨数,全年中国与该国贸易增减情况,华商在该国人数和店铺数量,中国有何货物是该国畅销品,该国有何新工艺可使中国仿效者。历届政府对年报的内容都有一定要求,大致可以分为商务年报和商品进出口年报。贸易年报一般篇幅较长,都会分成几期连载。

下面以"光绪三十年全年长崎商务情形"①为例,来说明贸易年报的基本形式和主要内容。该报告1905年由驻长崎领事卞綍昌发回,共分为八个部分。

(1)总论:介绍了长崎地区建制沿革、管辖范围、自然物产、人口增长、产业状况、外国商民人数、贸易概况。

(2)商号:主要是介绍华商在长崎的经营情况,细分成十四个行业,诸如:米粮杂货,肥料棉花布纸杂粮海产、煤炭木炭、木板、绸缎杂货、点心干鲜蔬果卤货杂物、药材、酒食、外国烟酒食品器具、砂糖麦粉、洋服、成衣、瓦木油漆工铁工、钱庄等,上述的每一个行业内又详细列举出了各个华商字号、省籍和经营规模。

(3)侨寓商民人数统计:按照侨居长崎商民的省籍府县、性别、年龄结构,列出一张统计表格。

(4)出入口货物:分进口和出口,由上海、烟台、牛庄、汉口、天津、大沽、香港、元山、仁川到长崎的货物,还有由长崎运往上海、天津、烟台、镇江、台湾的货物,进出口货物品种包括杂粮、杂货、布匹、茶叶、药材、瓷器、煤炭、木炭、海产、木板、纸张等。

(5)出入港船只统计:出入长崎港的船只名称、国籍、吨位、目的地港等。

(6)军港情况:长崎港进出军舰的名称、数量、国别等。

(7)长崎港征收税项统计及华商所纳之金额:包括长崎所征收的国税、地税和市税金额,华商所纳税目、金额等。

(8)结论:总结长崎港一年内贸易盛衰的原因,中日贸易的利弊,华商经营所

---

① 《商务报》第60、61、62、64、66期。

面临的困难,中日商人之间的冲突,以及解决办法。

1917 年,驻把东领事余祐蕃发回报告,"把东之商务情形(民国五年报告)"①,内容非常丰富,包括进出口贸易、农业、工业、矿业等内容。

(1)商务门总论。

(2)商务门　甲。

①进口贸易总论:

第一章　布匹、土布、漂布、色布、印花布、手织布、马来布、线、棉纱、绒布等行情;

第二章　五金、铅板、铁钉、铁条、铅锅、化学之器具等行情;

第三章　各项杂货 陶器、玻璃器、牛油、麦粉、零星用品、火柴、咖啡、椰干、桂皮、兽皮、藤、豆蔻及豆蔻花、米等行情;并附有 1913—1915 年把东主要货物进口数值之比较、1913—1915 年把东关税之比较两份统计表。

②出口货物论:甘墨、芋草、树胶、文芋、山树精、落花生,并附把东主要货物 1913—1915 年出口数量比较表。

③进出入船舶之情形:介绍了第一次世界大战期间把东船舶进出数量不稳定,港口正在进行码头修筑,把东市区至港口的货物转运,并附 1915 年把东入口船舶数目表、1915 年把东出口船舶数目表。

(3)商务门　乙。

①农产情形:爪洼咖啡、白树胶、金鸡纳、桂皮、茶叶。

②所驻国工业情形:由于第一次世界大战影响,外国原料无法进口,导致部分企业停工。

③所驻国金矿情形:由于第一次世界大战影响,火药缺乏,同时受到连日雨天影响,金矿公司停工数周,开工也较为困难。

二、季报

晚清商部和外务部奏定的《出使报告章程》中,就规定驻外领事和商务随员每年每季务必造送报告,"报告分临时、按期两种。临时报告由出使大臣随时邮电递达。按期报告由出使大臣督同领事、商务委员等员每年每季务必造送报告。一次以每季末一日后三十日为限,如春季报告四月内必寄出。"②北洋政府时期

---

① 《农商公报》第 35 期、第 44 期。
② 商务印书馆编译所编:《大清宣统新法令》第 6 册,上海:商务印书馆,1910 年铅印本,第 7 页。

基本沿袭了晚清的政策。1915 年 1 月 20 日,北洋政府颁布了《领事官职务条例》规定"关于所驻国商业、工艺、农产、银行、交通、公共卫生各项情形,由领事按季报告外交、农商两部,其有重要变更,修改税则,颁布新律,及有关本国货物之输出,该国货物之输入等事,应随时从速详报。"[1]

季报在传递信息时间方面有优势,内容也相对灵活多样,成为晚清民国时期驻外领事报告的主要形式,《商务报》《商务官报》《农商公报》中季报的数量非常多。例如:"光绪三十年驻美纽约领事署夏季季报""驻英商务随员报告三十年冬季英国商务情形""槟榔屿商务情形(本年春季)""秘鲁华侨商务情形(本年春季)""纽约华商生意情形(光绪三十一年冬季)""神户大阪华商商务情形(三十三年冬季)""新加坡商务情形(光绪三十二年春季)""澳洲之工商业(民国三年秋季报告)""驻横滨总领事馆报告(民国五年秋季)""驻仰光领事报告(民国五年冬季)""南斐洲商务报告(十年春季)"等。

下面以"光绪三十年驻美纽约领事夏季季报""新加坡商务情形(光绪三十二年春季)"和"澳大利亚之中国商务七年秋季报告"为例,来说明季报的基本形式和主要内容。

1904 年,由驻美国纽约领事夏偕复发回的报告,"光绪三十年驻美纽约领事夏季季报"[2],全文共分为十个部分:

(1)由中国各港口运至纽约货物:包括货物名称、数量、价值、始发地等,中国各港运往纽约的货物以茶叶、猪鬃、草帽辫类为主;

(2)纽约运往中国各港口货物:包括货物名称、数量、价值、始发地等,纽约运往中国各港的货物以煤油、烟草、机械类为主;

(3)纽约市中国商品贸易情形:华商贸易商品、季节行情波动等;

(4)来往船只:纽约运往中国各港船只名称、数量、吨位;

(5)中国与纽约运出货物增减情形:包括中国商品输入纽约的基本情况,重点介绍了中国茶叶输入纽约的品种、行情、价格波动和增减原因;

(6)来纽约华人数量;

(7～8)年报中应记载的内容;

(9)商务特别事宜:纽约商务局和商务报界对待禁约的意见,主要讨论了美国现行华人入境条约对于华人的影响;

---

[1]　蔡鸿源主编:《民国法规集成》第 10 册,黄山书社,1999 年版,第 242 页。

[2]　《商务报》第 43 期。

(10)论美国之托拉斯:主要讨论了1898年以后美国托拉斯的进展,以及对企业界和经济界的影响。

1906年,驻新加坡领事孙士鼎的报告,"新加坡商务情形(光绪三十二年春季)"[1],这篇报告全文共分四个部分:

(1)本埠中国生意情形:介绍中国在新加坡的商业贸易、资金流通、税收政策,以及华商进出口的基本情况;

(2)来往华人数目:分省籍列出1901年进入新加坡的华人数量,并列出1906年新旧华人数量比较;

(3)商务特别事宜华人工业:分别介绍华人在新加坡从事的种植业、手工业和机器制造业;

(4)推广中国商务及有裨益中国商务:领事提出想要振兴华人在新加坡的商业,务必合力群策,互相维持,在新加坡的粤闽浙商人要团结一致,才能振兴商业。

1918年,驻澳大利亚总领事魏子京发回的报告,"澳大利亚之中国商务七年秋季报告"[2],全文共分为九个部分:

(1)澳大利亚出口大麦数量及价值;

(2)运费减轻:澳大利亚各轮船公司本月起运费下调;

(3)羊毛商业:1917—1918年澳大利亚羊毛对英国、美国和日本的出口情况;

(4)建造商船:澳大利亚出产众多,但苦于缺少船只,议会通过建造船只法案,对未来经济将起到促进作用;

(5)商业逾额款:第一次世界大战开战以后,开始征收商业逾额款,该税款对商业有一定影响;

(6)新改税则:包括关税及内地货捐、进款税、娱乐税、邮费等项目;

(7)日本政府对于往来澳大利亚货物之注意:运到澳大利亚的日本货物质量不及样品,为挽回日本商品声誉,日本政府设立商品出口检验机构,并通过日本领事馆告知澳大利亚的商家;

(8)卫生:外界传染病流行,为防止进入澳大利亚,对进入澳大利亚船只和人员进行严格卫生检查;

(9)进出口货物价目:包括八张进出口统计表,秋季澳大利亚税关收入比较、

---

① 《商务官报》第18册。
② 《农商公报》第5卷第9期。

澳大利亚进口货物统计,澳大利亚出口货物统计、中国货物运来澳大利亚统计,澳大利亚货物运往中国统计、华人由澳大利亚回中国之统计,华人由中国来澳大利亚之统计,澳大利亚铁路之统计。

实际上驻外领事调查报告的形式更为灵活多样,驻外领事和商务随员在按照外务部要求完成季报之外,还不时发回两季报告或半年报,事实上这是季报的另一种形式。例如《农商公报》上刊登的"檀香山与中国之商务(民国五年秋冬两季报告)""朝鲜之主要工业用品情形(民国六年秋冬两季报告)""神户大阪商务情形(春夏两季)""朝鲜商务情形(春夏两季)""澳大利亚之中国商务(民国七年春夏两季报告)",《外交部公报》上刊登的"澳洲 1932 年下半年度之国际贸易"等。

三、月报

《商务报》《商务官报》《农商公报》中的定期报告以季报为主,到了南京国民政府时期,为加快海外商业信息的传递,1929 年 5 月,外交部颁布《驻外使领馆报告规则》,规定"各馆报告关于外交门、政治门、军事门、商务门、侨务门者定为十日一次,其他类定为一月一次,但有必要时得随时报告。"①因此,《外交部公报》中出现了较多月报,例如:"本年四月间元山港贸易情形""英国四月份对外贸易状况""本年八月份由我国输入朝鲜贸易状况""本年十二月釜山港对华贸易调查表""日本本年三月对华贸易概况"等。

这些报告篇幅相对较短,内容也比较简单,多出现于月度贸易报告和进出口统计。例如:"本年四月间元山港贸易情形"中,报告只有两部分内容:一是对华贸易商品,分为四月元山港对华输出重要品和输入重要品,二是对日贸易商品,分为四月元山港对日输出重要品和输入重要品。"本年八月份由我国输入朝鲜贸易状况"中,报告篇首概述了我国对朝鲜贸易的情况,然后列出我国输入朝鲜货物名称、数量和价格表。

四、临时报告

临时报告是年报和季报对象以外的信息,认为有必要提醒国内商民,或足以提供参考的贸易事项报告。从报告内容来看,多为介绍政府政令、税则变更、工艺发明、农业技术、海外展会等与贸易息息相关的不定期事宜。如与航运业相关

---

① 　外交部参事厅编:《外交部法规会编》,1937 年 5 月,第 116 页。

的海港规则、浮标、灯塔设置、税务条例、轮船公司设立、新航路开辟等。与工商业者相关的行政制度、外汇牌价、金银汇率、交易习惯、外国贸易商介绍等内容。

该类报告数量最多,范围最广,篇幅有长有短,内容和形式各异。例如:《商务官报》中的"巴拿马开河招工情形(节录)""和兰农业展览会纲目""伦敦中国茶商会考验中国茶样报告""美德报施商约期满交涉缘起""美国对等条约之问题(节录纽约领事夏偕复报告)""美国删改领事馆制度""美国人拟于上海设立商品陈列所(节录驻美商务随员容揆、孙士颐、唐虞年报告)""美国议改银行币制""美国造纸业之一大发明一大改良(节录纽约领事夏偕复报告)""输入商宜谙美国关税法律"等。《农商公报》中的"日本关税及内地各税之税率暨抽税办法""新义州人民之风俗习尚有关于本国货物之销路者""巡视大金山华侨报告(附表)""译报俄远东水陆各关加征进口税额""南斐洲椒罕乃斯堡埠罢工风潮"等,都属于临时报告的范畴。从《外交部公报》开始,随着每期发行数量的增加,临时报告的数量也大幅上升、内容日益丰富。一般而言,此类报告没有统一格式,叙述单一事件,内容比较简单,在此不作一一介绍。

第二节 近代驻外领事商务报告的内容分类

一、《商务报》《商务官报》

《商务报》《商务官报》从 1903 年至 1911 年,刊登领事报告的内容大致反映了晚清时期的经济发展特色。表 5-1 是《商务报》中选录驻外领事报告目录(1904 年下半年),表 5-2 是《商务官报》中选录驻外领事报告目录(1906 年前 5 期),从报告内容上来分析,驻外领事报告大体可以分为四类:

第一类是来自海外各地的商况报告,包括进出口统计表,这类报告数量最多,约占到总量的 60% 以上,大多是来自长崎、神户、横滨、仁川、元山、纽约、伦敦、巴黎、新加坡等海外重要商埠。并且从报道内容上看,对法国蚕丝、英国茶叶、日本茶叶和蚕丝、美国棉花的生产和出口情况的关注度非常高,这与晚清对外贸易结构基本吻合。

第二类是各地实业发展报告,主要介绍西方国家的新品种、新工艺、新技术等。比如德国铝业、秘鲁植棉业、日本火柴业、美国造纸业等。

第三类是国外商业制度调查报告,包括对国外关税、货币、航运制度的介绍、商部的实地视察、海外赛会情况等,尤其侧重于对日本和美国商业制度的考察。

第四类是海外各埠华商经营状况,包括华商的数量、省籍、销售商品、与国内外商人贸易渠道等,为研究海外华商,尤其是目前研究薄弱的欧美地区华商贸易网络提供了重要资料。

表5-1 《商务报》中选录驻外领事报告目录(1904年下半年)

时间、卷数	调查报告
7月23日第19期	查勘法国里昂埠丝业实情表、欧洲各大埠丝业市场十年表
8月2日第20期	调查法国里昂埠丝业市场销售各国丝货十年表、调查中国茶叶销数比较表
8月11日第21期	调查法国里昂埠丝业市价表
8月31日第22期	调查法国里昂埠丝业市价表(续)
9月10日第24期	法兰西全国蚕丝销数十年表
10月29日第29期	驻扎长崎领事呈报长崎茶类表、商部考察日本茶叶规则
11月7日第30期	商部考察日本茶叶规则(续)
11月17日第31期	商部考察日本茶业状况
12月7日第33期	商部考察神户茶丝贸易情形申报清册
12月17日第34期	商部考察日本丝业状况清册

资料来源:《商务报》各期。

表5-2 《商务官报》中选录驻外领事报告目录(1906年前5期)

日期	报告题目	撰写者
4月28日第1期	美国华商情形及推广商务办法	节录驻美商务议员容揆、孙士颐、唐虞年报告
5月8日第2期	美国商用输出入通法	驻美纽约领事夏偕复报告
	日本横滨怡和洋行制茶记	节录驻日商务随员梁居实报告
	日本神户华商商务情形说略	节录神户领事长福报告
5月18日第3期	日本棉业情形记	节录日本商务随员梁居实报告
	美国人拟在上海设立商品陈列所	节录驻美商务议员容揆、孙士颐、唐虞年报告
	美国制造鞘桶法	节录驻美商务议员容揆、孙士颐、唐虞年报告
	美国对等条约之问题	驻美纽约领事夏偕复报告

（续表）

日期	报告题目	撰写者
5月27日 第4期	美德报道商约期满交涉缘起	节录驻美商务议员容揆、孙士颐、唐虞年报告
6月6日 第5期	奥国华茶销路情形	驻奥商务随员莫镇疆报告
	比国华茶销路情形	驻比商务随员刘锡昌报告
	巴拿马开河招工情形	驻美商务议员容揆、孙士颐、唐虞年报告
	日本王子抄纸部记	日本商务随员梁居实报告

资料来源:《商务官报》各期。

二、《农商公报》

《农商公报》由北洋政府农商部编辑发行的政府公报,从 1914 年至 1927 年,刊登领事报告内容大致反映第一次世界大战,以及 20 世纪 20 年代国际商战时期的时代特色。表 5-3 是《农商公报》中选录的驻外领事报告目录(1914 年前 5 期),在报告内容方面,除了继续晚清领事商务报告的四种类型之外,大致呈现出以下几方面新的趋势。

表 5-3　《农商公报》中选录的驻外领事报告目录(1914 年前 5 期)

日期	报告题目	撰写者
8月15日 第1期	本国人在海参崴一带商工情形	驻海参崴总领事陆是元
	本国人在古巴经商情形	驻古巴办兼总领事林桐实
10月15日 第2期	本国人在新义州经商情形	驻新义州总领事嵇康
	由海参崴进口销俄华茶论略	驻海参崴总领事陆是元
	中澳来往货物之大概	驻菲律宾代理澳洲总领事麦锡祥
10月15日 第3期	鹿茸之调查	驻海参崴总领事陆是元
	本国人所驻在经商情形	驻新义州总领事嵇康
	日本海产输入中国之调查	署横滨领事王守善
	本国人在仰光经营工商情形	驻仰光领事沈成鹄

（续表）

日期	报告题目	撰写者
11月15日 第4期	鹿茸之调查	驻海参崴总领事陆是元
	新义州人民之风俗习尚俄关于本国货物之销路者	驻新义州领事许同范
	新义州漆树栽培情形	驻新义州领事许同范
	日本火柴输出贸易之情形	驻神户领事嵇康
	日本关税及内地各税之税率暨抽税办法	署理驻长崎领事徐善庆
	本国人在金山之商工情形	驻美金山总领事欧阳祺
12月15日 第5期	本国人在神户经商情形	驻神户领事嵇康
	所在地江柳养蚕情形	驻新义州领事许同范
	日本商业一斑	驻横滨总领事王守善
	本国人在古巴之工商情形	驻古巴代办使林桐实

资料来源：《农商公报》各年。

第一方面：领事报告内容主要集中在东亚和东南亚。

1914年至1918年，欧洲爆发第一次世界大战，欧洲列强纷纷卷入战争，无暇顾及经济发展，船舶被征用，航线锐减，国际贸易也陷入萧条。因此，该时期的领事报告主要来自东亚和东南亚地区，特别是来自朝鲜和日本的领事报告。

第二方面：领事报告内容更加关注与中国密切相关的内容。

商务调查仍然是领事报告的主体，但该时期的领事报告不再仅仅是驻在地的商务状况调查，而是更加关注与中国密切相关的商务状况。在《农商公报》中大量出现两类商务报告：一是本国人在某地工商情形，例如："本国人在海参崴一带商工情形""本国人在古巴经商情形""本国人在新义州经商情形""本国人在仰光经营工商情形""本国人在金山之商工情形""本国人在神户经商情形""本国人在仁川经商情形""中国人在釜山经营商业之情形"；二是所驻国与本国商务，例如："所驻国（长崎）与本国商务""所驻国（海参崴）与本国商务""所驻国（朝鲜）与本国商务""中澳往来货物之大概""元山与本国之商务""澳大利亚与中国之商务""檀香山与中国之商务"。

第三方面：领事报告内容更加广泛。

晚清时期领事报告较多关注茶叶、生丝等中国主要出口品的海外市场情况，

《农商公报》时期,领事报告关注的内容更加广泛,从商业贸易领域扩大到农业、工业、交通、关税、金融业等诸多领域。例如:"古巴之烟产与糖""新义州漆树栽培情况""釜山与本国交通情形并国内交通情形""新义州加征关税""日本关税及内地各税之税率""日本工业与中国之关系""制造业之发明""所驻国(长崎)农工等业情形""新义州之金融与交通""仁川之金融与交通""釜山之金融与交通""朝鲜之金融与交通""神户间中日之金融与交通情形"等。

三、《外交部公报》

表5-4是1932年《外交部公报》第5卷第1号中选录的驻外领事报告目录,在报告内容方面,除了前几个阶段领事商务报告的主要风格之外,还出现了一些新的现象。

表5-4　《外交部公报》第5卷第1号中选录的驻外领事报告目录

报告题目	撰写者
槟榔屿华侨之椰油业	驻槟榔屿领事馆
苏联完成五年计划中第三年之经济计划	驻赤塔领事馆
美国中央各部1932年预算大减	驻金山总领事馆
法国与叙利亚及里奔之关系	驻巴黎总领事馆
朝鲜财政现状	驻朝鲜总领事馆
朝鲜公司及资本状况	驻朝鲜总领事馆
秘鲁工业近况	驻秘鲁公使馆
地方分权与马来联邦之影响	驻槟榔屿领事馆
暹罗新民律业经实行	驻槟榔屿领事馆
台湾樟脑专卖概况	驻台北总领事馆
台湾盐业	驻台北总领事馆
台湾全岛林产额与东台湾海岸造林五年计划	驻台北总领事馆
马来亚华侨之建筑业	驻槟榔屿领事馆
马来亚华文日报之调查	驻槟榔屿领事馆
本年胶锡事业之观察	驻槟榔屿领事馆
苏联五年计划中之五金问题	驻伯利总领事馆
苏联共产党争之过去及现在	驻伯利总领事馆
法国海军造舰之1932年部分	驻巴黎总领事馆

（续表）

报告题目	撰写者
朝鲜麦棉竹木生产量之调查	驻朝鲜总领事馆

资料来源：《外交部公报》。

第一方面：领事报告来源地分布趋于均衡。

《农商公报》时期由于受到第一次世界大战的影响，领事报告比较集中于东亚地区，出现领事报告地区分布不均衡现象，到了《外交部公报》时代，这个现象基本消失。而且，南京国民政府在世界各地增设了不少领事馆，所以从整体来看，领事报告来源地分布更加均匀。除了来自传统的驻朝鲜、日本、英国、美国等重要国家的领事报告之外，还包括来自驻苏联、德国、荷兰、比利时、瑞典、芬兰、丹麦、奥地利、印度等国家的领事报告，领事报告的地域特色显得更加丰富。

第二方面：领事报告内容覆盖范围更加多样化。

《外交部公报》时代领事报告所关注的内容进一步扩大，不仅局限在商业贸易、农业、工业、交通、关税、金融业等领域，还涉及与商贸直接相关的国际关系、驻在国政策等内容，例如："墨俄绝交与中国之关系""苏联与土耳其续订友好条约""意俄签订商务新协定""法意邦交关系""意奥新约内容""俄比国交尚难恢复""美国新税则对于中国及太平洋各国商业影响""美国关税率最近之修改""美报对于争价惨跌及救济方法之舆论""日本领事馆征收手续料规则"等。甚至与商贸没有直接关系的军事和教育等领域的内容也有所增加，例如："英国驻华之兵力与军费""美国之空军势力""苏俄五年计划中对于军备之积极积极扩张""1929 年槟榔屿华侨学校受驻在地政府津贴数目""望加锡华侨设立学校调查表""马来西亚华文日报之调查"等。

第三方面：统计报表大幅增加。

虽然贸易统计是各个阶段领事报告的主要内容之一，但是，《外交部公报》时期的统计报告不仅在数量上明显增加，而且在质量上也有大幅提高。这些统计表的内容往往涵盖几年以上的某项商品或某国进出口统计比较，信息价值和资料价值都非常高。例如："全世界最近三年出产之人造丝统计表""世界最近七年消耗树胶之膨胀""中印一年间贸易之概况""1927 至 1929 年三年中德国输入中国货物之价值重量种类""1929 年度世界矿煤出产统计""五年间菲律宾岛对华贸易之详确统计""最近三年德国人造丝丝袜出口统计表""最近七年澳洲小麦生产情形"等。

第三节 近代驻外领事商务报告的数量统计

一、近代驻外领事商务报告的总量变化

近代中国驻外领事报告的发布大致可以分为三个阶段:晚清时期的《商务报》(1903—1906 年)、《商务官报》(1906—1911 年);北洋政府时期的《农商公报》(1914—1926 年);南京国民政府时期的《外交部公报》(1928—1949 年)。

《商务报》创刊于 1903 年 12 月,旬刊,在前 12 期均未刊载驻外领事报告,直到《商务报》第 13 期(1904 年 5 月 25 日)才第一次刊载了 1 篇驻外领事报告,随后几期虽然每期都刊载了 1～2 篇驻外领事报告,1904 年整年的刊载量仅为 26篇,1905 年的情况基本类似,整年刊载量为 18 篇。可见,1904—1905 年在《商务报》上刊载领事报告的数量较少,且每期刊载数量并不稳定,这或许与《商务报》官商合办性质、发行效益欠佳有关。

1906 年 4 月,《商务报》由农工商部收归官办,改名为《商务官报》,仍为旬刊,1906 年 4 月 28 日出版第 1 期,刊载了 1 篇驻外领事报告,1906 年整年的刊载量为 45 篇,随后逐年增加,1907 年的刊载量为 68 篇,1908 年的刊载量达到89 篇,1909 年的刊载量 68 为篇。1906—1909 年在《商务官报》上刊登的驻外领事报告数量相对稳定,每期 2～5 篇左右,平均每年 60 篇左右。直到 1910 年的前几期领事报告刊载量尚属正常,但是,从 1910 年 4 月 4 日庚戌第 4 期开始,驻外领事报告突然从"调查"栏目消失,代之以国内各省的经济调查,具体原因不明。或许与 1910 年初杨志洵、章乃炜等主要编辑人员先后离开《商务官报》,期刊风格发生转变具有一定关系。一直要到 1911 年 4 月 3 日辛亥第 5 期,领事报告才开始重新在"调查"栏目中刊登,1910 年整年领事报告只有区区 12 篇,1911年领事报告为 12 篇,这估计与晚清政治局势动荡有关。

《农商公报》创刊于 1914 年 8 月,发行持续 12 年时间,月刊。1914 年刊载驻外领事报告为 17 篇,1915 年为 37 篇,1916 年为 26 篇,1917 年为 39 篇,1918年为 35 篇,1919 年为 36 篇,1920 年为 33 篇,1921 年为 33 篇,1922 年为 46 篇,1923 年为 46 篇,1924 年为 69 篇,1925 年为 49 篇。该阶段领事报告刊载体制已趋完善,每期刊载 3～4 篇,每年刊载数量基本上保持在 30～50 篇左右。从每年刊载总量上看,《农商公报》要少于《商务官报》,这或许受到第一次世界大战,欧美市场萧条的影响。

《外交部公报》创刊于 1928 年 5 月,月刊(部分年份是季刊)。在前 12 期均未刊载驻外领事报告,直到 1930 年 1 月发行的第 2 卷第 9 号才第一次刊载了驻外领事报告。1930 年刊载驻外领事报告为 144 篇,1931 年为 155 篇,1932 年和 1933 年这两年改版为季刊,刊载量分别是 99 篇和 143 篇。1934 年又改为月刊,刊载驻外领事报告的数量迅速增加到 596 篇,1935 年更是达到 907 篇,成为《外交部公报》刊载驻外领事报告的最高峰。1936 年上半年《外交部公报》刊载的驻外领事报告数量尚属正常,但是,从该年 6 月发行的《外交部公报》第 9 卷第 6 号上开始不再刊载驻外领事报告,该年刊载数量下降至 399 篇。1937 年和 1938 年,由于受到抗日战争初期战局的影响,领事报告刊载量均为 0 篇。1939 年战局初步稳定,领事报告又重新开始出现,但每期刊载数量大幅减少,当年刊载数量为 59 篇,1940 年仅为 9 篇。

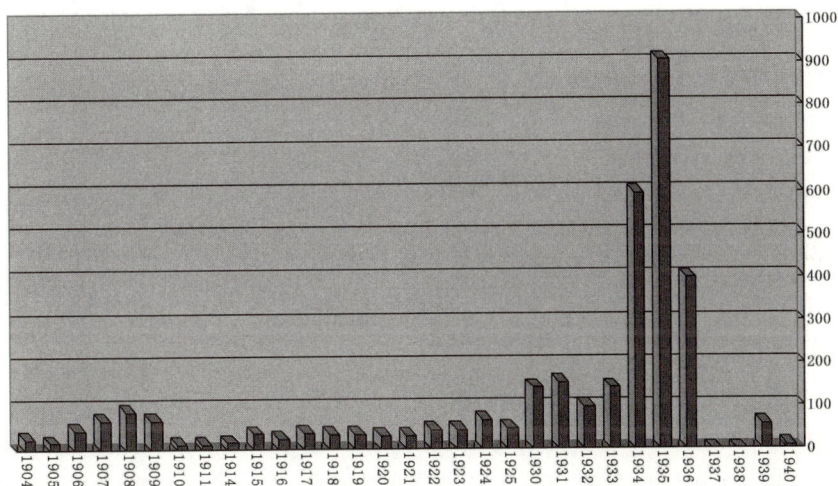

图 5 - 1　近代中国驻外领事商务报告的数量(篇)

二、近代驻外领事商务报告的国别数量变化

《商务报》时期的 1904 年刊登的领事报告共计 26 篇,其中日本 8 篇,美国 10 篇,法国 7 篇,新加坡 1 篇。1905 年总计 18 篇,其中日本 6 篇,美国 2 篇,英国 3 篇,法国 4 篇,古巴 1 篇,秘鲁 2 篇。该阶段驻外领事报告主要来自日本、美国和欧洲国家。日本的领事报告主要由驻长崎、神户、横滨领事馆发回,美国的领事报告主要由驻美商务随员和驻纽约领事发回,法国的领事报告主要由驻法国商

务随员发回。

《商务官报》时期的 1906 年总计 45 篇,其中日本 11 篇,美国 19 篇,法国 2 篇,秘鲁 2 篇,吕宋 4 篇,槟城 2 篇,意大利、奥国、比利时、西班牙、新加坡各 1 篇。1907 年 68 篇,其中日本 18 篇,朝鲜 8 篇,美国 14 篇,意大利 5 篇,德国 4 篇,比利时 4 篇,秘鲁 4 篇,新加坡 3 篇,槟城 2 篇,法国 2 篇,英国 2 篇,荷兰和俄国远东各 1 篇。1908 年 89 篇,其中日本 24 篇,朝鲜 11 篇,俄国远东 10 篇,美国 2 篇,德国 15 篇,英国 10 篇,秘鲁 11 篇,意大利、比利时、法国、荷兰、新加坡、槟城各 1 篇。1909 年 68 篇,其中日本 25 篇,朝鲜 5 篇,俄国远东 10 篇,美国 7 篇,法国 6 篇,德国 4 篇,英国 4 篇,秘鲁 3 篇,意大利 2 篇,澳洲 1 篇。1910 年 12 篇,其中日本 1 篇,朝鲜 3 篇,仰光 1 篇,澳洲 1 篇,美国 2 篇,英国 2 篇,法国 2 篇。1911 年 12 篇,美国、秘鲁和俄国远东各 4 篇。日本的领事报告主要由驻长崎、神户、横滨领事馆发回,朝鲜的领事报告主要由驻元山、釜山、仁川、横滨领事馆发回,美国的领事报告主要由驻美商务随员和驻纽约领事发回,欧洲国家的领事报告基本上由驻该商务随员发回。

从国别发行数量来看,《商务官报》中刊载东亚地区领事馆报告的比重非常大,日本、朝鲜、俄罗斯远东地区领事馆报告数量逐年增多,据统计:1909 年一度达到 59%,平均也达到 40% 左右。可见,东亚地区作为近代中国传统势力范围,人员和经贸往来非常频繁。东南亚虽然是中国最早设置驻外领事馆的地区,华人华侨也非常密集,但是发回的领事报告数量却比较有限。另外分别是欧洲和东南亚等地,美国的数量下降明显。

《农商公报》时期,刊载的领事报告出现几方面特点:

(1)选刊领事报告总量上有所减少,而且主要集中于东亚地区的朝鲜和日本,尤其是有关朝鲜的领事报告数量增长非常明显,东亚地区领事报告占全部数量的 60% 左右,1921 年一度达到 89%。从领事馆的分布来看,驻朝鲜的领事馆主要包括新义州、釜山、元山、仁川、镇南浦,其中驻新义州领事馆发回的报告数量最多。驻日本的领事馆主要有长崎、横滨、神户,其中驻长崎领事馆发回报告数量最多。驻俄罗斯的领事馆主要有海参崴、双城子、伊尔库茨克、黑河、伯利,其中驻海参崴领事馆发回的报告数量最多。

(2)东南亚是华人华侨非常集中的区域,领事馆数量也较多,但是发回的领事报告数量却非常少,和领事馆数量完全不成比例。

(3)受到 1914 年至 1918 年第一次世界大战的影响,来自欧洲和美国的领事报告数量急剧下降,有的领事馆甚至出现连续几年未刊登一篇领事报告的现象。

（4）澳洲和南非成为新的关注点。该时期从欧美地区发回领事报告数量大幅减少，而从澳洲和南非发回领事报告有所增多。

（5）其他零星报告主要来自古巴和秘鲁。

表 5-5　《商务报》《商务官报》《农商公报》发回领事报告数量统计表（篇）

刊物	年份	东亚地区			东南亚	美国	欧洲	澳洲	其他	总计	东亚所占比例（%）
		俄远东	朝鲜	日本							
商务报	1904	0	0	8	1	10	7	0	0	26	31
	1905	0	0	6	0	2	7	0	3	18	33
商务官报	1906	0	0	11	7	19	6	0	2	45	24
	1907	1	8	18	5	14	18	0	4	68	40
	1908	10	11	24	2	2	29	0	11	89	51
	1909	10	5	25	0	7	16	1	4	68	59
	1910	0	3	1	1	2	4	1	0	12	33
	1911	4	0	0	0	4	0	0	4	12	33
农商公报	1914	2	5	5	2	1	0	1	1	17	71
	1915	3	12	8	4	0	1	4	5	37	62
	1916	3	8	7	6	0	0	1	1	26	69
	1917	8	14	9	4	1	0	2	1	39	79
	1918	4	11	9	4	0	0	3	4	35	69
	1919	0	17	8	4	0	0	6	1	36	69
	1920	0	21	11	1	0	0	3	0	36	89
	1921	1	12	11	1	3	1	3	1	33	73
	1922	2	17	10	4	4	0	6	3	46	63
	1923	6	16	8	0	5	3	4	4	46	65
	1924	3	31	8	0	7	6	10	4	69	61
	1925	1	21	6	0	3	3	6	9	49	57

资料来源：《商务报》《商务官报》《农商公报》目录。

《外交部公报》时期,由于刊登领事报告数量非常巨大,每年按国别分类统计显然是较为困难,以下选取 1935 年刊载的领事报告为研究对象,大致可以看出《外交部公报》时期驻外领事馆发回领事报告的一些特点:

(1)随着海外领事馆的不断增设,领事报告涉及的国家更加广泛。据 1933 年驻外使领馆统计,中华民国驻外公(大)使馆有 25 个,驻外领事馆(含分馆、办事处)有 73 个,[1]遍及世界主要国家和地区。1935 年发回的领事报告中包含有驻巴西公使馆、驻加尔各答总领事馆、驻开罗领事馆发回的领事报告,使 20 世纪 30 年代中国驻外领事报告能够覆盖到巴西、印度和埃及,极大地丰富了领事报告的内容。

(2)东南亚成为该时期驻外领事报告数量最多的区域,发回的领事报告数量达到总数的 30.7%。特别是槟榔屿领事馆、巴达维亚总领事馆、棉兰领事馆、吉隆坡领事馆、巨港领事馆、仰光领事馆,发回的领事报告数量都很大,一改《商务官报》《农商公报》时期数量较少的局面。

(3)东亚仍然是领事报告关注的重点。据 1935 年《外交部公报》刊登的领事报告数量统计,该地区领事馆发回的报告数量占总量的 27.3%,仅次于东南亚。驻东亚和东南亚各领事馆发回的领事报告数量达到总数的 58%。驻苏联各领事馆发回的 175 篇报告中,绝大部分是驻苏联远东各领事馆发回的,如果加上驻苏联远东地区各领事馆发回的报告,占总数的 77% 左右。可见,中国周边的东亚、东南亚和俄远东地区是发回领事报告最多的区域。

(4)欧洲和南美洲大多由公使馆发回商务报告。由于欧洲和南美洲距离较远,商务活动偏少,据 1933 年驻外使领馆统计,中华民国政府只在欧洲伦敦、安特卫普、巴黎、马赛、里昂、汉堡、脱利斯脱等少数重要城市设置了领事馆,而西班牙、葡萄牙、瑞典、挪威、荷兰、丹麦、波兰、捷克等国家没有设置领事馆,另外南美洲也没有设置任何领事馆,所以这两个地区的国家由公使馆发回商务报告。

---

[1]　国民政府主计处统计局:《中华民国统计提要(二十四年辑)》,1935 年,第 215 页。

表 5 - 6　《外交部公报》1935 年第 8 卷第 1 至 12 期发回领事报告数量统计表（篇）

地区	领事馆	数量	比例（%）
东亚	日本公使馆14,横滨总领事馆11,神户总领事馆11,长崎领事馆25,京城总领事馆56,清津领事馆41,新义州领事馆32,釜山领事馆19,元山副领事馆14,台北总领事馆25	248	27.3
东南亚	槟榔屿领事馆61,巴达维亚总领事馆47,巨港领事馆30,吉隆坡领事馆33,仰光领事馆27,新加坡总领事馆9,棉兰领事馆41,泗水领事馆27,马尼拉总领事馆1,望加锡领事馆1,暹罗商务委员1	278	30.7
南亚	加尔各答总领事馆3	3	0.3
苏联	苏联大使馆3,黑河总领事馆57,新西伯利亚44,赤塔领事馆41,海参崴总领事馆23,伯力总领事馆5,塔什干总领事馆2	175	19.3
欧洲	英国公使馆2,法国公使馆2,德国公使馆4,意大利公使馆7,西班牙公使馆13,葡萄牙公使馆1,瑞典公使馆4,挪威公使馆3,荷兰公使馆1,丹麦公使馆1,比利时公使馆8,波兰公使馆4,捷克公使馆13,马赛领事馆10,汉堡领事馆1,伦敦总领事馆2,安特卫普副领事馆5	81	8.9
北美洲	美国公使馆4,纽约总领事馆10,芝加哥总领事馆4,金山总领事馆11,火奴鲁鲁领事馆12,休斯敦副领事馆9,西雅图领事馆1,温哥华领事馆4,古巴公使馆17	72	7.9
南美洲	秘鲁公使馆10,智利公使馆10,巴西公使馆3	23	2.5
澳洲	悉尼总领事馆2,惠灵顿领事馆14,阿披亚副领事馆5,苏瓦分馆1	22	2.4
非洲	开罗领事馆3,约翰内斯堡总领事馆1,阿姆斯得达姆领事馆1	5	0.7
总计		907	100

资料来源:《外交部公报》目录。

第四节　近代中国驻外领事商务报告的优缺点

一、近代中国驻外领事商务报告的优点

（一）领事报告信息来源的多样性

领事报告一般由驻海外各领事馆领事负责撰写，例如：驻横滨领事王守善的"日本海产输入中国之调查汇录"，驻澳洲总领事曾宗鉴的"巡视大金山华侨报告"等都是依据领事实地调查后撰写的调查报告。

但是，由于经费和人员限制，驻海外领事馆一般都只有2～3名人员，仅仅依靠领事个人的调查要来完成报告的编写显然比较困难，这就决定了领事必须利用一切可以利用的资源来完成报告的撰写。有关这一点，从驻小吕宋领事苏锐钊的报告"小吕宋商务情形（光绪三十一年）"中就可以清晰看出："此去年旅吕华人商工事业暨吕岛商务之实在情形也，至出口进口之货物，或照译吕岛税务司年报，或经总领事亲往调查，或平时采访而得，务求确实，足资考证，另立表如左……"①苏锐钊领事在报告中也坦言，领事报告的撰写主要是通过自己的实地调查，平时采访见闻，参考海关报告，然后由自己汇总成报告。据查阅，驻外领事除了亲自调查之外，一般会引用如下资料。

（1）各国海关报告和工商部贸易报告。海关报告和工商部贸易报告是撰写领事报告的主要参考资料，中国驻外领事报告中有着大量的年度、季报和商品进出口统计报告，有相当部分的统计报表来源于各国海关报告是确凿无疑的。例如："德国历年进口茶表""中法进出口货值年表""中国与澳洲进出口货物统计（民国三年）""所驻地（海参崴）与本国之商务：海路出口粮石之统计""仰光与中国及各国进出口货之比较""澳大利亚之商务情形（八年秋季报告）：澳洲经济之调查（附表）"等。在许多领事报告中的统计表前，一般会标注"据某国海关报告""据某国税关统计""据某国工商部报告"等文字说明资料来源。"查近两年中国来美货物，据工商部报告岁值二十七八兆美元……"②"兹谨将该年报论表目译述如左，以见其钓稽商务之法焉，美国外国商务航运1906岁计年报告（工商部统计局造）"③。海关报告对各国领事报告具有较大影响，"驻外领事对海关报告数

---

① 《商务官报》第20期，"小吕宋商务情形（光绪三十一年）"，第18页。
② 《商务官报》丙午第1期，"美国华商情形及推广商务办法"，第32页。
③ 《商务官报》丙午第16期，"美国外国商务航运年报体述"，第14页。

据也十分信赖,并坦言自己报告中的统计表主要是根据海关正式报告编制的,除贸易统计数字外,领事报告很多内容也取自海关贸易报告。"①

（2）外国领事报告。驻在国的领事报告也是中国驻外领事报告的重要参考资料,在"中国之棉布业"中,驻美国纽约领事夏偕复在卷首提到:"据在华美领事报告东三省商务情形,称煤油一项,在东三省,可占市面,无虞竞争……"②非常显然,夏偕复领事的这篇报告主要参考了驻华美国领事报告。此类情况在中国驻外领事报告中比较普遍,驻美国商务随员容揆发回的"美德报施商约期满交涉缘起",③主要参考了美国驻柏林领事的报告,驻日本长崎领事卞綍昌发回的"日本领事论中国商务情形",④主要引述了日本驻中国厦门领事的报告。

（3）各类报纸。报纸的信息量大,传播时效快,是中国驻外领事获取信息的主要途径之一。驻美国纽约领事夏偕复发回的"输入商谙美国关税法律"中称:"本年西七月二十八日及九月二十五日纽约商务报之国际贸易周报载有两则言外国商人输货入美,首宜谙悉美国关税法律……"⑤主要引用了纽约《国际贸易周报》的相关报道。而"纽约泰晤士报纪美国减收中国赔款事"⑥,夏偕复领事译自于泰晤士报。

（4）政府文件。各国政府颁布的法律法规,以其权威性、严肃性历来是驻外领事报告撰写的主要依据,其数量非常多,内容也很广泛,涉及经济制度、商业条文、贸易规则等内容。例如:驻美国商务随员容揆发回的"美国删改领事馆制度"中,"美国领事馆制度曾于去年经议院删改,兹摘录其新例之要略如左……"⑦明确指出该报告是摘录自美国颁布的新条例。驻菲律宾总领事施绍常发回的"菲律宾修订税关码头规则"⑧中,报告卷首就提到"为详报事,案准菲律宾税关长咨送修订税关码头规则一件,第本年六月二十八日公布,查菲律宾政府税关码头在马尼拉埠者共有三处,仓货如林,船舶如织,此项规例系由财法二司兼税务机关修订颁行,兹译为汉文另纸录送。"此类报告非常多,仅从报告名称来看,"日本关税及内地各税之税率暨抽税办法""日本关西九州府县联合水产共进会规则"等

---

① 詹庆华:《中国近代海关贸易报告述论》,《中国经济史研究》,2003 年第 2 期,第 70 页。

② 《商务官报》丙午第 7 期,"中国之棉布业",第 31 页。

③ 《商务官报》丙午第 4 期,"美德报施商约期满交涉缘起",第 27 页。

④ 《商务官报》第 28 期,"日本领事论中国商务情形",第 17 页。

⑤ 《商务官报》丙午第 7 期,"输入商谙美国关税法律",第 32 页。

⑥ 《商务官报》丙未第 23 期,"纽约泰晤士报纪美国减收中国赔款事",第 23 页。

⑦ 《商务官报》丙午第 11 期,"美国删改领事馆制度",第 12 页。

⑧ 《农商公报》第 2 卷第 2 期,"菲律宾修订税关码头规则",第 40 页。

都属于此类。

(5)行业协会和商会调查报告。驻外领事在撰写报告时,在海关报告、政府文件之外,往往会引用行业协会和商会调查报告,此类报告关注某一行业,往往比较专业。例如:驻美国纽约领事官夏偕复发回的"商部考查美国商务"中,"查由中国至纽约生丝丝匹多由金山及温哥华运入,有时与日本丝并至,故实数尚难确查,右表系据丝业会调查,为此三月由中国运美生丝丝匹总数……"①由于商品进口经过多次转运,并且多国商品相互混杂,在海关报告中很难找到确切数据,夏偕复领事在撰写报告时主要参考了纽约丝业协会的调查报告。

(二)领事报告内容的广泛性

近代中国驻外领事报告涉及内容非常广泛。晚清驻外领事报告较多关注商业贸易和华侨华商的内容,据不完全统计,该两类领事报告数量占总量的80%以上,主要涉及中国生丝、茶叶在海外市场的销售,海外华商在各地的商业贸易情况,此外,还包括各个国家技术进步、发明创造、法律法规、赛会展会等信息。民国初期驻外领事报告不仅局限在商业贸易领域,还拓展到各国的农业、工业、交通、关税、金融业等领域,到南京国民政府时期有关国际关系、驻在国政策、军事和教育等领域的内容也有所增加,随着时代的变迁,驻外领事报告的内容日益丰富,涉及社会经济的方方面面。

在领事报告内容日渐丰富的同时,随着驻外领事馆的不断增设,领事报告的区域覆盖面日益拓展,信息内容也日趋全面。1878年,自从中国驻新加坡领事馆开馆此后,清政府陆续在日本、朝鲜、美国、小吕宋(菲律宾)、夏威夷、古巴、英属殖民地(东南亚、澳洲、新西兰、加拿大、南非等地区)、荷属东印度、莫桑比克(葡属)、墨西哥、秘鲁等地区设立了37个领馆。截至1923年,与北洋政府建交的共23国,驻外领事馆共39处。1931年,南京政府时期在海外设立领事馆55个。在遥远的非洲、南美洲、澳洲均设立了领事馆,并派遣了常驻领事,这些领事发回的报告,极大地丰富了领事报告的内容。

二、近代中国驻外领事商务报告的缺点

(一)领事报告的非连续性

由于近代中国驻外领事报告没有统一汇编出版,而是刊登在各个时期的《商务报》《商务官报》《农商公报》《外交部公报》等刊物,加上时局的动荡,刊物的转

---

① 《商务报》第27期,"商部考查美国商务",第3页。

换,办刊风格相异等诸多原因,这势必造成近代中国驻外领事报告出版的困难,非连续性是其重要缺点之一。

特别是晚清时期领事报告以年报和季报为主,但是从《商务报》和《商务官报》的实际刊登情况来看,这些年报和季报缺乏连续性,常常是有一期没一期,有几年某个领事馆报告集中出现,有些年又几年不见一篇。例如:《商务报》中驻日长崎领事发回"光绪三十年全年长崎商务情形",却不见前后两年的年报,驻美国纽约领事夏偕复发回了"光绪三十年驻美纽约领事署夏季季报",但却不见春季报、秋季报和冬季报,驻英商务随员发回"三十年冬季英国商务情形",却没有春季报、夏季报和秋季报。

另外,领事报告还会出现在某一领事任职期间,该领事馆会发回较多领事报告,但领事离任之后,该领事馆的报告会突然中止,这种情况非常普遍。例如:《农商公报》1918 年第 5 卷第 2 期 1920 年第 6 卷第 12 期连续刊登了"澳大利亚之中国商务"的六年夏季报告、七年春夏两季报告、七年秋季报告、七年冬季报告、八年春季报告、八年夏季报告、八年秋季报告、八年冬季报告,而其他年份却很少有驻澳大利亚领事馆发回的报告。查阅了中国驻澳大利亚总领事相关信息,晚清驻澳大利亚总领事梁澜勋(1908 年 5 月任命 1910 年 11 月离任)、唐恩桐(1910 年 11 月任命 1911 年 5 月离任)、黄荣良(1911 年 5 月任命),以及中华民国驻澳大利亚总领事黄荣良(1913 年 11 月离任)、曾宗鉴(1913 年 11 月任命1917 年 8 月离任)、魏子京(1917 年 8 月任命 1927 年离任)、桂植(1930 年任命)、骆介子(1935 年任命),[①]在曾宗鉴和魏子京担任驻澳大利亚总领事期间,发回的领事报告较多,而在其他领事时期发回的领事报告数量很少,甚至一篇没有。

出现上述情况,笔者认为主要有两个方面的原因:一是驻外领事没有按期发回领事报告。虽然历届政府对驻外领事都有提交商务报告的时间要求,但事实上部分驻外领事并不会认真执行,主管部分也缺乏有效约束机制。二是刊物主编有选择性的刊登。近代中国驻外领事商务报告没有像欧美和日本一样统一出版,而是在已有刊物上选择性刊登。因刊物版面限制,各个时期选刊数量非常有限,《商务报》平均每期 1 篇左右,《商务官报》平均每期 2~5 篇左右,《农商公报》平均每期 3~5 篇左右,因此,每期刊登领事报告的版面是非常有限,期刊主编在有限的空间内,只能选择一些受众面较大,信息价值较高的领事报告,这就造成

---

①　冯小祥主编:《澳大利亚华人年鉴 2013》,澳大利亚华人年鉴出版社,2014 年版,第 362 页。

了领事报告的非连续性现象。

(二)领事报告质量参差不齐

历届政府对驻外领事商务报告的格式和内容都有严格规范,但是,驻外领事身在千里之外,主管部门很难对领事报告的质量进行审核,领事报告质量好坏全凭驻外领事的职业素养和工作责任心。在这种局面下,领事报告质量出现了参差不齐的状况。

近代中国驻外领事商务报告的形式虽然有年报、季报、月报和临时报告等多种形式,但事实上以季报和临时报告为主。季报和临时报告的篇幅一般简短,内容相对碎片化,领事撰写难度不高,但不利于读者对整个中外贸易形势作出判断,而信息、内容和资料价值均较高的年报却非常少。年报一般体例完备,内容丰富,涵盖面广泛,但对撰写者的职业素养要求颇高,这或许也是近代中国驻外领事商务报告中很少看到年报的原因之一。相比近代英国和日本领事商务报告,年报均占据领事报告的重要地位,而且例年连续,有利于读者完整把握国际贸易的变化。

其次,晚清早期任命的领事较多为科举出身的儒士,甚至是海外侨商,拥有留学经历的新式知识分子比较少。他们知识结构以经史为主,往往缺乏近代社会所需的专业知识,在与西方国家发生外交时,本身知识结构就需要经过调整和适应。他们所撰写的领事报告较多是叙述和统计,很难从专业的角度提出一些建设性意见。甲午战争之后,同文馆学生和留学生比例大幅增多,特别是留学生,他们不仅语言熟练,而且了解欧美社会,相对而言领事报告质量更好一些。例如:水钧韶曾留学法国,容揆、苏锐钊、吴仲贤等曾留学美国。1904 年,商部曾经发文至各驻外领事馆,指出发回的领事报告内容和格式方面的诸多问题。"各领事随员造具文册,先后呈报前来,本部逐加覆核,详略不一,繁简各殊。惟查有驻美纽约领事孙士颐、驻日长崎领事卞綍昌、驻法随员水钧韶、周惟廉,驻美随员孙士颐、苏锐钊所呈清册节略条陈,日记表格等件,考覆既极精详,议论也洞中綮要,足见平日讲求商务,确有心得,深堪嘉予。此外实力奉行者固不乏人,而空言敷衍者也仍难免。"①

最后,近代中国驻外领事商务报告中统计报表比较多,例如:《商务报》选载的"欧洲各大埠丝业市场十年表""调查法国里昂埠丝业市价表",《商务官报》选载的"古巴商况",《农商公报》选载的"中国与澳洲进出口货物统计(民国三年全

---

① "遴派商务随员事",台北"中央研究院"近代史研究所藏《外交档案》:02-35-010-12 。

年)""最近五年澳洲货品输往中国之统计"。虽然贸易统计是领事报告中不可或缺的内容,但关键是这些报告全文只是一个或几个统计报表,而没有对报表中的数据变动,以及对背景原因辅以文字说明,让人阅读起来比较费解,影响了领事报告的信息普及性。

(三)领事报告的时效性较差

19世纪以后,国际贸易竞争日益激烈,为了争夺海外市场,快速且准确地掌握各地的通商贸易情报,成为左右贸易竞争成败的关键。海外各地驻在领事发回的贸易报告的重要性日益突现,成为各国推动对外贸易发展的重要辅助手段之一。

日本作为后发资本主义国家,为促进日本商品出口,日本外务省于1882年定期出版《通商汇编》,1894年改版为月刊的《通商汇纂》。为了满足民间工商业者的日益增长的需求,更快刊登驻外领事发回的报告,1902年5月20日,外务大臣致函驻外各领事馆"通商汇纂改为周刊,各位应更加积极发出报告,并附上图案照片等的通告",训令指出:"如各位所知本省编纂的通商汇纂每月二次发行,在报道的快速性方面甚感遗憾。自七月一日起改为每周一次发行,同时广泛地分发给各相关团体。"①不仅如此,外务大臣还多次致函各地领事,要求加快发回各类商品的商况报告。1903年8月17日,外务大臣致函香港领事馆"关于绢织物商况每周邮报的通告",要求香港领事每周邮报绢织物商况。② 同日,致函汉口、福州领事馆"关于制茶商况隔周邮报之训达",要求汉口、福州这两个中国最主要茶叶输出港驻扎日本领事能够隔周邮报茶叶商况。③ 此外,日本外务省还通过"电报""快报"的形式,不断加快海外信息的传递速度。

与日本领事报告相比,中国领事报告在时效性方面却相距甚远。《商务官报》丙午第15期刊登"纽约华商生意情形(光绪三十一年冬季)",这是一篇发自驻纽约领事馆的冬季季报,但这篇报告刊登日期却是1906年9月13日。《商务官报》丁未第11期刊登"朝鲜釜山商务情形(去年秋冬季)",这是一篇发自驻釜山领事馆的秋冬季报告,但这篇报告刊登日期却是1907年6月15日。《农商公报》1915年第1卷第6期刊登"所驻地与本国之商务(民国三年夏季)",这是一篇发自驻神户领事馆的1914年夏季报告,但这篇报告刊登日期却是1905年1月15日。《农商公报》1921年第8卷第1期刊登"南斐洲杜兰斯省中国侨商情

---

① 外务省通商局编纂:《领事官执务参考书》1916年,第620页。
② 外务省通商局编纂:《领事官执务参考书》1910年,第1152页。
③ 外务省通商局编纂:《领事官执务参考书》1910年,第1152页。

形(九年冬季第一期)",这是一篇发自驻南斐洲总领事馆的 1920 年冬季报告,但这篇报告刊登日期却是 1921 年 8 月 15 日。显然在晚清和北洋政府时期,驻外领事报告见刊周期大约在半年以上。

到了南京政府时期,驻外领事报告见刊周期已经大幅缩短。《外交部公报》1931 年第 3 卷第 9 号刊登"古巴对外之贸易概况",这是一篇发自驻古巴哈瓦那领事馆的报告,报告文末注有领事撰写时间是 1930 年 10 月 31 日,这篇报告刊登日期是 1931 年 1 月。《外交部公报》1934 年第 7 卷第 8 号刊登"1933 年澳洲对外贸易之统计",这是一篇发自驻悉尼领事馆的报告,报告文末注有领事撰写时间是 1934 年 6 月 30 日,这篇报告刊登日期是 1934 年 8 月。这一期总共刊登了 92 篇领事报告,有少部分报告撰写于 5 月,绝大多数报告是撰写于 6 月和 7月,极少数几篇报告是撰写于 8 月中旬以前。也就是说,南京政府时期驻外领事报告见刊周期大约在三个月以内。但是,从信息情报角度而言,领事报告的时效性仍有提高空间。

驻外领事馆作为政府驻扎在海外的耳目,用以搜集各类有价值信息,为本国外交决策和经济发展提供建议,此乃驻外领事馆的重要职责之一。晚清民国初期的驻外领事馆,虽然也承担着搜集驻在国各类信息的工作,但是,驻外领事馆远在海外,政府缺乏一套有效的管理机制。"海外使领向少监察,人员勤惰,成绩良窳,殊乏统制",①驻外领事馆提交的商务报告大多是为了应付"差使",有些报告不仅内容空洞,甚至不能按期提交,即使提交了,寄到国内,经过筛选刊登,早已成为明日黄花,完全失去信息情报的价值。南京国民政府成立以后,外交部对驻外领事馆情报工作加以关注。为了提高驻外领事报告的质量,外交部专门制定了的奖惩制度,质量高的报告由情报司申报奖励,不好的则给予处分。通过这些措施,驻外领事报告质量和时效性有所改善。

---

①　陈钟浩:《外交行政制度研究》,独立出版社,1942 年版,第 75 页。

第六章

领事商务报告与近代中国对外贸易

第一节　领事商务报告与近代中国丝茶出口

一、中国丝茶在国际市场上的竞争

茶叶和生丝是中国传统的两大出口商品。明末清初,中国丝茶就已经大量出口到东南亚、日本和美洲地区。鸦片战争后,中国丝茶开始大规模向西方出口。直到 19 世纪 60 年代后半期,丝茶出口仍占中国出口总值的 88％(1869)至 94％(1868)。1867 年,中国供应西方世界茶叶消费量的 90％,生丝消费量的 36％。[①] 中国是名副其实的世界茶叶、生丝的生产大国和出口大国。特别是 19 世纪中叶蚕病摧毁了欧洲的养蚕业时,中国蚕丝满足了由此产生的需求。1868—1900 年期间的出口额增加了一倍以上。到 20 世纪初期,蚕丝已经超过茶叶成为中国的主要出口商品,甚至在中国的对外贸易实行多种经营以后,蚕丝仍然是它的主要出口货物。

江户时代的日本还是一个蚕丝进口国。为了限制白银的大量外流,幕府一方面从中国引进生产技术,另一方面鼓励国内养蚕、制丝业发展。江户后期,日本基本上实现了生丝的进口替代,生丝作为出口产业已经初具规模。明治维新后,在国家强有力推动下,日本生丝产业获得迅猛发展。1866—1870 年间,美国市场中国生丝输入量为 15.4 万磅,占总输入量的 23％,日本生丝输入量为 4.9

---

① 严中平主编:《中国近代经济史 1840—1894》上册,人民出版社,1987 年版,第 346 页。

万磅,占7%。^①茶叶是仅次于生丝的第二大出口品,其中出口茶中85%为绿茶,
主要销往美国。1859年,美国市场中国绿茶输入量为1 786万磅,日本绿茶仅为
37万磅,1870年,中国绿茶输入量为1 790万磅,日本绿茶却上升到1 238万
磅。^②显然,日本生丝已经在国际市场占据一席之地,并开始对中国丝茶构成冲
出(见表6-1)。

表6-1　国际市场上中日丝茶竞争比较表

(生丝单位千公担,茶叶单位百万磅)

年	出口总量		美国市场进口量		出口总量		美国市场进口量	
	华丝	日丝	华丝	日丝	华茶	日茶	华茶	日茶
1891	51	32	6	12	—	—	—	—
1892	51	33	8	18	—	—	—	—
1893	49	22	9	16	—	—	—	—
1894	50	33	5	12	—	—	50	37
1895	57	35	11	17	—	—	55	36
1896	44	42	11	18	228	65	51	38
1897	59	29	9	16	204	63	57	45
1898	56	36	13	24	205	61	40	24
1899	75	28	11	20	217	64	40	29
1900	47	52	17	22	184	59	43	34
1901	66	48	10	21	154	61	47	36
1902	60	44	14	28	202	64	36	30
1903	44	58	14	31	223	70	55	38
1904	56	58	15	30	193	68	54	43
1905	49	44	14	38	182	61	43	42
1906	51	62	13	34	187	62	37	38
1907	56	56	14	42	214	61	32	37
1908	57	69	11	44	210	57	27	47

① [日]梅村又次、山本有造编著:《开港和维新》,岩波书店,1988年版,第207页。
② 外务省记录局编:《通商汇编》明治十五年,第51页。

（续表）

年	出口总量		美国市场进口量		出口总量		美国市场进口量	
	华丝	日丝	华丝	日丝	华茶	日茶	华茶	日茶
1909	58	81	22	58	199	63	33	52
1910	67	89	19	54	208	65	28	38

引自徐新吾主编：《中国近代缫丝工业史》，上海：上海社会科学出版社，1990 年版，第 624 页。
引自日本农商务省农务局编：《关于茶叶的调查》1912 年，第 229、263 页。

从出口总量上来看，日本生丝在 1906 年首次超过中国生丝。在 19 世纪 80 年代初期，日本生丝在美国市场上就已经超过中国生丝。中国茶叶出口总量虽然一直保持领先，但在美国市场也于 1906 年落后于日本茶叶。

中国茶叶不仅在美国市场面临日本茶叶的激烈竞争，在英国市场上主要是中国红茶和印度红茶之间的竞争。19 世纪以后英国东印度公司从中国进口的茶叶每年都占其总货值的 90% 以上，英国人一直试图打破中国茶叶垄断国际市场的局面，开始大力扶持印度茶叶，以减少对中国市场的依赖。1838 年，印度向英国出口了第一批茶叶，虽然只有大约 350 磅，却开始打破中国茶叶在国际茶叶市场上的垄断。此后印度茶叶出口迅速增加，1869 年，印度出口到英国的茶叶首次突破 1 000 万磅，约占英国当年茶叶消费量的 10%。[①] 1874 年，中国茶叶对英国出口达到历史最高峰，为 11 499 亿磅。但随后华茶对英出口即失去增长的势头，逐年下降，这期间虽有 1880 年的反弹，但终究未能到达 1874 年的高点，反而从此开始加速下滑。在 1886 年后，则呈现快速下滑趋势。[②] 华茶在英国市场的竞争已经渐成劣势，至 1888 年，印度茶叶所占份额超过了华茶，占到英国市场的 53%，至 1892 年，印度茶叶以较大优势占领了英国市场。在短短的半个世纪，中国丝茶在国际市场上全面败退。

二、清政府对海外丝茶业的调查

鸦片战争后，清政府被迫与西方列强签订了大量不平等条约，列强凭借着开放口岸、协定关税、领事裁判权等特权，逐步控制了中国的对外贸易。同时，中国海关的行政权也被洋人所摄取。1859 年，英人李泰国窃取中国海关总税务司要

[①]　姚贤镐编：《中国近代对外贸易史资料(1840—1895)》，中华书局，1962 年版，第 1194 页。
[②]　林齐模：《近代中国茶叶国际贸易的衰减——以对英国出口为中心》，《历史研究》2003 年第 12 期，第 61 页。

职。1863 年英人赫德继任,控制该职位长达 40 余年。长期以来,清政府对海外贸易抱有消极态度,没有一个明确的主管部门,由洋人控制的海关成为事实上清末中国对外贸易的主管部门。对近代中国丝茶业的调查和改良最早也是从海关开始的。

19 世纪 80 年代,中国的生丝和茶叶已经开始在国际市场上面临日本、印度等国的激烈竞争。1879 年和 1880 年,中国海关总税务司赫德受法国里昂商会会长纳塔列斯·朗图特(Natalls Rondot)之请,于 1880 年 5 月 10 日发布第 103 号通令,命所属海关对其关区内的丝绸行业产销情况作全面调查。总税务司共收到上海、天津、宁波、温州 4 个海关税务司的调查报告。[①] 1887 年,总理衙门饬令赫德对中国茶叶在世界上处于劣势地位和补救方策展开调查。截止 1888 年 8 月,总税务司共收到汉口、九江、芜湖、上海、宁波、福州、厦门、广州、淡水等 9 个海关税务司的调查报告。这两次调查全面翔实地记述了 19 世纪 80 年代前后的中国各地生丝和茶叶生产的情况。虽然只是针对国内生产和市场的调查,但多少让总理衙门和海关对中国丝茶生产优劣性和国际竞争局面有了一个初步认识。

从目前掌握的资料来看,在整个 19 世纪后期,清政府并没有主动对中国出口品的海外市场展开过调查和研究。本来,向海外派驻领事的一项重要任务就是商业情报收集。但是,清政府于 70 年代推行了领事制度后,驻外领事发回的海外市场调查报告却非常少,且并没有发现有关生丝和茶叶的专项调查报告。笔者认为其原因主要有两点:其一,近代中国领事是在非常被动的情况下走出国门的,清政府根本没有意识到领事情报工作的重要性,而且驻外领事本身在人才、知识、心态等方面的准备还远远不足;其二,从领事馆设置地点来看,主要是华侨和华工相对集中的南洋、美洲等地区的商埠,而中国丝茶主要出口市场的英国伦敦、法国里昂均没有设置领事馆。1880 年旧金山、1883 年纽约虽然设有领事馆,但美国并非中国丝茶主要出口地。这恰恰证明了清政府在海外设置领事馆的主要目的是为了解决华工问题,而非为了促进对外贸易所进行的商业情报收集。

此外,清政府还派遣官员到海外进行实地调查。1905 年,清政府南洋大臣、两江总督周馥,派江苏道员郑世璜赴印度、锡兰考察茶业,是为中国茶业出国考察第一人。郑世璜回国后分别向周馥和清政府农工商部,呈递《考察锡兰、印度

---

① 周德华译:《19 世纪 80 年代浙海关、津海关和瓯海关丝绸调查》,《丝绸》2001 年第 9 期,第 44 页。

茶务并烟土税则清折》《改良内地茶业简易办法》等禀文,结集为《乙巳考察印、锡茶土日记》,在清末、民国时期曾广为印发。力主"设立机器制茶厂,以树表式"。可以说,此前对印锡茶业知之是一鳞半爪,通过这次考察,不仅有一个完整且真实的印象,而且对中国茶叶改良提出了不少合理的建议。同年,清政府还派官员赴俄国考察土货出口情况。但是,此类调查活动在清末仅属个案而已。

三、领事商务报告与清末中国丝茶出口

在整个 19 世纪后期,清政府始终没有意识到对外贸易的重要性,更不可能主动向国内生产者提供海外商业信息。目前似乎也没有证据来证明清政府曾为海外贸易的发展作过任何主动情报收集的努力。

由于政府没有开辟制度化、日常化、持续化的渠道向商人、手工业者和农民提供信息和技术,也没有对新工业提供必要的援助。因此,中国商人和普通生产者对海外市场行情始终表现出茫然无知,对海外市场变动的反应往往也是犹豫迟缓。在中西市场相隔如此遥远而电讯工具又掌握在外商手里的条件下,中国生产者没有能力为他们的产品去寻找市场,而只能是呆在家里等待买主来购买。这种状况使得中国商品生产者和商人陷入一种非常被动的局面,只能依洋行购货规模和价格来调整其生产,所谓"洋庄发动则色然以喜,洋庄停滞则猝然以忧"。

一般认为,近代中国丝茶出口衰落的主要原因是"墨守成规、不求精进、技术落后、粗制滥造"等,笔者认为产生上述原因的根源是在于市场信息不灵。近代中国缺乏英美列强的实力,可以强行向外推销商品。在国际贸易日趋买方市场时,不了解海外市场的行情,谈不上改良生产;不了解海外市场的风俗嗜好,谈不上投其所好;不了解海外市场的技术进步,谈不上推陈出新。

中国生丝主要销往欧洲市场,19 世纪 80 — 90 年代美国作为新兴市场生丝需求量不断扩大。但是,清政府并没有及时把握这一重要信息,或者说是组织国内生产出符合美国市场质量要求的生丝,因而错失因美国市场需求放大而实现生丝外贸增长的绝佳机会。日本正是敏锐地捕捉到了这一市场变化,在 80 年代及时将生丝出口重心由欧洲调整到美国,赶上了美国市场需求放大所带来的利好。

同时,由于美国丝织技术的不断进步,在新泽西等织造中心大量使用动力织机,需要标准化原料。中国辑里丝虽然质量远胜于日本生丝,但由于生丝生产小农特征,始终无法克服"均度不一"的毛病。而日本生丝质量虽然一般,且在早期

也普遍存在"均度不一"的毛病,后经各方努力,终于生产出了符合美国大工厂机械织造业需求的、粗细质量划一的生丝。这都与日本政府长期不懈的情报活动有关。

茶叶情况也是类似,"粗制滥造、掺假、着色"是中国和日本茶叶在出口过程中遇到的最普遍、最棘手的问题。1883年初,美国对中日输入茶叶质量采取更严格检查标准。驻美国日本领事在短期内密集发回了"日中两国输入美国红绿茶伪制件并附改良意见书""关于输入不正茶禁止的报告""不正茶没收之件""制茶性质鉴定的报告""日本着色茶的报告"等调查报告,通报了美国市场假茶输入状况、美国对输入茶叶的鉴定标准,以及改良意见。事实证明,这些商情通报对日本国内及时调整茶叶生产、整顿出口秩序、建立统一的茶叶出口检查机构发挥了重要作用。

针对中国丝茶出口全面溃败的局面,美国学者吉尔伯特·罗兹曼曾不无感叹地认为:"如果能有任何一个权威机构对19世纪70年代的世界丝产品市场变化信息进行收集、整理、判断,并认真参考的话,养蚕工业就会更早地开始现代化了。中国丝的生产者如果较早地采用现代纺丝工艺,定会从世界贸易增长中获得更多的利益。但是普遍存在的是对市场条件的无知。当人们开始认识到市场情况已经改变时,他们立即开始向现代纺丝技术改变。然而他们的转变能力却表明资本缺乏的情况并未好转,税赋也未减轻。很可能有的厂商确实搞过粗制滥造从而失去了他们的顾客。"中国另一项主要出口商品茶叶的生产和销售也面临着同样海外信息缺乏的困境。"他们没有作出努力去调查世界茶贸易的发展以作好应变的准备。当他们了解到南亚有一种经过科学计划的种茶方法时,已为时过晚。原因与上面谈到的一样,政府没有组织力量向茶农提供信息,也没有进行改进茶叶质量的努力。"①

清政府对海外贸易和市场调查的重视是始于清末新政时期,特别是1903年商部成立之后,重视市场调查,改进产品质量、积极推动对外贸易的发展,这种情况似有所改观。《商部开办章程》中规定:"各省各属土产及制造所出之资若干类,又及各关各埠出口土货若干类、进口洋货若干类,……除由该丞参等考察详记外,应由各该省将军督抚先将以往情形、现办情形详细咨报臣部,查复嗣后,并应将有无更改情形按年报部一次作为课程。"②在农工商部开列的1909年拟办

① [美]吉尔伯特·罗兹曼:《中国的现代化》,上海人民出版社,1989年版,第178页。
② 《大清光绪新法令》第3册,商务印书馆,1909年版,第78页。

之要政清单中,共有 27 项事宜,前两项分别是:一曰调查外洋丝市情形;一曰调查外洋茶市情形。①

　　商部对海外市场的调查主要是通过驻外领事和商务随员。表 6-2 是 1904 年清政府驻外领事对丝茶的调查报告,最早发回的生丝调查报告是刊登在 1904 年 7 月 23 日《商务报》第 19 期的"查勘法国里昂埠丝业实情表""欧洲各大埠丝业市场十年表"。虽然此时调查报告比较简单,大多以贸易统计报表为主,缺少驻外领事对产品质量、竞争品情况、市场前景预测和领事建议等核心内容,但这毕竟是清政府第一次运用驻外领事报告向社会通报海外市场信息,显然清政府已经意识到情报对海外贸易的作用。

表 6-2　1904 年清政府驻外领事对丝茶的调查报告

时间	卷数	调查报告
7.23	第 19 期	查勘法国里昂埠丝业实情表、欧洲各大埠丝业市场十年表
8.2	第 20 期	调查法国里昂埠丝业市场销售各国丝货十年表、调查中国茶叶销数比较表
8.11	第 21 期	调查法国里昂埠丝业市价表
8.31	第 22 期	调查法国里昂埠丝业市价表(续)
9.10	第 24 期	法兰西全国蚕丝销数十年表
10.29	第 29 期	驻扎长崎领事呈报长崎茶类表、商部考察日本茶叶规则
11.7	第 30 期	商部考察日本茶叶规则(续)
11.17	第 31 期	商部考察日本茶业状况
12.7	第 33 期	商部考察神户茶丝贸易情形申报清册
12.17	第 34 期	商部考察日本丝业状况清册

资料来源:《商务报》各期。

　　1904 年 4 月,驻法国商务委员水钧韶发回"查勘法国里昂埠丝业实情表",报告中对中国生丝在法国里昂市场的成本价格、市场价格、运费、税收、近两年输入量比较等作了调查,最后对中国生丝改良提出了建议,"查里昂所销中国丝全系洋商机器缫成者,内地土丝不甚来法销售,广东因手机之丝甚佳,故畅销格外起色,若求改良,似宜劝商用机器丝成,或照广东手机办法,则可更起色,渐夺回

①　王奎:《清末商部研究》,人民出版社,2008 年版,第 224 页。

洋商之利。"①

1904 年 4 月,驻法国商务委员周惟廉发回"调查中国茶叶销数比较表",报告中对 1901—1902 年中国茶叶在英国、法国市场的输入茶叶品种、成本价格、市场价格、运费、转运、税收、近两年输入量比较等作了调查,最后对中国生丝改良提出了建议,"其一焙制时务求清洁,本原之计在集公司与制造厂,仿西法以机器制作,则货物自必精美,销路乃广,凡一切假冒之弊,严行杜绝。其二出卖时务宜捡选纯净,不可掺杂别枝叶,以图射利。其三装运出口时份量务宜真实,装具大小亦宜配外洋之用,如上海运来之箱,每箱斤量宜皆一律,最好每箱内净装茶叶二十五基罗或五十基罗,箱外标明茶若干斤,箱若干重,货抵税关时,检查易而不致遗漏,且便批发,至于门市零卖,宜用小盒,每盒以能装半基罗为宜,再如洋铁盒,以能装四分之一基罗者为宜,以此间零卖,大都自半基罗起至四分之一或八分之五基罗为多。"②从两位驻法商务委员的调查可以看出,中国丝茶生产墨守成规,拘泥土法,不注重国际市场的需求。欲振兴中国丝茶出口,必须提倡用机器制作,讲求质量。同时茶叶包装方面不仅要便于通关,更要符合外国市场的销售需求。

1904 年,驻美国纽约领事夏偕复发回"商部考察美国商务",调查了中国输美主要商品的数量、价值,并对中国商品提出了一些建议,"美国妇女喜用华制之顾绣、夏布、几巾,形式画法粗拙于日本。"驻外领事也深感厘多之害,"从前外商自内容运货出洋,但纳出口及子税,而华商运货则有节节厘金之输纳,故成本重于外商,而货物之销钝相戒裹足遂致,丝茶大业尽归外人之手,且是之故。华商均趋而运日本货,以无厘复无税而成本轻也。"③显然,厘金人为抬升了中国商品出口成本,不仅消弱中国商品在国际市场上的竞争力,也使商人转售日本商品,中国商品销量进一步减少。

为了挽回中国茶叶出口颓势,1906 年农工商部饬令驻外领事馆调查海外茶叶市场,在半年内陆续收到各埠寄回的"奥国华茶销路情形(驻奥商务随员莫镇疆报告)""比国华茶销路情形(驻比商务随员刘锡昌报告)""美国茶叶情形(驻美商务随员容揆、孙士颐、唐虞年报告)""世界茶之生产及消用考(驻美纽约领事夏偕复报告)""德国茶叶情形(驻德商务随员莫镇疆报告)""各国茶叶情形(驻美商务随员容揆、唐虞年报告)""德国历年进口茶考(驻德商务随员莫镇疆报

---

① "查勘法国里昂埠丝业实情表",《商务报》第 19 期,1904 年 7 月 23 日。
② "调查中国茶叶销数比较表",《商务报》第 20 期,1904 年 8 月 2 日。
③ "商部考察美国商务",《商务报》第 18 期,1904 年 7 月 13 日。

告）""伦敦中国茶商会考察中国茶样报告"（代办驻英使署事宜参赞官陈呈报）等近十份调查报告，并将结果刊登在《商务官报》上，以资生产者参考。

驻奥国商务随员莫镇疆报告称："奥俗近数年来绅贵妇每日下午烹茶邀客群聚饮名曰五钟茶会。自秋迄春不可间断，中人之家幕之，亦多仿效，且自誉其为华茶，茶市因而大盛。业茶者遂制作蜡人冠华冠，衣华服，招揽买主，亦有用中国幼孩小照为标记者，其实质卖印锡爪哇茶为多，间有稍掺华茶者已为极品。故其嗜好华茶举国皆然，如果中国有人运茶至奥，大可畅销。"[①]同时，对奥国的茶叶税制、茶箱包装、运费作了一一介绍。

驻比利时商务随员刘锡昌报告称："比国城乡茶肆饭店皆用英茶，即锡兰茶，以英茶价贱而华茶价贵，故英人常以锡兰茶假充华茶。查比国昔饮茶者极少，近有一比人设中国杂货铺，内销东洋瓷器中国茶叶，始有人知华茶之美。去年黎业斯赛会，通运公司设茶肆于中国村庄，茶客颇多，啜毕各购一罐一包而去，以为示人之品，即富人亦罕购一整箱，从可知其好尚，仅在皮毛，非真必需之物也。"[②]

驻德国商务随员莫镇疆报告称："查德国所有进口茶叶，华茶占百份中之五十九份五有奇，其销数亦不为减色"，对中国茶叶在德国的进口额和市场占有情况作了介绍，接着对中国茶叶的价格和利润作了分析，"至华茶进口大盘行价概算每基罗合二马克零二厘五丝，而市价每基多至少五马克，其利约一倍双半。若以上等白琳茶论，行价四马克一基罗，市价一十二马克，其利则加两倍，且更有价昂者，如乌龙茶每基罗约为三十马克。""其获利之厚不在进口之大盘行价，而在批发零沽之市价，则欲挽回华茶之利权，非有华商来德开设行栈不为功，查前有浙江人田阿喜，在德开设茶店，获利颇巨，现又有浙江乌程县人顾顺福在德零售华茶，并未设店，专销各茶馆酒肆间，销至附近乡间，所用商标，曾在商部注册，不准别人假冒，询据所售之茶，俱从德国汉堡海口之茶行批购，小包每包四两，价银至少一马克五十分，大包或八两，或一磅，价银照加，每年计获利息总在两倍之上，是华人在德，与德商转购华茶，以行销德境，尚获两倍之利，若华商自运华茶来德，开设茶栈，或批发，或零沽，其获利当不止此数也。"[③]

驻美国商务随员容揆、孙士颐、唐虞年报告称："其国人嗜尚亦颇以省界为区域风气为转移，从前西北各省多用青茶，凡进口青茶西北省十之八，近年易而用日本茶。东方旧用福州及厦门乌龙，近而易用台湾茶。福州虽尚行销，而厦门茶

①　"奥国华茶销路情形（驻奥商务随员莫镇疆报告）"，《商务官报》第5期，1906年6月6日。
②　"比国华茶销路情形（驻比商务随员刘锡昌报告）"《商务官报》第5期，1906年6月6日。
③　"德国茶叶情形（驻德商务随员莫镇疆报告）"，《商务官报》第27期，1907年1月9日。

已几尽绝于市。现时市业情形,日本茶行于西北及大西洋滨海各省,青茶行于中西南各省,工夫茶行于旅美之异国人,乌龙行于东方各省,印度锡兰茶均销于全国。现时进口多数仍推中国为第一,日本次之,印度锡兰又次之。然详审印度茶,递年渐有增进,中国若不急起直追,势将为其所逐。"对美国茶叶市场情况作了全面介绍。同时"近有韦成业公司设一制茶砖茶机器厂,以成片茶叶压为茶砖,每包重一磅或半磅。每磅拟售美银三角五仙,已颇有利。窃计茶砖运来或可不减香味,模范包装,如能合宜,当可争胜。"①对美国新式制茶方法作了介绍。

驻美国商务随员容揆、唐虞年报告称:"中国虽为种茶合宜之地,工价又微,然不从早设法整顿,挽回将坠之茶业,再过整年,美国之种茶已成,缅甸等处产茶已增,出口茶必日多一日,出口茶既多,华茶销路必减,其时虽设法整顿,亦难收复旧日之利权矣,日本茶颇极鲜嫩,台湾茶味亦浓美,印度锡兰茶制法精巧,此三处各擅所长,皆足夺我茶业,而以印度为尤甚。印度所产者红茶,甚货色比较中国,系属中下货,各国所销红茶,以每担价银十余两之中下皆为多,昔日英俄每年各销中国红茶一百万箱,今英仅销十万箱,俄仅销七十万箱,利权全归别人所有,印度乃英属土,英弃华茶而用印茶,固在情理之中,然别国茶市今亦被印度所夺去,皆由中国厘税太重,既有落地税、出口税,又有厘金,有各捐,故成本较重,印度茶出口概免厘税,故成本轻,又因中国制茶拘泥古法,专用日晒,一遇雨天,茶叶霉坏,鲜味全失,印度制茶俱用机器,随摘随焙,随焙随装,故味鲜且浓,更在各国广卖告白,动人心目,甚所以夺我利权者,一由成本之轻,二由制造之美在,三由告白之广,无怪其然也。若不急图改良,恐有潇洒日下之势,今若能裁减厘税,分别上下茶,其上茶即使照抽无害,其中下货减抽一半,使成本较轻,销流自旺,若能兴茶商合力设立公司,购买茶山,自行种茶,仿照印度用机器制焙,茶味必佳,兼在各国分设代理人,广卖告白,使人皆知中国有此茶,销流必畅,土人见公司改良获利,转相效尤,红茶定有起色。"②

驻美国纽约领事夏偕复报告称:"印度制茶手工多为机器所代,除摘叶外制茶已变为工厂之业矣。""印度之制绿茶甚少,美国所销绿茶大半由日本输入。""英伦销茶之数每人过于六磅,在欧洲各国中每人销茶之多无有及此者,除荷兰外其余欧洲各国每人销茶未尝过一磅也,俄美亦为销茶多之国,均计每人由一磅至一磅零三分一,英属各地如加拿大、澳大利亚、新西兰之销茶总数虽甚小,而每

---

① "美国茶叶情形(驻美商务随员容揆、孙士颐、唐虞年报告)",《商务官报》第 11 期,1906 年 8 月 4 日。
② "各国茶叶情形(驻美商务随员容揆、唐虞年报告)",《商务官报》第 29 期,1907 年 1 月 28 日。

人销茶之数则甚大。没有澳大利亚远过加拿大,而以西澳为最多。""英国茶之来源则来自印度及锡兰者居多,中国茶则近年逐渐减少,1904 年所销中国茶不及二十年以前五分之一,以英人近年每人消茶六磅而言,此六磅茶中三分之一为中国茶,其余为印度和锡兰茶也。""俄国销茶现仍以中茶为主,美国消用之茶,中茶不及其半,有五分之二来自日本。澳大利亚所销之茶三分之二输自印度锡兰,其余输自中国或香港,新西兰所销之茶由中国直输入者至微极少,仅有若干,由澳大利亚转往者,或为中国之产耳,加拿大则日本茶叶居五之一,其余大半为印度及锡兰茶,或直输入,或由英国转往,现时中国茶之在该地不过于其销茶总数内占百分之七而已。"

留美学生刘成禺在"旅美华商商务情形"中称:"出入口大宗悉操自美人,今则日本也大兴太平洋航路,与美为敌,来往金山口岸,日本有八千吨以上之汽船三艘,图日美间商务进步,又丝茶入口,大半操诸日人,夫丝茶二项,向购自中国,自日人投其所好,故此二大宗贸易品转入日本。该美人喜欢绿茶,中国惟办红茶,于绿茶不甚注意,日本生丝精细纯一,中国则精粗不齐,故美商不得不改道日本。"①

综上所述,中国茶叶虽然整体质量上乘,价格较高,印度和锡兰茶常有仿冒中国茶叶,但中国茶叶的销量却是一路下滑,驻外商务随员和领事提出的改良建议有以下几点:

(1)提高茶叶质量。倡导机器制茶,讲求卫生。

(2)减轻税收。中国不仅有厘金,还有各种杂税,在出口成本上无法与印度和日本茶叶竞争。

(3)夺回商权。外商所垄断了茶叶出口,利润均为外商所占,建议直接到海外开店,摆脱对外商的依赖。

(4)加大宣传。在各国广做宣传,提高中国茶叶的知名度。

(5)航运保障。日本丝茶在美国市场的进步与航运配套分不开,有了本国商船保护,对出口起到了较大的促进作用。

农工商部根据各驻外商务随员和领事的调查报告,向相关产茶省县发出了通知,"中国运往奥国之茶销场甚旺,商部近据驻奥商务议员禀报,即将各情形札行产茶各地方,益加改良以扩销路","又驻美驻比议员近亦各禀陈所销华茶情

---

①　《商务官报》丁未第 1 期,1907 年 3 月 9 日。

形,当由商部札饬闽粤苏鄂等省商会转告茶业商董知照"。①上海商务总会积极响应商部的倡议,劝导茶商筹集资本,设立专营华茶出口贸易的裕生华茶公司,于1906年代该公司禀准立案,并请商部札饬驻各国商务随员,俟该公司货到时帮助照料。

农工商部"准如所请",对中国丝茶出口予以大力支持,同时还在《商务官报》上刊布,以引起各地茶商注意。同时,为了提高茶叶质量,保护国际市场,札饬商会"传知茶叶各董,认真整顿","以冀销场畅旺,挽回华茶利权"。显然,农工商部已经充分意识到驻外领事和领事情报的重要价值,为茶商出口贸易牵线搭桥,并将领事情报及时转发给地方政府、商会组织,督促生产,推动茶叶出口。②

20世纪初期,类似日本的官方情报传递网络,"驻外领事、商务随员→商部、农工商部→《商务报》《商务官报》→民间生产者、工商业者"的清末官方海外信息传递网络初步形成。由于近代中国丝茶出口涉及税收、航运等多方面原因,驻外领事和商务随员的海外商业信息和改良建议不能从根本上改变中国丝茶在国际市场上的衰败地位,但在当时还是取得了一定的成效。

第二节　领事商务报告与近代中国草帽辫出口

一、中国草帽辫出口

19世纪中叶,中国已被卷入资本主义世界的经济漩涡,欧美列国加紧了对中国的商品输出及原料的掠夺。甲午战争后的主要出口贸易商品虽仍以丝茶为主,但其所占的比重在不断下降,到1897年已经下降到62.5%。特别是茶叶的出口已开始受到印度茶、锡兰茶和日本茶的竞争而大为减少。甲午战争后以大豆、草帽辫、猪鬃等新商品大批出口,其中草帽辫的出口增长迅速。

草帽辫是用小麦莛杆编制成宽度不等的带状辫子,主要用于制作草帽。草帽辫的起源甚古,18世纪英国女王玛丽嫁给法国国王,见到当地农民所用草帽美观轻便,回国后将制作方法传授给了苏格兰人。苏格兰的草帽辫生产逐渐发展起来,并逐渐传播到其他国家。美国在独立战争之前已经能够仿制,但品质不如欧洲国家,欧洲的草帽辫生产以德国、意大利、瑞士最为盛行。

---

① 《商务官报》第1期,1906年4月28日。
② 朱英:《晚清经济政策与改革措施》,华中师范大学出版社,1996年版,第76页。

中国草帽辫业的起源,历史上没有明确的记载,但有一点似乎是明确的,即它不是中国传统手工业,而是鸦片战争以后由欧洲人传入中国的新兴手工行业。"草帽辫业,非中国古法,其传入中国也,当在道光咸丰之交。或云烟台英国洋行之指导,或云法国传教士之口授,然自来为农家妇女之职业。"①又有一种说法,认为同治年间,福建省有外人传授制法,用于当时福建水师制作草帽,随后当地民众也仿效作为夏季凉帽之用,其需求逐渐增加,并由福建传入浙江、安徽、江苏,以及山东、直隶、河南、山西等华北各省。中国南部麦秆因为气候、风土等因素,麦秆粗壮而皮厚,不适合草编,反之,华北地区由于寒暑气温变化剧烈,麦秆柔韧且皮薄,非常适合草编,特别是山东省,由于原料丰富,劳动力便宜,因此,山东、直隶等地的草帽辫业迅速发展起来。②

据查,1874年的《万国公报》中就专门对草帽辫作了介绍:"英国制物皆精,价亦公道,惟草帽辫一物较中国价太昂,英国自制草帽辫每洋三角仅买得六十尺,买中国贩去者,三角洋银可买一百六十尺,以中国人工贱英国人工贵也,有英商业此者一年中计本银一万五千至二万磅之多,闻有华人曾至外国习制外国草帽手艺,现已返国欲在香港开设外国草帽店,贩往英国出售云。"③从报道可以看出,由于人工成本的因素,中国草帽辫价格要远远低于英国草帽辫。外国商人也正是看中这一点,将草帽辫生产传入中国。

草帽辫最早由欧洲人传入山东沿海一带,这里拥有大量草帽辫制作所需原料小麦的莛秆,而且距离出口的沿海港口较近,具备了草辫业发展所需要的条件。由于编织草帽辫能给贫苦农民增加一点微薄收入,各省农民竞相效法,很快流传开来。官方为鼓励实业和增加社会就业,对草帽辫业采取予以倡导和扶持的做法,清末实行"新政"后,通过在工艺局举办技术培训和手工工场等手段,进一步促进了草帽辫业的发展。据《今世中国贸易通志》记载:"草帽辫出口,始于同治三年,其质强韧,价格低廉,颇受欧美欢迎。"我国的草帽辫出口,海关关册资料显示是始于同治八九年间,由于品质强韧,价格低廉,颇受欧美市场欢迎,以致输出年年增加。1874年,中国输出草帽辫16 616担,1884年增加为78 166担,到1894年已经达到120 609担,二十年间增长了6.26倍。一时之间,草帽辫后来居上,超越许多中国传统手工行业,成为仅次于丝、茶的重要出口商品,"为吾国出口货之大宗"。

---

① 杨大金编:《现代中国实业志》第2册,制造业(下),华世出版社印行,第1003页。

② 日本外务省:《在芝罘日本领事馆管内状况》,第189页。

③ "大英国事:草帽辫",《万国公报》1874年第311期。

　　中国最初草帽辫出口时，其各种类有上百种。到民国年间只有两种：一种是圆草辫，一种是扁草辫。圆草辫又分为平边、花边两种，前者用麦秆白色部分制成，后者用麦秆黄白色共编，使辫面成黄白色之纹。扁草辫也分为两种，一种是毛边，边角有棱，一种是平边，边角平滑。直隶、山东一带农民把麦秆处理后加工成草帽辫，其中著名的产地为山东掖县与直隶兴济。随着草帽辫出口的兴盛，商业资本十分活跃。在草帽辫的销售网中与生产者发生直接联系的是贩子和辫庄。从事草帽辫生产的农民加工之后，由零星商贩转售至辫庄，再由辫庄结束成包转运至各港口输出海外。辫庄通常设在产区较大的市镇或集散市场上，有些由外来客商开设，有些由当地的地主富农集资开设。他们的业务是收购草帽辫，然后进行整理加工，包括漂白、插换、补换、卷把、再漂白、结束等工序，然后打包或装箱，送由输出港之辫行，售于输出商。

　　山东的商品出口是全国出口贸易的重要一环，不少单项出口商品在全国居于显著地位。表6-3是1867—1894年烟台草帽辫出口在全国出口中的地位统计表，1867—1894年间烟台草帽辫的出口，便是典型一例。烟台草帽辫的出口在全国占很大份额，处于举足轻重的地位。胶济铁路开通后，青岛港后来居上，超过烟台港成为山东草帽辫出口最大港。贸易的增长对于扩大就业、增加民众收入、促进当地经济发展有很大作用。

表6-3　1867—1894年烟台草帽辫出口统计表

年份	全国	烟台		年份	全国	烟台	
	担	担	比例（%）		担	担	比例（%）
1867	1 361	1 463	107	1881	50 502	32 546	64
1868	1 772	1 772	100	1882	55 498	33 799	61
1869	3 239	5 432	167	1883	58 628	29 035	50
1870	3 125	4 086	131	1884	78 166	34 796	45
1871	2 815	7 011	249	1885	76 494	32 938	43
1872	13 446	15 184	113	1886	82 413	44 772	54
1873	11 892	10 222	86	1887	150 953	65 696	44
1874	16 616	13 176	79	1888	79 939	45 642	57

（续表）

年份	全国	烟台		年份	全国	烟台	
	担	担	比例（%）		担	担	比例（%）
1875	19 341	17 072	88	1889	88 404	52 162	59
1876	20 894	14 043	67	1890	80 291	40 914	51
1877	25 930	20 802	80	1891	79 212	33 244	42
1878	36 117	27 823	77	1892	87 273	42 369	49
1879	35 898	25 901	72	1893	100 450	47 799	48
1880	48 970	33 368	68	1894	120 609	60 238	50

说明：表中全国数字是指运往国外的数量。烟台数字则包括了运往国外和国内口岸（主要是上海）两部分。运往国内口岸的，除大部分转运国外以外，尚有小部分被华南一带国内市场吸收，所以 1867—1872 年烟台出口数量大于全国的数量。

资料来源：交通部烟台港务局编《近代山东沿海通商口岸贸易统计资料（1859—1949）》，对外贸易教育出版社 1986 年版，第 170 页。

二、中国草帽辫在国际市场的竞争

中国的草帽辫业是在 19 世纪 60 年代之后，为适应国际市场需求而兴起的产业，它的生产是典型的外向型商品生产。由于草帽辫业的需求完全受到国际市场的控制，它的输出增减也就完全由国际市场的行情所决定，也就必然更多地受制于外国资本主义。

在草帽辫生产和贸易中，实际占据统治地位的是外国洋行。这些洋行享受着种种政治和经济特权的保护，通过控制草帽辫的市场价格而操纵着草帽辫行业的生杀大权。外国商人以极低价格购取中国农民手工生产的草帽辫出口，每担不过白银十六七两，而在国外制成草帽后再运回中国销售，则每打售价就值白银十余两。一进一出，殊堪惊人。中国的廉价劳力和丰富资源助成了外人财富的膨胀，但外国商人并无意于发展中国的近代工业，而是使草帽辫业的生产始终维持在农民家庭手工劳动的低级水平，因为对于外国资本来说，采取这种形式的手工劳动最便于对中国人民的经济掠夺和剥削。

另一方面，草帽辫出口贸易的发展也没能给中国人民带来多少福利，"编制者并无厚利之可言，每日所获不及银元二角"。草帽辫的生产者和贩卖商都要受到外国洋行的盘剥,洋行常常百般刁难,压价收买。他们经常采用的手法之一,就是国外市场若实际需要 5 万担草帽辫,订货时往往订 10 万担,到期收齐后,则故意挑剔,多方吹求,即使合乎质量要求也以种种理由退货,结果自然是从事草帽辫生产的农民和经营草帽辫贸易的商人遭受损失。中国商人资本薄弱,只求尽快将货物脱手,一旦受到洋商刁难,既不了解国际市场行情,另找买主也有许多实际困难,不得不任人宰割,忍痛以低价出卖。

洋行控制对外贸易,在商业中占有重要地位,并建有自己的购销网络。益斯、三井等洋行垄断了草帽辫出口。1900 年烟台洋行草帽辫输出量为 7 529 担,占港口输出总量的 43.2%;1901 年洋行草帽辫输出量为 8 583 包,占港口输出总量的 47.5%。仁德、克隆、敦和、汇昌、百多、泰和、立行等 7 家洋行控制发网业,年交易额达 100 万两。[①]

草帽辫的生产原本以欧洲诸国为最盛,1870 年代由于中国和日本等国草帽辫业的快速发展,欧美国家草帽辫生产逐渐衰落,由生产市场转为需求市场。欧洲诸国并不是不能生产草帽辫,将草帽辫生产技术传入中国主要是看中了中国廉价劳动力和丰富的麦秸资源。

据调查,英国 1860 年代加工每 20 尺草帽辫需要工钱 1.5～3 元。20 世纪初期,美国男工工价在 3～6 元间,女工工价在 2～5 元间;法国和瑞士男工工价在 1.5～3 元间,女工工价在 1～1.8 元间;意大利男工工价在 1～1.6 元间,女工工价在 0.7～1.3 元间;日本男工工价在 0.4～0.5 元间,女工工价在 0.2～0.25 元间;中国男工工价在 0.2～0.24 元间,女工工价在 0.12～0.18 元间[②]。表 6-4 是中国、日本和意大利草帽辫的品质比较表,受到草帽辫生产成本的影响,随着中国、日本等亚洲国家草帽辫业的兴起,英国和美国的草帽辫业逐渐衰微,转而从亚洲进口原料,专注于制帽业。到 19 世纪后期,世界草帽辫生产比较旺盛的主要是中国、日本和意大利、瑞士。其中,意大利、瑞士的产品品质最好,居世界首位,但是由于价格高昂,且难以耐久,主要用于高端草帽生产。我国草帽辫为妇女家庭手工业,编法、染色不及意大利、瑞士等国,只是价格相对低廉,以致得到国际市场的青睐。

---

① 日本青岛守备军民政部:《山东之物产》第二编,1921 年,第 52、83 页。
② "山东草帽辫调查记",《东方杂志》第 8 卷第 2 期,第 26 页。

表6-4　中国、日本和意大利草帽辫的品质比较表

	设计	编法	耐久力	光泽	染色	需求面	低价
中国	下	下	中	下	下	中	上
日本	下	中	下	上	下	中	中
意大利	上	上	上	下	上	上	下

资料来源：日本外务省：《在芝罘日本领事馆管内状况》，第195页。

　　竞争最为激烈的是中国和日本，两国劳动力成本和草帽辫品质相差无几，最初由于中国在原料和劳动力成本方面更胜一筹，在19世纪后期成为世界草帽辫最大出口国，但是，日本政府对草帽辫业给予保护措施，设立试验场以期改良，设立学堂以兴教育，加强出口质量检验，出口量迅速增加。1910年《商务官报》刊登一篇《日本草帽辫子之进步》，指出"近年海外销路之光景，虽不时有消涨，然大体已有渐次发展之势，其需要最多者为英国，次美国，又次德国、法国为最少。此业乃农家之副业，废物转而有用，加之日本劳动社会之工钱比别国为廉，此业之前途可期发达。当业者也宜慎选材料漂白，亦加以研究，以期压倒中国产，凌驾欧洲制。"①草帽辫成为日本明治后期日本代表性出口商品，跃居出口品前十位，并且在国际市场上压倒中国商品。

　　从表6-5可以看出，19世纪后期，欧洲国家草帽辫业逐渐衰落，出口量逐年减少。在国际市场竞争最有激烈的是中国和日本。在英国市场中国草帽辫输入量在多于日本草帽辫，但是，中国草帽辫输入量基本保持稳定，且有下降趋势，而日本草帽辫输入量增速更快。表6-6是1902—1903年美国纽约港输入草帽辫的价额表，在美国纽约市场，到20世纪初期中国草帽辫输入量已经被日本赶超。

---

① 《日本草帽辫子之进步》，《商务官报》，1910年第25期，第74页。

表6-5　1892—1896年英国输入草帽辫的数量和价额表

	中国		日本		荷兰		比利时		法国		美国		合计	
	数量	价额	数量	价额	数量	价额	数量	价额	数量	价额	数量	价额	数量	价额
1892	6 423 218	330 258	124 747	5 030	812 812	146 882	181 096	22 887	245 208	52 810	195 898	18 970	8 162 714	586 325
1893	6 522 729	336 144	330 468	17 889	1 293 923	206 180	220 174	24 347	155 480	33 747	310 344	35 627	9 127 550	668 674
1894	8 455 323	467 500	892 630	54 539	1 328 219	190 002	140 100	29 568	227 542	24 347	560 515	102 706	11 629 352	910 437
1895	6 334 530	343 948	1 648 660	108 710	1 070 247	148 585	114 047	31 865	860 611	96 624	169 382	13 151	10 598 797	748 421
1896	6 536 935	348 453	2 485 065	137 356	598 120	75 021	328 810	41 695	1 436 307	287 185	164 906	12 014	11 669 802	911 629

注：数量的单位是磅，价额的单位是元。合计中包括其他国家输入量。

资料来源：日本《官报》1898年1月6日。

表6-6　1902—1903年美国纽约进输入草帽辫的价额表（元）

	中国	日本	意大利	法国及其他	合计
1902年	486 308	508 655	446 768	1 783 878	3 225 609
1903年1—8月	349 208	415 598	272 500	1 379 754	2 417 060

资料来源：日本《官报》1903年12月25日。

　　中国草帽辫出口和丝茶等出口商品一样,在 19 世纪末 20 世纪初期都处于衰退状态,其衰退原因众多,主要原因是产品粗制滥造、信息不畅、缺乏国家保护。尤其是在出口贸易中,有些商人为追求蝇头小利往往不顾大局。或弄虚作假,或粗制滥造,致使信用丧失,出口受损。1896 年 6 月日本驻伦敦领事报告中,"中国草帽辫制造极其粗劣,前几年需求仅少,近年草帽辫经过改良,因价格低廉,需求有所增加。"①从农工商部下发的文件中也可以看出,"(草帽辫业)照得东省土货,只草帽辫一项为出口大宗。从前运至海关,值银数百万两。近则此项生意逐年递减。推原其故,总由编制之人,希图小利,往往减少尺码,搀杂他草,以致各国洋行渐向他处收买。若不及早整顿,恐此后山东帽辫,将有无人过问之时。"②《今世中国实业通志》载:"我国北省出口草帽辫,以长百二十码为一把,二百四十把为一包,日本及欧洲各国以六十码为一丁。输出品所最忌者为粗制滥造种种之缺点,略举如次:甲,一把中篇幅广狭不齐,由于选料不精及添杆不注意;乙,一把中品质不一,由于混用二等杆;丙,一全把由数段而成,此种日本名之为假继。"③

三、驻外领事与草帽辫出口改良

　　近代中国对外贸易主导权掌握在洋行手中,海外市场远在千里之外,国内生产者和商人对海外市场的变动知之甚少。在中国商人向海外市场扩张非常困难的年代,驻外领事成为向国内传递海外商业信息的重要人群。驻外使领人员经常主动为国内产品的质量改良,开拓海外市场献计献策。1906 年至 1911 年期间,农工商部依据驻外使领人员建议,改进草帽辫产品质量就是典型一例。

　　1906 年 4 月 28 日,驻美商务随员容揆、孙士颐、唐虞年报告称:"帽辫为旧日中国独占销市,近为日本攘夺,大形减色,曾于制帽厂见运来草辫,熏以硫磺,修葺整齐,始以制帽,据言日本来货较为洁白,且可省修葺之工云,草席近年也为日本所夺,复有以纸质制成者,尤为精洁,中国来席朽败情形。""华商所设之店,间有与外国人交易者,无不兼售日货,且或以日货冒充华产,中国器物之苦况概可想见,日本运美货物,除丝茶及农产矿产外,实以制造零件为多,其值极廉,其销场亦极广,中国工业幼稚,且与欧美风气悬绝,惟有以日本为最近之师

---

①　日本《官报》1896 年 6 月 5 日。
②　彭泽益:《中国近代手工业史资料(1840—1949)》第二卷,三联书店,1957 年 8 月第 1 版,第 291 页。
③　吴承洛著:《今世中国实业通志》下册,商务印书馆,1929 年版,第 188 页。

资耳。"①

1907 年 6 月 15 日,驻纽约总领事夏偕复报告称:"最减者为草席,现时美国自制之草席,式样颇多,加以日本货,中货似难与为竞争焉。"②

由于不诚实贸易的影响,导致草帽辫"在各国市场的信誉和价值因而受到了损害"(1887 年天津贸易报告)。1907 年 12 月 2 日,英国牛敦商会致函出使英国大臣李,提出"中国运来草辫,何以为数少而尺寸日短",并称"欧美贩运草辫商人已议定自一九零九年正月一号起,凡遇此项尺寸不符之草辫一概不为运售"。李大臣立刻对此事进行了调查,并将此情况反馈给农工商部,"本大臣接牛敦商会函称:中国近年出口草辫为数日少,本会调查有年,知其故皆由尺寸减短货样不符所致。从前由华出口之草辫,计各长三十英码或六十英码或一百二十英码,现皆短至五英码之多。商人购买此项草辫全凭货样,若货到不符,凡业此者必皆大受亏折。查中国出口土货丝茶之外,草帽辫亦为大宗。近来丝茶两项较前皆日见减色,商业中人即不能将各种土货日见改良,借广销路,亦不宜取巧弊混,自戕生机。贵部崇奖实业,欲为中国自保利源,若于此种蠹商恶习不亟为铲除,诚恐于商业前途不无阻碍。应请札行出产草辫省分之直隶、山东、河南商会及各省商会广为诚谕,将此项货样不符弊病,亟行杜绝,庶免外人借口而商业可渐期发达。为此照译原函,咨会贵部,希烦查照施行。须至知者。"③

草帽辫不断增长的需求量让经营此项货物的中国商人乐不可支,也让从事手工编织的农民们也有了一个稳定的收入。但面对海外市场激烈的竞争,草帽辫出口价格并不看涨,为了维持利润,国内商人们想出一个变通的办法,在草帽辫的长度上做文章。当时草帽辫的加工点都准备一块长木板,一般为 10 码或 20 码长。草帽辫编好后,在这块木板上缠上几圈,长度自然就可以相应算出来。但是,"聪明"的商人们把当作标尺的木板长度相应缩减,使长度不到 10 码或 20 码,但依然按照规定的长度记数。从前由中国出口的草辫,长度分别是 30 英码或 60 英码或 120 英码,现在都缩短了 5 英码。"按照"英码"与现在的长度计量单位"米"的换算,5 英码相当于 4.5 米。草帽辫出口按包或箱计算,120 英码的草帽辫为一把,一箱或一包有 240 把。如果这样计算,一包(箱)草帽辫就有近 1 100 米的差距,成批量出口差距要更大。一顶草帽大概要 10 码长草帽辫编织

①　"调查报告:美国华商情形及推广商务办法",《商务官报》丙午第 1 期,第 34 页。
②　"纽约中国商务情形",《商务官报》丁未第 11 期。
③　天津市档案馆等编:《天津商会档案汇编 1903—1911》,天津人民出版社,1989 年版,第 1114 - 1116 页。

而成,1 100 米的差距相当于少了 100 顶帽子。这种投机取巧的方法肯定无法持续,英国和德国两国商会不但向驻在两国的中国使馆提出抗议,而且还将目光转向了其他供货地区。农工商部同样发现草帽辫的出口额逐年减少,得知本国商人投机的手段后,立即向各地商会发出警告。

1908 年 1 月 3 日,农工商部向各商会下发了"出口草帽辫尺寸亏短信用丧失请速整顿文",并附"照录出使英国大臣李文"和"照译牛敦商会来函"。札饬"合行抄录原文原函饬该商会,札到,仰即剀切劝导各业商,切实整顿,以杜弊混,而维实业。勿违。此札。"①

同样,文件也下发到了山东省劝业公所,"……凡我商民,具有明白事理者,当不忍再存欺饰,以致因小失大。嗣后编制帽辫者,务照百二十码、六十码、三十码三等尺码为准,不得搀杂减短,欺人自欺。"②

驻外领事的信息不仅通过农工商部下发至各地商会、劝业公所等,而且通过主流媒体向社会广泛宣传,希冀引起整个社会的关注。1908 年 1 月 28 日《申报》刊载了《农工商部札饬改良草帽辫》一文,"农工商部札饬天津商会文云:接准出使英国大臣咨称,接英国牛敦商会函称,中国近来出口草帽辫为数日少,推原其故,皆由于尺寸减短,货样不符所致,此事于商务极有关系,应请将此种弊端设法力为杜绝等语。查中国出口土货,草帽辫夙为大宗,不宜取巧弊混,自戕生机,应请札行出产草帽辫省分各商会,广为劝诫等因到部合行札饬该商会札到仰即剀切劝导各业商切实整顿以杜弊混而维实业。"③

因草帽辫尺寸问题导致出口锐减的状况,驻德使领人员也采取了类似行动。1908 年 6 月 29 日,驻德大臣孙钦宪责成商务随员水钧韶调查"华商所售草帽辫不合西商常用式样,应如何设法改良"。水钧韶因患眼疾,病愈后经过详细调查,认为"窃思世界商战,于今为烈,华商信实久著,草辫自应改良,力求进步。乃该项商人暗短尺寸,自损名誉,推原其故,或因近来物价昂贵,成本较重,西商不能因时加价,不得已缩短尺寸为弥补之计。或有奸商蒙混尺寸,减价出售,一经买主觉查,同业均受影响。若不竭力维持,诚于我国商务有碍,受拟补救之法三则"。细致调查后的水钧韶心情异常沉重,世界商战愈演愈烈,中国商人此时更应该注重信誉,草帽辫自应改良,力求进步。但商人自损名誉,同行业均受影响,

①　天津市档案馆等编:《天津商会档案汇编 1903—1911》,天津人民出版社,1989 年版,第 1114 - 1116 页。
②　彭泽益:《中国近代手工业史资料(1840—1949)》第二卷,三联书店,1957 年 08 月第 1 版,第 291 页。
③　《申报》1908 年 1 月 28 日。

这不能不让人痛心。尽管其中有物价昂贵、成本较重、洋商不能提高进口价格等原因,但这不能成为信用缺失的借口。比照国内外同业的现状后,水钧韶发现,中国的草帽辫商人有三个致命缺陷,不但在竞争中无法与国外商人抗衡,而且也在内部产生不和谐音调。

根据上述调查结果,水钧韶提出了提高草帽辫生产质量,促进对外贸易顺利发展的具体改良方案:"一、拟请传知各商会,仿美国突拉斯特、德国加尔代尔之例,联合草辫商人设立总会,或附设上海商会之内,以结团体;二、拟请传知各商会,分立草辫调查局于出产之地;三、拟请传知各商会,凡产草辫之地,劝设制造草帽公司。"①大名府商务分会创办的缘由正是为了整顿草帽辫业,以挽救利权,并在商会试办章程明确规定,"第十一条,南乐草帽辫为本郡商业大宗,去年出场货价至一百余万,今年顿形衰落。故本会对此项须有特别之研究,对于南乐附近之商行尤须联为一体。至清丰相距较远,异日人会,亦于南乐一体。""第十二条,南乐草辫为一大宗出产,应极力保护,以图扩充,并应详细调查,始能大兴商利。"对于外地商人设立的收辫客庄,"责成该处之草辫行商承认办理",同本地商号一样受到商会保护。

1911年4月16日,农工商部向各商会下发了"驻德商务随员水钧韶调查草帽辫外销锐减情形与改良办法",札饬"前准驻英李大臣,驻德孙大臣先后咨行改良草帽辫一事,当经分别札饬劝导各商,并咨驻德大臣转饬商务随员调查改良方法各在案。兹准咨送商务随员水钧韶调查清折前来,全行照录,札饬该商务总会传知各商遵照可也。须至札饬者。"②

驻外领事把海外市场对中国商品的评价及时发回国内,通过"驻外领事、商务随员→商部、农工商部→《商务报》《商务官报》→民间生产者、工商业者"的清末官方海外信息传递网络,通过各地商会的劝导整顿,有力地推动了草辫业的商品化发展,其在小农家庭经济中的地位也逐步提高,一些地方的草辫业已经成为一个家庭的主业。

---

① 天津市档案馆等编:《天津商会档案汇编 1903—1911》,天津人民出版社,1989年版,第1117-1119页。

② 天津市档案馆等编:《天津商会档案汇编 1903—1911》,天津人民出版社,1989年版,第1117-1119页。

第七章

领事报告所见海外华侨华商

第一节　古巴的华侨华商

一、古巴华人的基本情况

古巴位于加勒比海的西北部,与美国相距 217 公里,是西印度群岛中最大的岛国。面积 11.45 万平方公里。居民多为白种人、混血种人,其次为黑人。此地 1492 年为哥仑布所发现,1511 年成为西班牙殖民地。1898 年美西战争后被美国占领,1902 年成立共和国。

古巴是加勒比海中的一个主要甘蔗制糖基地,甘蔗种植园需要大量的劳动力。古巴本地人口不多,劳力十分缺乏,在非洲黑奴贸易趋于衰落之际,作为契约劳工的中国人被运送到西属古巴与黑奴一起在白人经营的甘蔗种植园中工作。据记载:1838 年英国商人骗运了一批广东台山人到古巴做苦力。1847 年 6 月,500 多名契约华工从厦门出发被贩运到古巴[①],华工在古巴、秘鲁和英属圭亚那的登岸,标志着拉美历史上为时 20 余年之久的所谓"苦力贸易时代"的开端。1847 年 7 月 3 日,西班牙政府签署法令,准许古巴雇用华工。由于拉美各国缺乏劳力,贩运东方苦力遂成为当时西方殖民主义者和冒险商人牟取暴利的罪恶手段之一。1864 年中西两国签订《中西和好贸易条约》,其中涉及西班牙可以雇佣华工到其属地工作。各国人贩商于是公开在广东、福建沿海多处设立招募站,用利诱、拐骗、强掳等办法贩运华工到古巴。华工出国时订有契约,一般以 8 年

---

① 谭乾初:《古巴杂记》第 12 帙,王锡祺:《小方壶斋舆地丛钞》第 1 册,杭州古籍书店 1985 年版。

为期,每月工资银4元,期满可以获得自由。但事实上华工抵达古巴后即被卖入甘蔗种植园,虐待如牛马一般,契约到期后仍无法获得自由,转为帮工。在种植园的契约华工整天在监工的皮鞭下劳作,遭到奴隶般的役使和对待,过度疲劳和被虐待致死者无数,命运十分凄惨。按照当时条例规定,居住在古巴岛内的人出入必须携带古巴当局发放的"行街纸",华工想领"行街纸",则必须向古巴当局呈递由雇主发放的"满身纸"。碰到无良雇主,往往在华人契约结束后,拒绝发给"满身纸",甚至勒索再立合同。

据统计:从1847至1874年的27年中,在古巴登岸的来自厦门、澳门、香港、汕头、黄埔的契约华工达126 008名(共143 040人,途中死亡的有17 032名),居拉美各国首位。1880年驻古巴领事馆开始登记核查华侨人数,驻哈瓦那总领事馆登记共有43 292人,其实在哈瓦那省的华侨只有9 902人,在马坦萨斯市的华侨达到19 601人,比那尔德里奥省2 473人,东省172人,圣克拉拉省10 707人,卡马圭省443人。驻古巴总领事刘亮源等人到任后,就华工受虐问题多次同古巴殖民当局交涉,按照在总领事馆登记注册的华工名单共计43 292人,不论契约期满或未满一律发给"行街纸",承认华工人身自由和合法权利①。

1865年至1866年,古巴奴隶贸易走到了尽头,最后两艘船运来的黑奴分别为145和1 443名,但与此同时,华工的进口却呈剧增态势。1866年达到12 391人,1867年更升至14 263人。而在这一阶段,古巴的蔗糖产量也稳步攀升。表7-1是古巴的奴隶进口量、华工进口量和蔗糖产量对照表,1874年已经高达768 672吨。华工的到来使得古巴的劳动力得以更新,成功缓解了因奴隶制终结而出现的劳动力危机,使种植园经济的上升势头得以延续。值得一担的是,1875年之后,随着奴隶贸易和华工输入双双走到尽头,古巴的蔗糖生产陷入普遍的低落,这显然在相当大的程度上归因于劳动力的短缺。

表7-1　古巴的奴隶进口量、华工进口量和蔗糖产量对照表

年份	古巴奴隶数量(人)	古巴华工数量(人)	古巴蔗糖产量(吨)
1848	—	571	—
1853	12 500	4 307	391 247
1854	11 400	1 711	397 713

---

① "驻古巴夏湾拿华侨之沿革",《外交部公报》第3卷第11号,第133页。

（续表）

年份	古巴奴隶数量（人）	古巴华工数量（人）	古巴蔗糖产量（吨）
1855	6 408	2 985	462 968
1856	7 304	4 968	416 141
1857	10 436	8 547	436 030
1858	19 992	13 385	426 274
1859	30 473	7 204	469 263
1860	24 895	6 193	428 769
1861	23 964	6 973	533 800
1862	11 254	344	454 758
1863	7 507	952	445 693
1864	6 807	2 153	525 372
1865	145	6 400	547 364
1866	1 443	12 391	535 641
1867	—	14 263	585 814
1868		7 368	720 250
1869	—	5 660	718 745
1870		1 227	702 974
1871		1 448	609 660
1872	—	8 160	772 068
1873	—	5 093	742 843
1874	—	2 490	768 672
1875	—	124 813	750 062

资料来源：[美]胡其瑜：《何以为家：全球化时期华人的流散与播迁》，浙江大学出版社，2015年版，第85页。

　　虽然华工对古巴蔗糖生产做出重大贡献，但是大多数契约华工处于奴隶地位，遭受雇主的残酷奴役和虐待，迫于国内外舆论的压力，清政府对拉丁美洲的华工问题不能置若罔闻。1873 年，清政府派遣陈兰彬赴古巴实地调查华工状况，陈兰彬回国后向清政府提出了关于古巴华工遭受凌虐的详细调查报告，立即引起了国内外舆论的轰动。1877 年清政府和古巴宗主国西班牙重订了关于取消契约工制、改善华工待遇的《古巴华工条款》。1879 年 10 月,清政府在古巴首府哈瓦那设立了总领事馆,第一任驻古巴总领事由陈兰彬奏派刘亮源担任,另外派遣陈霭廷出任驻古巴马坦萨斯市的领事。

古巴契约华工约有 90% 由甘蔗种植园主买下,其余则由经营烟叶、咖啡种植园、农庄、菜园、货栈、生产雪茄、靴鞋、帽子的工厂、炼铁、烧炭、木匠、石匠作坊、面包房、糕饼店、洗衣房、砖瓦窑、铁路、煤气厂和货船业的业主分别雇用。还有的由市政府用作扫街夫,或在私人家庭中充当侍仆、厨师等。

二、1908 年古巴华商的经营情况

1902 年古巴宣布独立,后又沦为美国的保护国。1902 年古巴总督遵照美国的排华法发布第 155 号命令,禁止从中国移民。华工非法入境者一经查获,即强制遣返。经中国驻古巴总领事馆与其交涉后,1904 年又规定禁止新的华工入境,但 1900 年以前旅居古巴的老华侨可以自由出入古巴。携资到古巴经商的华人可以领取护照入境。

1908 年,驻古巴总领事黎荣耀发回调查报告《古巴商况》,对古巴华侨华商在当地经商情况作了详细调查。

据 1907 年古巴全国人口普查结果,当时华侨总数为 11 837 人。1908 年古巴华商销售的中国货物共计价值 574 712 元,外国货物共计价值 2 980 493 元,以上货物总计价值 3 555 205 元,古巴华商销售的中外货物比例基本上是 1:5。中国物产十分丰富,但是在古巴销售的中国商品却非常的少,只是外国商品的五分之一。从表 7-2 可以看到,输入的中国商品主要是丝、茶、杂货、烟草、爆竹、衣服等,而外国商品主要是欧洲杂货、美洲杂货、日本杂货、日本丝、香水、洋药、洋酒、白糖、日本漆器等。

驻古巴总领事认为:"所以衰落至此,皆因我国工艺不兴,工人未受教育,不能使固有之货,改良制造,运销外洋,更不能使未有之物,发明创造,我国生料出产不少,只以工艺未兴,徒供外人贩运出口,制成熟货,运回各地,年中漏厄,损失甚巨,苟能广开工艺,将生料制为熟货,使贱物变为珍奇,不特可以塞漏厄,并可以富国利民也。"[1]中国对外贸易衰落关键在于国内产业不够发达,出口原料品、进口制成品、利润都被外国所赚。

---

① "古巴商况",《商务官报》1909 年己酉第 13 期。

表 7 - 2 1908 年古巴华商商务调查表

中国货物	数量	价值	西式货物	数量	价值	西式货物	数量	价值
中国丝	317 箱	190 488 元	欧洲杂货	2 455 件	180 044 元	粉豆芝麻	28 510 镑	2 876 元
中国茶	1 484 箱	44 596 元	美洲杂货	5 266 件	75 000 元	洋药	20 292 镑	183 625 元
中国杂货	2 332 担	81 732 元	日本杂货	2455 件	49 100 元	洋酒	1 442 箱	53 752 元
中国瓷器	323 箱	17 867 元	香水粉制	5 109 箱	204 460 元	罐头食品	1 263 箱	33 073 元
药材	318 箱	15 790 元	粘米	35 729 包	285 328 元	日本丝	231 箱	276 034 元
生熟烟	1 054 箱	54 854 元	海味	480 担	28 988 元	日本瓷器	665 箱	36 478 元
银器	22 箱	16 852 元	猪油	7 247 桶	326 124 元	日本漆器	538 箱	48 723 元
象牙器	11 箱	6 647 元	腌料货物	654 00 磅	2 458 元	日本草席	252 捆	5 371 元
爆竹	1 090 箱	43 608 元	白糖	3177 包	44 480 元	日本牙器	14 箱	9 121 元
木器	286 箱	5 730 元	腌肉	550 箱	32 464 元	各国玩具	571 箱	68 580 元
衣服	1 259 件	31 465 元	面粉	8 451 包	59 160 元	铜器	116 箱	10 450 元
中国酒	1 207 箱	25 743 元	火腿	655 桶	39 325 元	小花幅	205 箱	41 254 元
罐头食品	687 箱	15 687 元	罐头牛奶	2 325 箱	12 647 元	线衫	11 951 打	107 500 元
拖鞋	316 箱	17 400 元	洋人饮食杂货	8 564 件	133 200 元	线袜	31 360 打	94 080 元
草席	85 捆	1 395 元	就地购买杂货	36 980 件	530 003 元			
花生油	161 箱	4 868 元	糖果酱果	123 担	2 324 元			

资料来源:"古巴商况",《商务官报》1909 年己酉第 13 期。

三、1913 年古巴华商的经营情况

中华民国初年,来古巴的华侨日益增多,华侨商业在该时期获得较大发展,特别是第一次世界大战期间,由于糖价飞涨,古巴广种甘蔗,扩建糖厂,华侨商业获得很好收益。古巴国会于 1917 年 8 月通过法令,准许一切临时工和劳工移入古巴。持商照或持工照的华人均可入境。此时华侨相率前往古巴,每船都以千百人计。1919 年前后在古巴侨居华人约 2~3 万人,除了少数富裕商家外,都属于雇工。①

1913 年,中华民国驻古巴代办兼总领事林桐实发回的领事报告《本国人在古巴经商情形》《本国人在古巴之工商情形》,对华商在当地的商业情形作了详细调查。

古巴原属于西班牙领土,自清朝咸同年间华人最早来古巴,多为契约华工,没有经商的。陈兰彬公使来古巴调查后,订立了优待华工条约,华人才开始有自由工作之日,当时有积蓄工资转而从事商业的,也只是从事小本买卖而已。一直到光绪初年,才有华人带资金来古巴,开设商店,最初只有三四家,专门经营中国食物、杂货之类,只是供应华工日常生活所用。此后,随着移入古巴的华人日益增加,华人开设的商店由 6 家增加到 10 多家,不仅只限于与华工交易,一般以销售中国货为主。

表 7-3 是 1913 年古巴哈瓦那华人店铺统计表,华人商店大致分为两种类型:杂货行和洋货行,一共有 29 家。杂货行除了办理中国进口食品之外,兼营西式食品和杂货。由于近年华人来古巴日渐减少,中国货销路有限,所以现在的杂货行大都是售卖西式商品,由中国进口的货物不过是附带销售而已。洋货行一般都经销法国、德国、日本等国货物,中国货只有少数丝绸、瓷器等,也不是十分畅销,只有山东丝绸、上海所产各色薄纺绸及夏布颇有销路,但华商以经办西洋货为主。上述两行(杂货行和洋货行)都是在哈瓦那资本金在万元以上者,华侨华商在哈瓦那开设资本金在 1 万元以上的洋货店共有 14 家:万宝华、友彰、广日升、均和隆、广经纶、万宝荣、宝纶、溢利隆、新同荣、广生利、巨安、广公楼、丽华隆、荣安号。资本金在 1 万元以上的杂货店共有 15 家:广有恒、新升隆、广荣安、仁生昌、锦芳、生发祥、广兴昌、广友信、五行公司、逢同德、生发祥栈、新广东、永利源、广昌隆、永生隆。

---

① "驻古巴夏湾拿华侨之沿革",《外交部公报》第 3 卷第 11 号,第 133 页。

表 7－3　1913 年古巴哈瓦那华人店铺统计表（万元）

店名	行业	资本	独资或合资	每年由中国运入货物价值	每年由各国运入货物价值
广经纶	洋货	1	合资	3.7	9.705
广日升	洋货	3	合资	0.63	5.3
万宝华	洋货	20	独资	11	26.3
万宝荣	洋货	4	独资	4.76	4
友彰	洋货	8	合资	6	10
新升隆	杂货	9	合资	11	23.5
广荣安	杂货	3	合资	2.5	13.2
宝纶	洋货	1.5	合资	2.6	12.8
新同荣	洋货	1	独资	3	8.5
仁生昌	杂货	5	合资	8.5	46
溢利隆	洋货	1	合资	2.4	9.2
广生利	洋货	2	合资	2.8	15
锦芳	杂货	2	合资	3	18.5
生发祥	杂货	3	合资	4	28
逢同德	杂货	3	合资	2.75	12.2
广兴昌	杂货	5	合资	4.4	13
广有恒	杂货	2	合资	4.85	5.7
新广东	杂货	0.5	合资	0.33	0.4
五行公司	杂货	2	合资	1.48	2
均和隆	洋货	3	合资	2.7	2.4
广友信	杂货	2	合资	3.8	22
丽华隆	洋货	1.5	合资	1.8	14.6
荣安号	洋货	2.5	合资	2.1	19
生发祥栈	杂货	1	合资	1.6	8.5
永利源	杂货	1.2	合资	1.5	8.4
巨安	洋货	1	独资	1.6	7.5

(续表)

店名	行业	资本	独资 或合资	每年由中国运入 货物价值	每年由各国运入 货物价值
广公楼	洋货	0.8	合资	0.85	7.8
广昌隆	杂货	0.6	合资	0.5	11.5
永生隆	杂货	0.5	合资	0.65	8
东成泰	杂货	0.7	合资	0.5	11

资料来源:"本国人在古巴之工商情形",《农商公报》第 5 期,第 46 页。

在哈瓦那还有资本金在万元以下的商店,当地人一般称之为五行商家:分别是生果店、西饭店、菜市、洗衣业、茶楼,这些商店资本金都不大,在哈瓦那共有 200 多家。报告中提到:"其菜市、洗衣两行,不过工商兼半,实不能称为完全商家也。"

古巴各埠华人商店总计有七八百家,有从事五行商业者,多数是杂货店,或者杂货兼营洋货,资本在千元以上万元以下。销售货物一般从哈瓦那华人开设的两行采购商品,也有直接从西方商人处采购的。各家商店经营状况比较稳定,一般赚多亏少,所以各埠华人商店日益增多。冬春之交是古巴商业繁荣时期,这一时期各家糖厂开工,货物需求旺盛,到夏秋时节糖厂停工,生意转为清淡,但各家商店尚能支撑。

另外,领事报告中还专门提到古巴华侨华人多勤劳节俭,在夏秋生意清淡之际,往往会带货登门求售,类似这种沿街叫卖的小商贩在哈瓦那大约有 300 多人,分散在古巴各埠的也有数百人之多。此类小商贩主要沿街叫卖洋货、生活日用品,也有售卖食物的。

哈瓦那五行商店中,西餐馆共 123 家,合资者占 90%,资本金由 1 000 至 5 000 元不等,生果业共 161 家,合资者占 70%,资本金由 200 至 850 元。洗衣业共 186 家,合资者占 80%,资本金由 100 至 1 000 元。菜市共 5 家,2 家独资,3 家合资,资本金由 1 000 至 2 500 元。茶楼共 4 家,都是合资,资本金由 500 至 3 200 元。

该年由杂货行仁生昌设立制面厂,资本金 2 万元,用机器制面,销路较好,该公司每日可生产 200 箱面。

另外,侨商合资创办华文日报一家,资本金 1 万元,已经出版一期。

四、1931 年古巴的华侨华商

第一次世界大战结束后不久,资本主义国家爆发经济危机。世界糖价暴跌,对于依靠蔗糖出口立国的古巴经济遂遭严重打击,古巴华侨无论工商和生活均陷入困境。1921 年,由于受到多家银行倒闭影响,华侨商业蒙受巨大损失,众多糖厂关闭,加上甘蔗园机器收割的推广,失业者一时骤增,很多华侨被迫回国。据当年领事馆统计,在古巴华侨为 11 372 人,整体经济形势非常严峻。

1931 年,驻哈瓦那总领事馆总领事于焌吉、副领事梅景周和随习领事王显庭三人,巡视了古巴各个商埠,调查华侨商业和生活情况,并发回了"驻夏湾拿总领事馆人员调查全古侨务之经过"的调查报告,为我们了解世界经济大萧条中的古巴华侨商业经营提供了重要的参考。[①]

马坦萨斯(Matanzas):有侨民约在 380 人左右,洋货铺 4 间,餐馆 6 间,洗衣馆 27 间,生果铺 7 间,菜园 8 间,修理汽车兼售汽油铺 1 间,小贩 100 人,糖寮工人 7~8 人,麻寮工人 3~4 人,失业工人在 100 人以上,大概因古巴工商业萧条所致。

科隆(Colon):华侨最多时已达 200 余人,此后逐年减少,最多不超过 160 人左右。华人店铺有杂货铺 25 间,洗衣馆 4 间,餐馆 4 间,糖果店 1 间,菜园 3 间。失业工人有 60~70 人左右。

佩里科(Perico):华侨约有 80 人,杂货铺 13 间,洗衣馆 2 间,菜园 2 间。

圣克拉拉(Santa Clara):华侨约 300 人,埠内有华人杂货铺 10 间,洋货铺 1 间,餐馆 7~8 间,洗衣馆 10 多间,旅馆 6~7 间,生果铺 20~30 间,上街小贩 3~4 间,各行失业工人 20~30 人。

圣斯皮里图斯(Sancti Spiritus):华侨约 40~50 人,华人杂货铺 10 间,餐馆 2 间,洗衣馆 4 间,菜园 4 间,沿街小贩 4 人,糖寮工人之前有 50 多人,自从世界糖价暴跌后,失业者达到 30 多人,大多投奔他处寻找生机。

谢戈德阿维拉(Ciego de avila):华侨最初人数并不多,华人团体组织从 1912 年开始组建,现有国民党分部(党员 100 人以上)、致公党分部(党员约 400 人左右)、联义堂(致公党组织之俱乐部)、溯源分堂、陈颍川分堂等。现有华侨约 1 400 人,其间商铺有 100 多间。杂货铺 30 间,洗衣馆 40 间,洋货铺 3 间,广货铺 3 间,剪发铺 1 间,菜园 14 间(每间菜园雇佣工人 4~5 人,最少 3 人),餐馆 2

① "驻夏湾拿总领事馆人员调查全古侨务之经过",《外交部公报》1931 年第 3 卷第 11 期,第 134 页。

间,西式旅馆 4 间,商店资本最充足者在万元之上。附近糖寮开工时,约有华工 600 人,没有工会组织,失业人数在 500 人以上。

彼德雷西塔斯(Piedrecitas):市面相对萧条,举目荒凉,虽有火车经过而乘客稀少,今非昔比。现有华侨 30 多人,失业工人 10 多人,生活较为艰辛。餐馆 3 间,洗衣馆 4 间,杂货铺 5 间,菜园 2 间,咖啡馆 1 间。

佛罗里达(Florida):有华侨 300 人,其中入团体会者约 130 人,华人杂货铺 23 间,餐馆 8 间,洋货铺 2 间,洗衣馆 11 间,菜园 13 间,剪发铺 2 间(当地又有日本人所设者 3 间),各个行业中只有杂货铺尚能赢利,其他行业都只能维持开支,古巴整体经济状况不好,不仅仅是该埠如此。

卡马圭(Camaguey):有华侨 1 000 人以上,洋货铺 3 间,洗衣馆 6 间,餐馆 2 间,菜园 30 间,糖寮工人 400 人,失业者有半数之多。

维多利亚(Victoria de las Tunas):有华侨 100 人以上,杂货铺 2 间,餐馆 7~8 间,洗衣馆 6~7 间,菜园 3~4 间。

索里亚诺(Palma Soriano):有华侨 150 人,华人团体 1 间,华侨开设的店铺有餐馆 1 间,洗衣馆 10 多间,杂货铺 30 多间,洋货铺 1 间。

巴亚莫(Bayamo):有华侨 120 人,以广东南海、商要等邑人士为多,恩平、开平、台山、新会等邑次之。华侨店铺有洋货铺 1 间,杂货铺 25 间,洗衣馆 7 间,餐馆 3 间,菜园 4 间,过街小贩 10 人。华侨在各个行业均有相当势力,尤其是杂货业占全埠之牛耳,虽然面对西班牙人的竞争,但也不是华人的对手。

圣地亚哥市(Santiago de Cuba):在古巴人华侨人数,除了哈瓦那之外该埠为最多。华侨在该埠历史悠久,现有华侨 2 000 多人,以恩平、开平两县为最多,次之则为九江及台山。2 000 人当中工人占 60%~70%,商人占 30%~40%。沿街小贩有 50~60 人,工人失业者约 700 人,生活比较艰苦。华工每月可得工资 25~30 元,每日工作 14 小时,还没有工会组织。现在因为古巴工商业萧条,失业者有 700 人。各项商业也仅能维持生活,表 7-4 是圣地亚哥市商店情形的具体情况。

表 7-4　1931 年古巴圣地亚哥市各类商店统计表

种类	间数	资本	营业状况
杂货	150~160 间	1 000~10 000 元	每日数 10~100 元
洋货	6 间	3 000~5 000 元	每日 100 元以上

（续表）

种类	间数	资本	营业状况
生果	150 间	100～300 元	每日 10～30 元
洗衣馆	100 间	100～300 元	每星期 50～100 元
餐馆（西式）	10 间	1 000～2 000 元	25～30 元
餐馆（中式）	2 间	500～1 000 元	25～30 元
理发	1 间	1 000 元以上	30～40 元
面包	4 间	4 000 元以上	雇西人者多,月薪 20～50 元
木器家具	3 间	3 000～7 000 元	雇西人者多,月薪 30～70 元

资料来源:"驻夏湾拿总领事馆人员调查全古侨务之经过",《外交部公报》1931 年第 3 卷第 11 期。

关塔那摩(Guantanamo):有华侨 140 人,洗衣馆 19 间,杂货铺 17～18 间,洋货铺 1 间,餐馆 7 间,菜园 23 间,剪发铺 2 间,小贩 30 人。华工失业者 70～80 人,要等到糖寮开工的时候才有工作机会。

美国军港:现有华侨 150 人,其中 50 多人为长工,甚余都是短工。最近因美国舰队即将抵达军港,所以临时添雇华工,以应需要。华侨餐馆 3 间,剪发铺 1 间,洗衣馆 2 间,生果铺 1 间,平时营业有利可图。最初只有华人厨师数人,其后辗转介绍经美当局允可陆续入港。

古巴的经济结构决定了其贸易结构,向海外输出农产品,并从海外进口消费品。据 1931 年驻古巴哈瓦那总领事馆发回的报告"古巴对外之贸易概况"[①]显示:古巴对外输出货物以糖为最大宗,烟叶和雪茄次之,上述三项货物的出口几乎占到出口总额的全部。而进口贸易主要依赖于海外商品,国内没有什么制造业。由于中国和古巴路途遥远,直接贸易额较小,但从贸易商品的流向中也能看出一些中国商品流入古巴的痕迹。古巴所需的粮食主要来自南洋、香港、美国和日本。豆类主要来自中国天津和牛庄,由美国商人在中国采购运到古巴,而不是由中国和古巴商人直接交易。鸡蛋大多来自美国,其中由美国商人从中国采购后转运至古巴的也有相当比重。食品类则较少使用中国食品,咖啡销量巨大,甚至超过中国人饮茶,咖啡主要来自巴西和波多黎各。衣服原料主要来自美国,法国次之,再次是意大利、德国、日本等,中国衣服进口很少。因为西式衣服多用绒

---

① "古巴对外之贸易概况",《外交部公报》第 3 卷第 9 号,第 284 页。

纱和麻,中国缺乏这些原料,所以不能和西方商人竞争。最近也有中国丝绸,特别是山东绸,由美国商人从中国采购,在美国染色加工成外套运入古巴。瓷器是中国出口大宗商品,但由于图案、色彩、做工远不如人,所以在古巴畅销的只有大花罉、山水人物挂墙花盘。

从中国驻古巴总领事馆的几次调查可知,华侨华商在古巴人数不多,资本较小,商业活动相对集中在"衣食"领域,主要开设杂货店、餐馆、洗衣店、生果店、菜园等行业。由于排华政策及其资金等因素,华侨华商很难进入其他高收益的领域,古巴经济实际上控制在英国商人、美国商人和西班牙商人手中。绞糖制酒以及公共事业等主要产业大多为英国商人、美国商人所控制,大商业及其零售业一般为西班牙商人所控制,中国商人大多只能从事日用品零售行业。

第二节　20 世纪初期的中澳贸易

一、澳洲华侨的基本情况

早在金矿发现之前,澳洲已有华人零星进入。1848 年 10 月 2 日,第一批华工 120 人乘坐"宁波号"帆船从厦门抵达悉尼。以后几年华工陆续到达澳洲,到 1850 年,澳大利亚总人口为 405 356 人,其中亚洲人不超过 3 000 人,华人在 1 000 人左右。1851 年澳洲发现金矿,在淘金热带动下大批华工移居澳大利亚。1851 年以来,华工乘船来到盛产黄金的新南威尔士、维多利亚和昆士兰等地。由于维多利亚境内的金矿较多,华工前去淘金也最多。维多利亚首府墨尔本便被华工称之为"新金山"。据统计:华侨人数最多时约在 1870 年左右,澳洲约有华工 5 万多人,后来因为澳洲政府推行"白澳政策",华工人数逐渐减少,1881 年减至 38 523 人,1902 年减至 29 907 人,1911 年减至 20 775 人。[①]

澳洲淘金热的最初五年,金矿事业兴旺繁荣,华工很受欢迎,和白人移民相处和睦,可以不受限制地自由进出澳大利亚各殖民区,且人数成倍增加。但由于不同文化背景、风俗习惯的种族冲突,白人与黄种人在经济利益上处于相互对立关系,加上白人的种族优越感,澳洲出现了排华浪潮。1855 年 6 月,维多利亚议会通过法案,凡经登记的船只每十吨位准载一名中国人,每位入境华人需缴纳人头税 10 英镑,标志着澳洲排华的正式开始。

---

① 陈直夫编:《澳洲及旅澳华侨》,商务印书馆,1947 年版,第 39 页。

19世纪80年代中后期,清政府内的开明人士已经提出向澳洲派驻领事的设想,但由于受到英国的阻扰,最后不了了之。进入20世纪,形势发生了变化,澳洲政府推出了限制华人移民措施,华人再度渴望并鼓动设立中国总领馆,以维护华侨的合法权利。1906年清政府派黄厚成赴澳洲调查华人情况和设立领馆的可能性。清政府终于在"光绪卅四年(1908年)四月廿二日外务部奏准在澳大利亚设总领事一人,驻美利滨(墨尔本)"。① 首任总领事梁澜勋于1909年3月抵达墨尔本,外务部还在悉尼、珀斯、布里斯班设置了领事馆,任命当地三位著名华商刘汝兴、雷华、王占元分别担任三地副领事。但他们的任期都不长,1911年起,上述三地不再设副领事。中华民国成立后,延续了前清的外交系统,继续在英属澳大利亚设置总领事馆,中华民国驻澳大利亚总领事先后由黄荣良、曾宗鉴、魏子京、桂植、骆介子担任。

1870年以后,澳洲浅层金砂已经大部分被淘净,许多金矿逐渐使用疏浚机向深层挖掘,受资本所限,很多华工都开始放弃淘金,而另寻其他职业。中国赴澳移民一般以农民和小手工艺人为多数,从事种植、农耕为他们的擅长,至1901年,从事园艺业(种植和贩卖水果、蔬菜)的中国人在新南威尔士占有职业华人人口的35.76%,在维多利亚占33.02%,中国人所从事的主要行业还有淘金、其他农牧业(如放牧、清除灌木、家具制造、家庭仆役、洗衣等)。另据有关报告,1888年前后,有5 000中国人参加修筑从达尔文至排因克瑞克的铁路。华人工作不再是高度集中于某一个行业上。

19世纪50年代的淘金时代,大批华人登上澳洲领土,其中不乏商人。华侨虽然身在澳洲,但依然保持中国式的生活习惯,因此,他们需要中国货物,包括大米、茶叶、丝绸、瓷器和其他适合口味而又价廉物美的食品,经营中澳进出口生意的商号、零售店便应运而生。

早期澳洲华人商号多是香港商行或香港华人资本开设的,也有在澳华人致富后投资开办的,其中最著名的是创办于1890年、1893年和1896年的永生、泰生和永安3家果栈,他们主要经营的是澳洲与昆士兰、斐济之间的大宗香蕉贸易。1870—1890年间,维多利亚与中国的贸易主要被华商所控制,新南威尔士与香港的贸易也是如此。② 著名侨领梅光达在拓展早期中澳贸易、发展华人商业方面起了重要作用。当时欧洲人并不被鼓励去促进中澳贸易,华商在早期中

---

① 中国第一历史档案馆、福建师范大学历史系编:《清季中外使领年表》,中华书局,1970年版。

② 杨进发著,姚楠,陈立贵译:《新金山:澳大利亚华人(1901—1921年)》,上海译文出版社,1988年版,第47页。

澳贸易中占据优势,他们往返于中澳两地,把中国商品运往澳洲各地,同时带回澳洲特产。19 世纪后期中澳贸易表现为中国对澳输出长期出超,华商掌握贸易主导权。

1901 年,澳洲统一的联邦成立后,实施严厉的移民限制法,加上华人离澳渐多,使贸易量比淘金热时期有所下降。20 世纪初期,澳洲政府加大对华商品输出,中澳贸易慢慢呈现出澳对华输出长期出超,中国处于不利状态。

二、1914 年的中澳贸易

第一次世界大战前后,世界政治和经济陷入动荡,国际贸易也大受影响。驻澳大利亚总领事非常关注在澳华侨生活和中澳贸易,该时期中国驻澳大利亚总领事馆连续发回多篇调查报告,"中澳来往货物之大概""澳洲之工商业""中国与澳洲进出口货物统计""巡视大金山华侨报告"等,这些报告对于了解第一次世界大战前后中澳贸易和澳洲工商业具有重要价值。

据"中澳来往货物之大概"调查显示:1913 年秋季由中国输入澳洲六省的货物共计 143 133 镑(指贸易价值,下同),比上季度增长 34 382 镑,比较以前六个季度,每个季度输入额最多为 159 000 镑,最少 85 000 镑。自 1912 年 1 月到 1913 年 9 月共七个季度,每个季度平均输入额为 113 236 镑,以现季度进口额计算,虽然没有达到最多,但也属于第二。中国输入澳洲货物中最大宗商品是:丝、茶、米、原料、棉花、姜类、顾绣、油、酒、有壳果类、鱼类、爆竹器具、药材、烟丝、藤器、竹器、木器等,其中丝、茶、棉花、姜类、顾绣、有壳果类、爆竹器具属于西方人和华侨共同购买和使用的商品,其余仅供华侨日常使用。

1913 年秋季澳洲商品运往中国的共计 207 598 镑,比较上季度减少 63 345 镑,自 1912 年 1 月到 1913 年 9 月共七个季度,每季度最多为 297 000 镑,最少为 207 598 镑,七个季度平均计算,每季度为 251 000 镑,以现在这个季度输出额比较,减少 44 000 镑。表 7-5 是 1913 年秋季中澳主要贸易商品统计表,澳洲输出货物中最大宗商品是:金钱、钢铁、面粉、牛乳、油檀、香木、皮革、肉类、牛乳、肥皂、海参等。

1913 年秋季,中国货物输出澳洲共计 143 133 镑,澳洲商品运往中国的共计207 598 镑,澳洲商品多出 64 465 镑,前六个季度也都是澳洲商品出超,相比而言,中国对澳洲贸易要远逊于澳洲对中国贸易。其中只有澳洲对华出口商品中的金钱一项,实际上是华商寄回中国购办货物的资金,以及华侨汇回国内的工资,不能作为澳洲出口商品计算。按目前这个季度,澳洲出口商品 207 598 镑,除去金钱 136 647 镑，剩下 70 951 镑，如果和中国出口澳洲商品额相比较，中国商品价值要多出一倍，以这样来计算，在中澳贸易中中国商品出口占据优势。

表 7 - 5 1913 年秋季中澳主要贸易商品统计表（镑）

中国输入澳洲商品	金额	澳洲运往中国商品	金额
丝绸	44 499	金钱	136 647
茶叶	37 134	铅条	16 885
米	8 048	牛乳油	12 424
棉花	5 205	皮革类	9 183
糖饯姜	4 397	海参及鱼类	9 005
杂货	3 821	面粉	4 400
顾绣	3 613	檀香木	3 672
酒	3 023	杂货	3 439
有壳果类	2 985	肥皂	1 931
烟丝	2 763	牛乳	1 819

资料来源："中澳来往货物之大概"，《农商公报》1914 年第 1 卷第 2 期，第 32 页。

据"巡视大金山华侨报告"称：在淘金最盛时期，在大金山地区曾经有中国戏院三处，现在仍有关帝庙两处，观音寺一处，天后宫一处，正殿、配殿、旗杆，照墙都和国内庙宇没有区别，可以想像当年淘金全盛时代，华人聚居区的繁荣景象。19 世纪中期赴澳洲华人主要从事于淘金业，但在 1870 年以后，随着澳洲浅层金砂被采净，需要机器深挖时，华人既没有足够资本，又没有采金技术，而且西方人先到澳大利亚，很多华人只能另寻其他职业。据称 1891—1901 年间华人在澳洲从事的行业已达 14 种之多，主要是蔬菜种植业、洗衣业、家具制造和小本商业[①]。大金山地区最盛时期华人曾经有 600 多人，现在只剩下 331 人，这个 300 多人当中大概有 240 人是广东台山县人，同属雷姓家族，其中有 200 人从事种植业，散居在大金山四处，50 人从事洗衣业，分布在各个街区，其余的人居住在桥街，开设商店，经营华人衣食器具和餐饮店。在这 300 人中约 30 人已经年老力衰，赡养在善堂，其他 50～60 岁以上的约 200 人，妇女儿童各 7 人。大金山地区

---

① "澳洲领事禀粤督述华侨商务情形"，《砭群丛报》1909 年第 5 期。

的华人恐有消失的可能。

根据 1914 年澳洲进出口货物统计:澳洲出口额 67 575 682 镑,进口额 64 799 694镑,贸易略有顺差。出口商品主要是农产品和矿产品,包括小麦、牛肉、羊肉、罐头肉、牛油、牛皮、羊皮、羊毛、面粉、铜、铅、金、煤炭等;进口商品主要是制成品和消费品,包括机器、五金、铁片、铁轨、布匹、药材、木料、纸张、茶叶、糖、蔴货、靴鞋、啤酒等。

从进出口国别来看,英国、美国、新西兰,以及英属印度、锡兰等是澳洲的主要贸易伙伴国,尤其是澳洲和英国的贸易额非常大,1913 年澳洲从英国的进口额为 88 943 363 镑,向英国的出口额为 4 375 648 镑,将近占到澳洲进出口贸易的一半份额。与英国的进出口额相比,中国商品进出口额显得微乎其微,澳洲从中国的进口额为 543 820 镑,向中国的出口额为 194 649 镑。澳洲从英属香港的进口额为 365 607 镑,向英属香港的出口额为 855 903 镑。澳洲从日本的进口额为 1 868 981 镑,向日本的出口额为 1 429 310 镑[①]。虽然澳洲和香港的贸易额中也包括中国的部分,但从贸易统计仍然可以看出,澳日贸易是中澳贸易的数倍,中澳贸易有较大提升空间。

二、1933 年的中澳贸易

第一次世界大战结束后,国际经济形势发生了较大变化。首先,战争给澳洲财政带来极大困难。战时国防开支增加,内债剧增,政府负担沉重。第二,战争结束后,欧美国家经济复苏,澳洲对外贸易形势趋于严峻。第三,亚洲市场的进一步扩大,给贸易情况不佳的澳洲创造了增加对外输出的机会。特别是具有辽阔的地域、众多人口的中国,一直作为一个潜在的大市场,影响着澳洲人。1921 年澳洲政府向中国派驻贸易专员,希望进一步开拓中国市场。

澳洲地广人稀,土地肥沃,物产丰富,尤其是农产品、畜产品和矿产品的出口潜力巨大,能供给东方各国的需要,其中粮食、蔬菜、水果、肉类等有广阔的出口前景。中国因接近澳洲,人口众多,是澳大利亚物产的天然市场。20 世纪初期,澳洲对华贸易历年均处于出超状态。

表 7-6 是 1933 年澳洲对外贸易统计表,该年澳洲进口 56 488 978 镑,出口 96 857 471 镑。得益于世界羊毛价格上涨和小麦、面粉出口的增加,澳洲该年贸易出超达到 4 000 万镑。在澳洲的对外贸易中,英国是澳洲的主要贸易伙伴,从

---

① "巡视大金山华侨报告",《农商公报》1915 年第 2 卷第 4 期,第 33 页。

英国进口商品额占澳洲进口总额的 41.68%,出口到英国商品额占澳洲出口总额
的 55.7%。英国加上英属殖民地,与澳洲进出口份额分别占到总额的 59.23% 和
63.45%。澳洲和世界其他国家贸易中,美国和日本较为重要,美国与澳洲进出
口份额分别占到总额的 14.3% 和 2.92%。日本与澳洲进出口份额分别占到总额
的 6.26% 和 9.46%。中国与澳洲进出口份额分别占到总额的 0.47% 和 5.18%。
显然,中国市场是澳洲商品的主要输出地之一,但是中国商品却很少能够输出到
澳洲市场。

表 7 - 6　1933 年澳洲对外贸易统计表

国别	进口额	出口额
英国	41.68%	55.7%
英国、英属殖民地	59.23%	63.45%
美国	14.3%	2.92%
日本	6.26%	9.46%
中国	0.47%	5.18%
其他国家	19.74%	18.99%
总计	100%	100%

资料来源:"1933 年澳洲对外贸易之统计",《外交部公报》第 7 卷第 8 期,第 429 页。

　　1930 年前后,中国农业灾害频繁发生,农作物产量损失严重,对海外市场的
需求加大。[①] 1933 年,澳洲对华主要输出商品是小麦、面粉、牛乳、皮革、羊毛等,
尤其是小麦和面粉。[②] 该年澳洲小麦占中国输入小麦总额的 78%,远远超过美
国和加拿大的输入量。澳洲面粉占中国输入面粉总额的 48%,显然中国市场对
澳洲农产品具有举足轻重的地位。

　　20 世纪初期,中澳贸易虽然得到较快发展,但澳洲对华出口却并不如澳方
所期望的那样呈猛增势头,双边进出口比重均不高。制约中澳贸易进步的原因
是多方面的。首先,航运是制约中澳贸易重要障碍。直至 20 世纪 20 年代初,澳
洲才和香港直接通航,澳洲货物直运上海的寥寥无几,中国对外通商以来,也没
有轮船直航澳洲,往返澳洲须借道日本或香港,大幅增加贸易成本。其次,从贸

---

① 　夏明方:《民国时期自然灾害与乡村社会》,中华书局,2000 年,第 40 页。
② 　"最近五年澳洲货品输往中国之统计",《外交部公报》,1933 年第 6 卷第 3 期,第 201 页。

易商品结构分析,中澳两国都属于初级产品出口国,虽然由于中国人口众多,对澳洲小麦和面粉等农产品有较大需求,但总体来看两国贸易互补性并不强。因此,中澳两国的贸易规模一直比较有限。

三、中澳贸易摩擦

中国商品在海外市场不仅要受到其他国家同类商品的贸易竞争,同时还要承受出口国的各项贸易壁垒,包括非关税壁垒和关税壁垒。有些贸易壁垒是专门针对中国商品所设置的人为限制措施,以打击和限制中国商品的销售。第一次世界大战期间,中国茶叶等商品在澳洲市场就遭到了各种贸易壁垒。

20世纪初期,中国茶叶在印度茶叶和日本茶叶的竞争下,在海外市场已成强弩之末,在澳洲的市场占有率也大幅下降。但是,中国茶叶在澳洲市场仍然面临着多种形式的贸易壁垒。

(1)商品质量:澳洲人喜欢饮用有色无味的茶叶,而中国所产的茶叶大多是色淡味浓。为了适应澳洲人口味,茶商将中国茶叶运到香港,在香港将茶叶加以煎炒,使茶叶色浓,只是煎炒火候尚把握不好,"茶到澳洲含有灰土,澳洲海关律凡茶含灰土百分之五以上者均不准入口,华商之茶叶所含灰土原有百分之十一,虽经税关准许将茶打开,用扇去灰,而结果仍含有灰土百分之五,遂不准入口。"①为此,茶商蒙受了较大损失。

(2)贸易保护:第一次世界大战结束后,印度茶叶在海外的销路趋于衰退,于是印度茶商强烈要求英国政府在英国及其附属殖民地领土严禁其他国家茶叶进口,对印度茶叶加以贸易保护。1917年2月英国政府下令非英属出产的茶叶进口禁令,同年6月19日澳洲政府也颁布命令,非英属出产的茶叶禁止进口。该条例实施以后,不仅使华商在澳洲茶业受到巨大冲击,甚至华人日常饮茶也受影响。驻澳大利亚总领事魏子京与澳洲政府进行反复交涉,得到部分通融。①华茶已经在水面及装船来澳者;②华茶于6月19日以前已经在上海、香港待船来澳者,取得驻沪英领事或香港官吏证明者;③华侨于6月19日以前预定的茶叶,如果有证据并经澳洲商部检查属实者可以进口;④华人自运自销的茶叶,每年按照人数,各省酌情允许进口若干,但此条尚在交涉中。②

得到澳政府特准,1917年整年进口茶叶4 000箱,证明进口茶叶仅供华工自

---

① "澳大利亚与中国之商务(五年冬季报告)",《农商公报》1917年第4卷第4期。
② "澳大利亚之中国商务(六年夏季报告)",《农商公报》1918年第5卷第2期,第53页。

用,不能转售外人,此外尚有各商各自交涉,允许进口 1 000 箱,统计共 5 000 箱左右。1918 年 7 月,驻澳大利亚总领事魏子京就此问题再次与澳洲政府交涉,希望澳洲政府允许茶商按照 1915—1916 年两年华茶进口数的一半进口澳洲,印度茶商听闻此事,纷纷要求政府严格实行禁令,以保护印度茶叶免受冲击。① 一直到 1919 年 5 月,澳洲政府禁止非英属出产茶进口法令才正式解禁。② 在禁令实施的三年内,澳洲的中国茶叶进口量大幅下降。

(3)卫生检疫:澳洲海关有时也会借口卫生检疫,限制中国商品进口。中国历来很少有水果运入澳洲,只因旧历新年将至,华商偶尔也会进口广东新会橙、沙田柚、甘蔗等,专供当地华人过节所需。1916 年 9 月,澳洲政府因日本运来的橙子含有病虫,恐对澳洲种植业造成危害,所以澳洲政府发布命令,禁止各国水果入口。华商因为很少贩运水果,也没有留意进口法令变化。1916 年年末,华商总计运来橙柚六十箩,墨尔本、悉尼、昆省各埠也运到数十箩。澳洲海关依照法令禁止登岸。水果是容易腐败的货物,更没有运回中国的可能,经过反复交涉,海关虽然同意通融,但卫生局检查后发现多有腐臭,所以坚持不允登岸。③

(4)限制奢侈品进口:澳洲政府禁止非英属所产茶叶进口之外,还颁布限制奢侈品进口条例,被列入禁止进口商品共有十种。①啤酒、波德酒;②烧酒及酒精;③香酒;④各种饼干;⑤五糖饼;⑥有壳无壳之蛋;⑦皮衣;⑧花露水、香水;⑨首饰金银珠宝及伪造之金银珠宝;⑩汽车。所禁商品与中国相关的主要是烧酒及蛋两项,华侨有自办自销者,据 1916 年澳洲进口统计,全年共进口蛋价值29 241镑,全年共进口烧酒价值 11 283 镑。第二批禁止货物:汽水、钟表、绸货、玻璃器、手套、麻货、男女帽、各种箩筐、草席、皮革货物等。④ 这些贸易限制措施势必对中国商品出口澳洲带来消极影响。

(5)关税保护:第一次世界大战后,澳洲政府国库空虚,为了增加财政收入,扶植本国制造业发展,澳洲政府修改了进出口税率,这个税率分为三等,优待税、中等税和普通税。优待税适用于英国的货物,中等税适用于大英帝国各属地,或者特别商定的其他国家,普通税适用于其他一切国家。例如:丝绸的优待税为15%,中等税为 25%,普通税为 30%。瓷器的优待税为 25%,中等税为 30%,普

① “澳大利亚之中国商务(七年春夏两季报告)”,《农商公报》1919 年第 5 卷第 7 期,第 51 页。
② “澳大利亚之商务情形(八年夏季报告))”,《农商公报》1919 年第 6 卷第 5 期,第 57 页。
③ “澳大利亚与中国之商务(五年冬季报告)”,《农商公报》1917 年第 4 卷第 4 期。
④ “澳大利亚之中国商务(六年夏季报告)”,《农商公报》,1918 年第 5 卷第 2 期,第 51 页。

通税为 40%。① 后来等级及税率也有所调整，但优待税与普通税一直保留下来，两者之间的税率差少则 5%，多则 20%。这种税率等级使得中国物品特别是诸如茶叶一类的大宗对澳出口商品，在澳洲难以立足，竞争不过荷属东印度、锡兰等地的同类商品。澳洲政府关税保护及对华商的限制无疑阻碍了中澳贸易发展。

综上所述，20 世纪初期澳大利亚主要贸易伙伴是英国。作为宗主国的英国大量进口澳洲的农产品和矿产品，使澳洲成为英国的农牧场和果园，澳洲也主要从英国输入工业品和消费品，当时澳洲对外贸易总量又不大，这样的经济结构使澳洲不必担心本国商品没有市场。澳洲对外贸易市场的狭窄性和对英国的依赖性，使得澳洲政府不重视开拓对华贸易。另一方面，中国的对外贸易主要与英国、美国和日本等国之间展开，以致于中国政府同样不重视对澳洲的贸易。中澳两国如此的贸易特征使得双方对彼此的行情了解甚少，本该有利于中澳两国而又完全可以由双方直接进行的商品交换，没有能够得到很好开展，中澳贸易的商品和主导权也被其他国家所占。

---

① 《外交部公报》第 10 期，第 26－27 页。

附　录

附录一　《商务报》刊登的中国驻外领事商务报告目录

调查法国里昂埠丝业市场销售各国丝货十年表

第 21 期 1904 年 8 月 11 日

照录新加坡总领事凤仪申报出进口货物单

调查法国里昂埠丝业市价表

第 23 期 1904 年 8 月 31 日

调查法国里昂埠丝业市价表（未完）

第 24 期　1904 年 9 月 10 日

法兰西全国蚕丝销数十年表

第 25 期　1904 年 9 月 20 日

商部调查美国种棉法

第 26 期　1904 年 9 月 30 日

美国留学生章宗元条陈商部原稿

第 27 期　1904 年 10 月 9 日

商部考查美国商务　驻美国纽约正领事官夏偕复呈送报告

第 28 期　1904 年 10 月 19 日

驻扎长崎领事呈报商情（未完）

第 29 期　1904 年 10 月 29 日

驻扎长崎领事呈报商情（未完）

光绪二十九年冬季分与三十年春季分华商由长崎运往台湾各货比较增减分别列表

驻扎长崎领事呈报长崎茶类表

商部考查日本茶叶规则

第 30 期　1904 年 11 月 7 日

商部考查日本茶叶规则（续）

第 31 期　1904 年 11 月 17 日

商部考查日本茶业状况

第 32 期　1904 年 11 月 27 日

查考美国提取制炼煤油情形（未完）

第 33 期　1904 年 12 月 7 日

商部考查神户茶丝贸易情形申报清册

查考美国提取制炼煤油情形（续前期稿）

第 34 期　1904 年 12 月 17 日

第 61 期　1905 年 10 月 9 日

　　驻日长崎领事报告(续前期稿)

第 62 期　1905 年 10 月 19 日

　　驻日长崎领事报告(续前期稿)

第 64 期　1905 年 11 月 7 日

　　驻日长崎领事报告(续第六十二期稿)

第 66 期　1905 年 11 月 27 日

　　驻日长崎领事报告(续六十四期稿)

附录二　《商务官报》刊登的中国驻外领事商务报告目录

一、1906 年丙午第 1－29 期

第 1 期

美国华商情形及推广商务办法（节录驻美商务议员容揆、孙士颐、唐虞年报告）

第 2 期

美国商用输出入通法　驻美纽约领事夏偕复报告

日本横滨怡和洋行制茶记（节录驻日商务随员梁居实报告）

日本神户华商商务情形说略（光绪三十一年冬季）（节录神户领事长福报告）

第 3 期

日本棉业情形记（节录日本商务随员梁居实报告）

美国人拟于上海设立商品陈列所（节录驻美商务随员容揆、孙士颐、唐虞年报告）

美国制造鞘桶法（节录驻美商务随员容揆、孙士颐、唐虞年报告）

美国对等条约之问题（节录驻美纽约领事夏偕复报告）

第 4 期

美德报施商约期满交涉缘起　驻美商务随员容揆、孙士颐、唐虞年报告

第 5 期

奥国华茶销路情形　驻奥商务随员莫镇疆报告

比国华茶销路情形　驻比商务随员刘锡昌报告

巴拿马开河招工情形（节录）　驻美商务随员容揆、孙士颐、唐虞年报告

日本王子抄纸部记　驻日商务随员梁居实报告

第 6 期

美国商业情形　驻美商务随员容揆、孙士颐、唐虞年报告

第 7 期

中国之棉布业　驻美纽约领事夏偕复报告

输入商宜谙美国关税法律　驻美纽约领事夏偕复报告

中国与纽约进入货物起色减色情形　驻美纽约领事夏偕复报告

第 8 期　无

第 9 期

　横滨商务情形论略(光绪三十二年春季)(节录横滨领事吴仲贤报告)

　中日商务相关条议(节录横滨领事吴仲贤报告)

第 10 期

　赈济金山华侨情形及华埠问题(节录驻美梁星使函)

第 11 期

　美国茶叶情形　驻美商务随员容揆、孙士颐、唐虞年报告

　秘鲁商务情形(光绪三十一年冬季)(节录驻秘领事陈始昌报告)

第 12 期

　长崎商务情形(光绪三十二年春季)(节录长崎领事卞綍昌报告)

　世界茶之生产及消用考　驻美纽约领事夏偕复报告

第 13 期

　美国在远东商务情形(节录驻美商务随员容揆、孙士颐、唐虞年报告)

第 14 期

　国际贸易论(节录驻美纽约领事夏偕复报告)

第 15 期

　纽约华商生意情形(光绪三十一年冬季)(节录驻美纽约领事夏偕复报告)

　日本铁路调查记　留日铁路专门学校学生王荫藩报告

第 16 期

　日本劝业政策　节录驻日神户领事长福报告

　国际贸易论　节录驻美纽约领事夏偕复报告(续丙午第十四期)

第 17 期

　调查日本制革工业纪(未完)　驻日商务随员何寿朋报告

第 18 期

　新加坡商务情形(光绪三十二年春季)(节录新加坡总领事孙士鼎报告)

第 19 期

　调查日本制革工业纪(续丙午第十七期完)　驻日商务随员何寿朋报告

　西国巴塞罗那埠各制造厂情形　驻西商务随员黄履和报告

　槟榔屿商务情形(光绪三十二年夏季)　(节录槟榔屿副领事梁廷芳报告)

　巴黎未设商会诸国销货数目表(驻法刘大臣咨送)

　中法进出口货值年表

二、1907 年丁未第 1－32 期

第 1 期

　　旅美华人商务情形　留美学生刘成禺报告

　　美国造纸业之一大发明一大改良（节录纽约领事夏偕复报告）

第 2 期

　　日本精糖与火柴业情形（节录神户领事长福报告）

　　秘鲁商务情形（节录驻秘二等参赞陈始昌报告）

第 3 期

　　伯利双城子华商情形（节录驻海参崴委员桂芳报告）

第 4 期　无

第 5 期

　　义国之纺织厂　驻义黄大臣咨报

第 6 期

　　义国饲牛法　驻义黄大臣咨报

第 7 期

　　日本矿业纺织业樟脑业情形（节录横滨领事吴仲贤报告）

　　德国历年进口茶表　驻德商务随员吴振疆报告

第 8 期

　　日本火柴业糖业磁业情形（节录横滨领事吴仲贤报告）

第 9 期

　　法国商务情形　水钧韶报告

　　美国加利福尼亚大学商科课程表　留美学生章宗元

第 10 期

　　美国议改银行币制　纽约领事夏偕复报告

　　长崎华侨情形　长崎商会报告

　　法国商务情形（续）　水钧韶报告

第 11 期

　　美国铁路大略情形　驻美商务随员梁居实报告

　　美国删改领事馆制度

　　纽约中国商业情形　纽约总领事夏偕复报告

　　朝鲜釜山商务情形（去年秋冬季）　驻韩总领事马廷亮报告

报告

第 21 期

　　美国商务情形（去年秋冬季）　驻美商务随员梁居实报告

第 22 期

　　秘鲁利嘉两埠商务情形（去年冬季及全年）　驻秘参赞陈始昌报告

第 23 期

　　长崎商务情形（未完）　长崎正领事卞綍昌报告

　　纽约泰晤士报纪美国减收中国赔款事　纽约正领事夏偕复译报

第 24 期

　　南洋各岛华商兴办学堂情形　新嘉坡总领事孙士鼎报告

　　长崎商务情形（续）　长崎正领事卞綍昌报告

第 25 期

　　和兰农业展览会纲目　驻和公使钱恂咨报

　　长崎商务情形（续）　长崎正领事卞綍昌报告

第 26 期

　　长崎商务情形（续）　长崎正领事卞綍昌报告

　　中英近年贸易情形　留英商科学生徐恩元报告

第 27 期

　　义国谷米种植法　出使义国大臣咨报

　　长崎商务情形（续）　长崎正领事卞綍昌报告

第 28 期

　　中德商务情形（未完）　驻德商务委员水钧韶呈报

　　利马嘉利约两埠商务情形（本年春季）　正领事黎熺申报

　　比国商务情形（未完）　驻比商务随员刘锡昌报告

第 29 期

　　中德商务情形（未完）　驻德商务委员水钧韶呈报

　　秘鲁商务情形　驻秘二等参赞陈始昌报告

　　比国商务情形（未完）　驻比商务随员刘锡昌报告

第 30 期

　　比国贸易情形　驻比商务随员刘锡昌报告

　　新嘉坡商务情形　新嘉坡总领事孙士鼎申报

第 31 期

神户大阪商务情形（三十三年春夏两季）　驻神户正领事长福申报

比国商务情形（续丁未第二十九期）　驻比商务随员刘锡昌报告

第 32 期

比国销售华茶各种各色价值单　出使比国大臣李咨报

亚籍客民旅居中印度之新章（译一千九百零七年东亚会月报）　出使法葡日大臣刘咨报

中德商务情形（续完）　驻德商务委员水钧韶呈报

第 33 期

德国松木制棉情形　德国商务随员水钧韶报告

朝鲜各港与中国来往货殖之比较　驻韩总领事马廷亮报告

三、1908 年戊申第 1－33 期

第 1 期

义国烟业情形　出使义国大臣黄浩函送

朝鲜元山商务情形　驻元山副领事黎子祥报告

第 2 期

韩国仁川商务情形　驻仁川领事唐恩桐呈报

釜山商务情形　釜山领事贾文燕报告

镇南浦商务情形　镇南浦副领事张国威报告

中德通商出入一览　留德学生宾步程译报

第 3 期

长崎华商贸易情形（三十三年秋季）（未完）　长崎正领事张鸿报告

第 4 期

长崎华商贸易情形（三十三年秋季）（未完）　长崎正领事张鸿报告

第 5 期

神户大阪华商商务情形（三十三年秋季）　神户正领事申报

第 6 期

中德商务情形（三十三年春季）　驻德商务委员水钧韶报告

长崎华商贸易情形（续戊申第四期）　长崎正领事张鸿报告

第 7 期

英国茶务情形（未完）　驻英委员周凤岗译报

论各国茶务（译 1907 年 12 月 20 日泰晤士报）（未完）

　　　　长崎华商贸易情形(续戊申第六期)　长崎正领事张鸿报告
　　第 8 期
　　　　英国茶务情形(续)　驻英委员周凤岗译报
　　　　论各国茶务(译 1907 年 12 月 20 日泰晤士报)(续完)
　　　　印度茶树成长之年期(译 1908 年正月二十四号泰晤士报所录来函)
　　　　一九零六年华茶出口情形(译英外交部蓝皮书附表)
　　　　华茶进口有增之理由(译 1908 年正月十八号丹达报)
　　　　长崎华商贸易情形(续戊申第七期)　长崎正领事张鸿报告
　　第 9 期
　　　　肥料之比较　驻和大臣咨报
　　　　德国维尔登堡羊毛商业情形　驻德商务委员水均韶报告
　　　　德国维尔登堡种植葡萄情形　驻德商务委员水均韶报告
　　　　横滨商务情形(三十三年冬季)　驻横滨总领事吴仲贤报告
　　　　长崎华商贸易情形(续戊申第八期)　长崎正领事张鸿报告
　　第 10 期
　　　　德国进口芭蕉果情形　驻德商务委员水均韶报告
　　　　美国苹果输入德国情形
　　　　神户大阪华商商务情形(三十三年冬季)　驻神户领事宗室长长福呈报
　　第 11 期
　　　　扩张中国麦粉销场论　长崎正领事张鸿报告
　　　　秘鲁利马嘉里约两埠商务情形(三十三年秋季)　驻秘利马嘉里约正领
　　事黎熺报告
　　第 12 期
　　　　横滨商务　驻横滨总领事吴仲贤报告
　　　　俄国商务　驻俄商务随员恒晋报告
　　第 13 期
　　　　英伦华茶近情　驻英商务委员周凤岗报告
　　　　英国实行银行(未完)　留英学生徐恩元报告
　　第 14 期
　　　　中国福州茶商情形(译俄国驻福州领事报告)　驻俄商务随员恒晋报告
　　　　英国实习银行(续)　徐恩元报告
　　第 15 期

第 23 期

　　神户华商商务(续)　代理神户正领事王万年呈报

　　日本棉产业之培养与纺绩公司之情形(未完)　商务委员黄遵楷报告

第 24 期

　　神户华商商务(续完)　代理神户正领事王万年呈报

　　日本棉产业之培养与纺绩公司之情形(续)　商务委员黄遵楷报告

第 25 期

　　中德商务情形　驻德商务委员水均韶报告

　　德国汉堡商务发达情形

　　日本棉产业之培养与纺绩公司之情形(续完)　商务委员黄遵楷报告

第 26 期

　　汉堡上年商务情形　驻德商务委员水均韶报告

　　中法近五年贸易比较　驻法商务随员朱诵韩报告

　　秘鲁种棉问答(未完)　驻秘试署二等参赞黎熙呈报

第 27 期

　　德国勃雷门埠上年商务情形　驻德商务委员水均韶报告

　　中英丝茶贸易(未完)　驻英商务委员周凤岗报告

　　横滨商务(未完)　驻横滨总领事吴仲贤报告

　　秘鲁种棉问答(续)　驻秘试署二等参赞黎熙呈报

第 28 期

　　德国勃雷门埠之航业　驻德商务委员水均韶报告

　　德国铅业情形

　　中英丝茶贸易(续完)　驻英商务委员周凤岗报告

　　横滨商务(续完)　驻横滨总领事吴仲贤报告

　　秘鲁种棉问答(续)　驻秘试署二等参赞黎熙呈报

第 29 期

　　俄国商会论伊犁新疆近年商务情形　驻俄商务随员恒晋报告

　　长崎贸易情形(本年夏季)　长崎领事王斯沆报告

　　秘鲁种棉问答(续)　驻秘试署二等参赞黎熙呈报

第 30 期

　　俄国森彼得堡谷种赛会场会会员论中国高粱　驻俄商务随员恒晋报告

　　美洲全境人口货值财政事略　驻秘参赞黎熙呈报

四、1909 年己酉第 1－36 期

世界各国商务统计表（续完）　留学巴黎法科大学冯承钧辑

第 6 期

　　译德国勃来门茶商福崙函　代办出使德国大臣沈瑞麟报告

　　义国农业大会及会议情形　出使义国大臣咨报

　　横滨商务情形论略（续）

第 7 期

　　义国万国工艺博览会之预备事宜　出使义国大臣咨报

　　秘鲁商务（去年夏天）（未完）　驻秘鲁试署二等书记官兼嘉里约领事何鋆培呈报

　　横滨商务情形论略（续）

第 8 期

　　秘鲁商务（去年夏天）（续完）　驻秘鲁试署二等书记官兼嘉里约领事何鋆培呈报

　　横滨商务情形论略（续）

第 9 期

　　植林说　驻英商务委员周凤岗报告

　　横滨商务情形论略（续完）

第 10 期

　　关闭远东免税口岸中俄陆路商务之近况（译彼得堡新时报）　驻俄二等通译官恒晋译

第 11 期

　　中德商务情形（未完）　驻德商务委员水均韶呈报

第 12 期

　　德国商务情形（续中德商务情形）（续完）　驻德商务委员水均韶呈报

第 13 期

　　古巴商况　古巴总领事申报

第 14 期

　　草帽辫改良事宜　驻德商务委员水均韶报告

　　长崎华商商务情形（三十四年全年）　长崎领事王斯沅报告

　　中俄商务货物价值总数表　驻俄商务委员许同范报告

第 15 期

　　横滨商务情形（光绪三十四年冬季）　驻横滨总领事吴仲贤报告

　　　　朝鲜仁川商务情形（去年秋冬季）　驻仁川领事唐恩桐呈报

　　　　纽约商务情形（本年春季）（未完）　驻美纽约领事何永绍呈报

　　　　日本贸易情形（续日本商务情形）　驻日使署商务委员黄遵楷报告

第 25 期

　　　　纽约商务情形（本年春季）（续完）　驻美纽约领事何永绍呈报

　　　　日本商务情形（续）　驻日使署商务委员黄遵楷报告

　　　　横滨商务情形论略　驻横滨兼筑地总领事吴仲贤呈报

　　　　朝鲜元山商务情形（去年秋冬季）　驻元山副领事黎子祥呈报

第 26 期

　　　　日本商务情形（续完）　驻日使署商务委员黄遵楷报告

　　　　朝韩镇南浦商务情形　代理副领事钱广禧呈报

第 27 期

　　　　长崎华商贸易情况　长崎领事王斯沅报告

第 28 期

　　　　俄国商务情形（本年夏季）（未完）　驻俄商务委员许同范呈报

第 29 期

　　　　日本贸易与国债之参考（未完）　驻日使署商务委员黄遵楷报告

　　　　俄国商务情形（本年夏季）（续完）　驻俄商务委员许同范呈报

第 30 期

　　　　日本贸易与国债之参考（续）　驻日使署商务委员黄遵楷报告

第 31 期

　　　　日本贸易与国债之参考（续）　驻日使署商务委员黄遵楷报告

第 32 期

　　　　日本贸易与国债之参考（续）　驻日使署商务委员黄遵楷报告

　　　　英国织物业（附香港进出口轮船吨数）　驻英公使咨报

第 33 期

　　　　世界棉丝茶商务调查　留学巴黎大学冯承钧

　　　　日本贸易与国债之参考（续完）　驻日使署商务委员黄遵楷报告

第 34 期

　　　　纽丝纶华侨商业情形　驻纽正领事黄荣良报告

　　　　朝鲜商务情形（去年春夏两季）　驻韩总领事马廷亮报告

　　　　朝鲜仁川商务情形（本年春夏两季）　代理仁川正领事马永发呈报

第 35 期

　　长崎商务情形(本年夏季)　驻长崎领事王斯沅报告

　　缅甸仰光华人商业大概情形(去年秋季)　驻仰光正领事萧永熙报告

　　朝鲜镇南浦商务情形(本年春夏两季)　代办镇南浦副领事钱广熙呈报

　　朝鲜元山商务情形(本年春夏两季)　驻元山副领事黎子祥呈报

第 36 期

　　纽约商务情形(本年夏秋两季)　纽约领事何永绍呈报

　　朝鲜釜山商务情形(本年春夏两季)　驻釜山领事贾文燕呈报

五、1910 年庚戌第 1－33 期

第 1 期

　　英国商务情形(宣统元年秋季)(未完)　驻英商务委员周凤岗呈报

　　法国商务情形(未完)　驻法商务委员朱诵韩呈报

第 2 期

　　条议赴比赛会事宜

　　英国商务情形(宣统元年秋季)(续)　驻英商务委员周凤岗呈报

　　法国商务情形(续)　驻法商务委员朱诵韩呈报

第 3 期

　　澳洲总领事梁澜勋宣统元年秋季报告

第 4－33 期　无

六、辛亥第 1－36 期

第 1－4 期　无

第 5 期

　　调查侨俄华商情形报告书(未完)

第 6 期

　　调查侨俄华商情形报告书(续)

第 7 期

　　调查侨俄华商情形报告书(续)

第 8 期

　　调查侨俄华商情形报告书(续)

第 9 期

驻秘代办使事二等参赞谭骏谋宣统二年秋季商务报告（未完）

第 10 期

驻秘代办使事二等参赞谭骏谋宣统二年秋季商务报告（续完）

驻秘代办使事二等参赞谭骏谋宣统二年冬季商务报告（未完）

第 11 期

驻秘代办使事二等参赞谭骏谋宣统二年冬季商务报告（续完）

第 12 期

署纽约正领事官杨毓莹宣统二年春季商务报告（未完）

第 13 期

署纽约正领事官杨毓莹宣统二年春季商务报告（续）

第 14 期

署纽约正领事官杨毓莹宣统二年春季商务报告（续）

第 15 期

署纽约正领事官杨毓莹宣统二年春季商务报告（续）

第 16－36 期　无

附录三　《农商公报》刊登的中国领事商务报告目录

第 1 期　1914 年第 1 卷　第 1 期

　　本国人在海参崴一带商工情形　驻海参崴总领事陆是元

　　本国人在古巴经商情形　驻古巴办兼总领事林桐实

第 2 期　1914 年第 1 卷　第 2 期

　　本国人在新义州经商情形(附表)　驻新义州领事嵇镜

　　由海参崴进口销俄华茶论略　驻海参崴总领事陆是元

　　中澳来往货物之大概(附表)　驻菲律宾代理澳洲总领事麦锡祥

第 3 期　1914 年第 1 卷　第 3 期

　　鹿茸之调查(未完)　驻海参崴总领事陆是元

　　本国人在所驻地经商情形(附表)　驻新义州领事许同范

　　日本海产输入中国之调查汇录　驻横滨领事王守善

　　本国人在仰光经营工商情形(附表)　驻仰光领事沈成鹄

第 4 期　1914 年第 1 卷　第 4 期

　　鹿茸之调查(续第三期)　驻海参崴总领事陆是元

　　新义州人民之风俗习尚有关于本国货物之销路者　驻新义州领事许同范

　　新义州漆树栽培情形(附表)　驻新义州领事许同范

　　日本火柴输出贸易之情形(附表)　驻神户领事嵇镜

　　日本关税及内地各税之税率暨抽税办法　驻长崎领事徐善庆

　　本国人在金山之商工情形　驻美金山总领事欧阳祺

第 5 期　1914 年第 1 卷　第 5 期

　　本国人在神户经商情形　驻神户领事嵇镜

　　所驻地江柳养蚕情形　驻新义州领事许同范

　　日本商业一斑　驻横滨领事王守善

　　本国人在古巴之工商情形　驻古巴总领事林桐实

第 6 期　1915 年第 1 卷　第 6 期

　　所驻地与本国之商务(民国三年夏季)　驻神户领事嵇镜

　　包席输入日本之状况　驻横滨领事王守善

　　古巴之烟产与糖　驻古巴总领事林桐实

第 7 期　1915 年第 1 卷　第 7 期

所驻国与本国之商务　驻长崎领事徐善庆

海参崴一带商务汇览　驻海参崴总领事陆是元

第 8 期　1915 年第 1 卷 第 8 期

釜山之农工商矿(民国三年秋季报告)　驻釜山领事柯鸿烈

本国人在新义州之工商情形(附表)　驻新义州领事许同范

日本与德国玩具贸易之伟观　驻神户领事嵇镜

澳洲之工商业(民国三年秋季报告)　驻澳洲领事曾宗鉴

第 9 期　1915 年第 1 卷 第 9 期

菲律宾岛捕蝗情形(附图)　驻菲律宾总领事施绍常

本国人在所驻地经商情形　驻朝鲜总领事富士英

所驻地关于本国货物之情形　驻海参崴总领事陆是元

第 10 期　1915 年第 1 卷 第 10 期

所驻地(神户)与本国之商务　驻神户领事嵇镜

本国人在所驻地(仰光)经商情形(附表)　驻仰光领事杨镇昌

新义州人民之风俗习尚有关于本国货物之销路者　驻新义州领事许同范

第 11 期　1915 年第 1 卷 第 11 期

所驻地(新义州)与本国之商务(附表)　驻新义州领事许同范

德国平时工艺情形(民国三年冬年报告)　颜惠庆

本国人在仁川经商情形(民国三年秋季)(附表)　驻仁川领事张鸿

本国人在所驻地(神户)经商情形(民国三年秋季)　驻神户领事嵇镜

所驻地(神户)欧战中商工业情形(民国四年一月调查)　驻神户领事嵇镜

第 12 期　1915 年第 1 卷 第 12 期

釜山开设物产共进会情形(民国三年冬季)　驻釜山领事柯鸿烈

釜山与本国交通情形并国内交通情形　驻釜山领事柯鸿烈

本国人在所驻地(釜山)经商情形(民国三年冬季)　驻釜山领事柯鸿烈

本国人在所驻地(仁川)经商情形(民国三年冬季)　驻仁川领事张鸿

中国与澳洲进出口货物统计(民国三年)　驻澳洲领事曾宗鉴

所驻地(神户)农产水产及工业各种情形(民国四年一月调查)　驻神户领事嵇镜

第 13 期　1915 年第 2 卷 第 1 期

本国人在所驻地经商情形　驻横滨领事王守善

驻朝鲜领事报告：所驻地各种银行情形　驻朝鲜总领事富士英

第 24 期　1916 年第 2 卷　第 12 期

驻神户领事馆报告：日本橡皮制造厂情形　驻神户领事嵇镜

驻朝鲜领事报告　驻朝鲜总领事富士英

驻海参崴领事报告　驻海参崴领事陆是元

第 25 期　1916 年第 3 卷　第 1 期

驻朝鲜领事报告　驻朝鲜总领事富士英

驻海参崴领事报告　驻海参崴领事陆是元

第 26 期　1916 年第 3 卷　第 2 期

驻菲律宾领事馆报告　驻菲律宾总领事施绍常

第 27 期　1916 年第 3 卷　第 3 期

考察澳洲牧羊业报告书　驻澳大利亚总领事曾宗鉴

澳大利亚商务报告　驻澳大利亚总领事曾宗鉴

驻横滨领事馆报告　驻横滨总领事王守善

第 28 期　1916 年第 3 卷　第 4 期

驻长崎领事报告　领事胡礽泰

驻横滨领事报告　驻横滨领事王守善

第 29 期　1916 年第 3 卷　第 5 期

考察澳洲牧羊业报告书　驻澳大利亚总领事曾宗鉴

驻横滨领事馆报告　所驻地关于本国之商务

驻菲律宾颁事馆报告　美菲贸易之近况

驻把东颁事馆报告

印度政府公布限制华商运货赴英属各埠办法　驻仰光领事贾文燕

第 30 期　1917 年第 3 卷　第 6 期

考察澳洲牧羊业报告书　曾宗鉴

驻海参崴领事馆报告　驻海参崴总领事陆是元

驻釜山领事馆报告　驻釜山领事柯鸿烈

第 31 期　1917 年第 3 卷　第 7 期

考察澳洲牧羊业报告书　曾宗鉴

驻新义州领事馆报告　驻新义州领事许同范

仁川领事馆报告　驻仁川领事张国威

第 32 期　1917 年第 3 卷　第 8 期

伊尔库次克之中国商务（六年夏季报告）　驻伊尔库次克领事管尚平

伊尔库次克之金融（六年夏季报告）　驻伊尔库次克领事管尚平

旅澳华侨人数表（民国四年五年报告）　驻澳大利亚领事曾宗鉴

第 40 期　1917 年第 4 卷 第 4 期

澳大利亚与中国之商务（五年冬季报告）　驻澳大利亚领事曾宗鉴

檀香山与中国商务（五年秋冬二季报告）　驻檀香山领事伍璜

仁川与中国商务情形（六年春季报告）　驻仁川领事张国威

仁川之华侨状况（六年春季报告）　驻仁川领事张国威

仁川之金融及交通（六年春季报告）　驻仁川领事张国威

第 41 期　1917 年第 4 卷 第 5 期

釜山之中国商务（六年春季报告）　驻釜山领事柯鸿烈

中国人在釜山经营商业之情形（六年春季报告）　驻釜山领事柯鸿烈

釜山之金融及交通（六年春季报告）　驻釜山领事柯鸿烈

第 42 期　1917 年第 4 卷 第 6 期

棉兰之商务情形（民国五年报告）　驻棉兰领事张步青

横滨之中国商务情形（民国六年夏季报告）　驻横滨领事王守善

第 43 期　1917 年第 11 卷 第 7 期

神户之中国商品需要状况（民国六年春季报告）　驻神户领事嵇镜

伊尔库次克之中国工商情形（民国六年秋季报告）　驻伊尔库次克领事
吴铭瀶

上海工商研究会之调查表（民国六年八月报告）　驻澳大利亚领事曾
宗鉴

第 44 期　1917 年第 11 卷 第 8 期

朝鲜之中国商务（民国六年春季报告）　驻朝鲜总领事富士英

朝鲜之华侨状况（民国六年春季报告）　驻朝鲜总领事富士英

朝鲜之金融及交通（民国六年春季报告）　驻朝鲜总领事富士英

把东之商务情形（民国五年报告）　驻把东领事余祐蕃

第 45 期　1917 年第 11 卷 第 9 期

汉口茶商制茶情形及销俄状况（六年秋季报告）　驻海参崴总领事陆是元

中国在俄侨商人数职业统计（民国六年报告）　驻海参崴总领事陆是元

横滨之中国商务情形（六年秋季报告）　兼代驻横滨总领事副领事江洪杰

第 46 期　1917 年第 11 卷 第 10 期

神户华侨之经商情形（六年春季报告）　驻神户领事嵇镜

神户间中日之金融交通情形（六年春季报告）　驻神户领事嵇镜

中国与俄国通商进口货物之统计（民国六年报告）　驻海参崴总领事陆是元

爪哇之中国商务情形（六年秋季报告）　驻爪哇总领事欧阳祺

第 47 期　1918 年第 4 卷°第 11 期

神户之中国商品需要状况（六年夏季报告）　驻神户领事嵇镜

新义州之商务情形（民国六年报告）　驻新义州领事许同范

鲜人移住满洲状况（民国六年报告）　驻新义州领事许同范

第 48 期　1918 年第 4 卷 第 12 期

镇南浦之中国商务（六年冬季报告）　驻镇南浦副领事胡襄

朝鲜之主要工业物品情形（六年秋冬两季报告）　驻朝鲜总领事富士英

第 49 期　1918 年第 5 卷 第 1 期

朝鲜之中国工商情形（民国六年报告）　驻朝鲜总领事富士英

釜山之金融（民国六年冬季报告）　驻釜山领事柯鸿烈

第 50 期　1918 年第 5 卷 第 2 期

釜山之交通运输情形（六年夏季报告）　驻釜山领事柯鸿烈

澳大利亚之中国商务（六年夏季报告）　驻澳大利亚领事曾宗鉴

第 51 期　1918 年第 5 卷 第 3 期

爪哇之中国商务情形（六年秋季报告）　驻爪哇总领事欧阳祺

大阪市纱布市价之情形（六年秋季报告）　驻神户领事嵇镜

加拿大之中国商务　驻温哥华领事王麟阁

第 52 期　1918 年第 5 卷 第 4 期

新义州之中国商务情形（六年冬季报告）　驻新义州领事许同范

工艺发明品之报告（民国六年）　驻神户领事嵇镜

第 53 期　1918 年第 5 卷 第 5 期

神户之中国商务（七年春季报告）　驻神户领事嵇镜

元山之中国商务（七年春季）　驻元山副领事马永发

澳大利亚之中国商务（续）　驻澳大利亚领事曾宗鉴

第 54 期　1918 年第 5 卷 第 6 期

釜山之中国商务（六年冬季报告）　驻釜山领事柯鸿烈

爪哇之中国商务情形（七年春季报告）　驻爪哇总领事欧阳祺

第 55 期　1918 年第 5 卷 第 7 期

　　朝鲜之中国商务情形（七年春季报告）　驻朝鲜总领事富士英

　　朝鲜之工业（七年春季报告）　驻朝鲜总领事富士英

　　新义州之中国商务（七年春季报告）　驻新义州领事许同范

　　澳大利亚之中国商务（七年春夏两季报告）　驻澳大利亚总领事魏子京

第 56 期　1919 年第 5 卷 第 8 期

　　镇南浦之工商情形（七年夏季报告）　驻镇南浦副领事胡襄

　　神户之中国商务（七年春季报告）　驻神户领事嵇镜

　　新义州之中国商务（七年春季报告）　驻新义州领事许同范

　　朝鲜森林之情形（七年春季报告）　驻朝鲜总领事富士英

第 57 期　1919 年第 5 卷 第 9 期

　　长崎之中国贸易情形（七年春夏两季报告）　驻长崎领事馆

　　镇南浦之金融及交通（七年夏季报告）　驻镇南浦副领事胡襄

　　仁川之中国商务（七年夏季报告）　驻仁川领事张国威

　　澳大利亚之中国商务（七年秋季报告）　驻澳大利亚领事总魏子京

第 58 期　1919 年第 5 卷 第 10 期

　　长崎之中国贸易情形（七年春夏两季报告）　驻长崎领事馆

　　朝鲜之金融及交通（七年夏季报告）　驻朝鲜总领事富士英

　　日本工业与中国之关系（七年秋季报告）　驻神户领事嵇镜

第 59 期　1919 年第 5 卷 第 11 期

　　朝鲜之中国商务及纸业（七年夏季报告）　驻朝鲜总领事富士英

　　纽丝纶之商务情形（七年秋冬两季报告）　驻纽丝纶领事馆

第 60 期　1919 年第 5 卷 第 12 期

　　仰光之中国商务情形（七年冬季报告）　驻仰光领事周国贤

　　制造品之发明（七年秋季报告）　驻神户领事嵇镜

　　爪哇之中国商务及侨商情形（七年夏季报告）　驻爪哇总领事欧阳祺

第 61 期　1919 年第 6 卷 第 1 期

　　新义州之工商情形（七年夏季报告）　驻新义州领事许同范

　　爪哇之中国商务及侨商情形（七年夏季报告）　驻爪哇总领事欧阳祺

第 62 期　1919 年第 6 卷 第 2 期

　　新义州之商务（七年冬季报告）　驻新义州领事许同范

　　长崎之中国商务（七年秋冬两季报告）　驻长崎领事馆

新义州之中国商务（八年夏季报告）　驻新义州领事许同范

长崎之中国商务（八年夏季报告）　驻长崎领事馆

第 71 期 1920 年第 6 卷 第 11 期

元山之中国商务情形（八年春季报告）　驻元山副领事马永发

长崎之中国商务（八年夏季报告）　驻长崎领事馆

横滨之中国商务（八年夏季报告）　驻横滨领事馆

仁川之中国商务（八年夏季报告）　驻仁川领事张国威

镇南浦之中国商务情形（八年夏季报告）　驻镇南浦副领事胡襄

第 72 期 1920 年第 6 卷 第 12 期

朝鲜之中国商务（八年夏季报告）　驻朝鲜总领事富士英

神户之中国商务（八年秋季报告）　驻神户领事馆

澳大利亚之中国商务（八年冬季报告）　驻澳大利亚总领事魏子京

第 73 期 1920 年第 7 卷 第 1 期

朝鲜之中国商务（八年秋季报告）　驻朝鲜总领事富士英

神户之中国工商情形（八年冬季报告）　驻神户领事馆

纽丝纶之商务情形（八年秋冬季报告）　驻纽丝纶领事

第 74 期 1920 年第 7 卷 第 2 期

新义州之工商情形（八年秋季报告）　驻新义州领事许同范

镇南浦之中国商务（八年冬季报告）　驻镇南浦副领事馆

爪哇之中国商务（八年秋冬两季报告）　驻爪哇总领事欧阳祺

第 75 期 1920 年第 7 卷 第 3 期

镇南浦之中国商务情形（八年秋季报告）　驻镇南浦副领事胡襄

釜山之中国商务情形（八年秋季报告）　驻釜山领事辛宝慈

第 76 期 1920 年第 7 卷 第 4 期

镇南浦之中国商务情形（九年春季报告）　驻镇南浦副领事胡襄

仁川之中国商务（九年春季报告）　驻仁川领事张国威

元山之中国商务情形（八年冬季报告）　驻元山副领事马永发

第 77 期 1920 年第 7 卷 第 5 期

长崎之中国商务（八年秋季报告）　驻长崎领事馆

朝鲜之中国商务（八年冬季报告）　驻朝鲜总领事富士英

仁川之中国商务（九年春季报告）　驻仁川领事张国威

纽丝纶之商务情形（九年春季报告）　驻纽丝纶领事

第 86 期 1921 年第 8 卷 第 2 期

　　驻英顾公使为维持中国面粉商业在英名誉之报告

　　横滨之中国商务及日本之工商业（九年秋季）　驻横滨领事徐善庆

　　神户之中国工商搞基本国财界反动后之情形（九年秋季）　驻神户领事柯鸿烈

　　菲律宾之商务（九年冬季）　驻菲律宾领事馆

第 87 期 1921 年第 8 卷 第 3 期

　　朝鲜加征关税后仁川之中国商况及当地之农工业　驻仁川领事许同范

　　檀香山之商务及侨商概况（九年全年度）　驻檀香山领事谭学徐

第 88 期 1921 年第 8 卷 第 4 期

　　元山之中国商务情形（九年秋季）　驻元山副领事马永发

　　釜山商务及日鲜人之工业（九年秋季）　驻釜山领事辛宝慈

第 89 期 1921 年第 8 卷 第 5 期

　　美国农务部调查局动植物之油量统计　驻美施肇基公使报告

　　新义州加征关税后之中国商况及云山北镇之侨民（九年秋季至冬季）驻新义州领事许同范

第 90 期 1922 年第 8 卷 第 6 期

　　澳大利亚商务报告（九年冬季）　驻澳大利亚总领事魏子京

　　神户大阪之商业概况（九年冬季）　驻神户领事馆

第 91 期 1922 年第 8 卷 第 7 期

　　纽约商务报告（十年春季）　驻纽约领事馆

　　南斐州商务报告（十年春季）　驻南斐州总领事馆

　　仁川商务报告（十年春季）　驻仁川领事张国威

　　釜山商务报告（九年秋季）　驻釜山领事辛宝慈

　　元山商务报告（十年春季）　驻元山副领事马永发

第 92 期 1922 年第 8 卷 第 8 期

　　仰光之中国商务（民国十年春季）　驻仰光领事馆

　　俄属黑河华商营业报告　驻俄属黑河总领事馆

　　菲律宾商务报告（民国十年春季）　驻菲律宾总领事馆

　　澳大利亚商务报告（十年春季）　驻澳大利亚总领事魏子京

　　釜山商务及平壤粟（民国十年春季）　驻釜山领事辛宝慈

第 93 期 1922 年第 8 卷 第 9 期

第 100 期 1922 年第 9 卷 第 4 期

爪哇商务报告(十年科季)　驻爪哇总领事欧阳祺

朝鲜商务报告(十年秋季)　驻朝鲜总领事马廷亮

釜山商务报告(十年秋季)　驻釜山领事辛宝慈

澳大利亚之中国商务(十年秋季)　驻澳大利亚总领事魏子京

第 101 期 1922 年第 9 卷 第 5 期

横滨商务报告(十年秋季)　驻横滨总领事长福、副领事孙士杰

新义州商务报告(十年秋季)　驻新义州领事胡襄

仁川商务报告(十年秋季)　驻仁川领事许同范

纽约商务报告(十年秋季)　驻纽约领事馆

金山商务报告(十年冬季)　驻金山领事馆

第 102 期　无

第 103 期 1922 年第 9 卷 第 7 期

元山商务报告(十年秋季)　驻元山副领事马永发

新义州商务报告(十年冬季)　驻新义州领事馆

俄属黑河商务报告(十年冬季)　驻黑河总领事

纽约商务报告(十年冬季)　驻纽约领事馆

第 104 期 1923 年第 9 卷 第 8 期

神户商务报告(十年冬季)　驻神户领事柯鸿烈

朝鲜商务报告(十年冬季)　驻朝鲜总领事马廷亮

釜山商务报告(十年冬季)　驻釜山领事辛宝慈

南斐州商务报告(十年冬季)　驻南斐州领事馆

第 105 期 1923 年第 9 卷 第 9 期

仁川商务报告(十年冬季)　驻仁川领事馆

元山商务报告(十年冬季)　驻元山副领事马永发

第 106 期　无

第 107 期 1923 年第 9 卷 第 11 期

双城子商务报告(十年第四季)　驻双城子领事馆

澳大利亚商务报告(十年冬季)　驻澳大利亚总领事魏子京

纽丝纶商务报告(十年冬季)　驻纽丝纶领事邵挺

镇南浦之商务情形(十年冬季)　驻镇南浦副领事馆

第 108 期 1923 年第 9 卷 第 12 期

元山商务报告(十一年夏季)　驻元山副领事马永发

釜山商务报告(十一年夏季)　驻釜山领事辛宝慈

新义州商务报告(十一年夏季)　驻新义州领事馆

纽丝纶商务报告(十一年秋季)　驻纽丝纶领事馆

南斐州商务报告(十一年秋季)　驻南斐州领事馆

第 114 期 1923 年第 10 卷 第 6 期

朝鲜商务报告(十一年夏季)　驻朝鲜总领事马廷亮

仁川商务报告(十一年春季)　驻仁川领事馆

澳大利亚商务报告(十一年夏季)　驻澳大利亚总领事魏子京

第 115 期 1923 年第 10 卷 第 7 期

神户商务报告(十一年秋季)　驻神户领事馆

朝鲜商务报告(十一年秋季)　驻朝鲜总领事马廷亮

新义州商务报告(十一年秋季)　驻新义州领事馆

镇南浦之商务情形(十一年秋季)　驻镇南浦副领事馆

仁川商务报告(十一年秋季)　驻仁川领事馆

纽约商务报告(十一年秋季)　驻纽约领事馆

第 116 期 1923 年第 10 卷 第 8 期

纽丝纶商务报告(十一年夏季)　驻纽丝纶领事馆

阿姆斯得达姆商务报告(十一年秋季)　驻阿姆斯得达姆领事馆

元山商务报告(十一年秋季)　驻元山副领事马永发

澳大利亚商务报告(十一年秋季)　驻澳大利亚总领事魏子京

釜山商务报告(十一年秋季)　驻釜山领事辛宝慈

釜山商务报告(十一年冬季)　驻釜山领事辛宝慈

纽约商务报告(十一年冬季)　驻纽约领事馆

双城子商务报告(十一年冬季)　驻双城子领事馆

脱里斯脱商务报告(十一年冬季)　驻脱里斯脱领事馆

第 117 期 1923 年第 10 卷 第 9 期

横滨商务报告(十一年冬季)　驻横滨领事馆

长崎商务报告(十一年冬季)　驻长崎领事郭则济

新义州商务报告(十一年冬季)　驻新义州领事许同范

仁川商务报告(十一年冬季)　驻仁川领事馆

镇南浦之商务情形(十一年冬季)　驻镇南浦副领事馆

镇南浦之商务情形（十二年冬季）　驻镇南浦领事馆

昂维斯商务报告（十三年秋季）　驻昂维斯领事馆

昂维斯商务报告（十二年冬季）　驻昂维斯领事馆

第 128 期　1924 年第 11 卷　第 8 期

新义州商务报告（十二年冬季）　驻新义州领事许同范

元山商务报告（十二年冬季）　驻元山副领事马永发

纽丝纶商务报告（十二年夏季）　驻纽丝纶领事李光亨

纽约商务报告（十二年冬季）　驻纽约总领事馆

第 129 期　1924 年第 11 卷　第 9 期

朝鲜商务报告（十二年秋季）　驻朝鲜总领事马廷亮

朝鲜商务报告（十二年冬季）　驻朝鲜总领事马廷亮

澳大利亚商务报告（十二年冬季）　驻澳大利亚总领事魏子京

伯利商务报告（十二年冬季）　驻伯利领事馆

第 130 期　1924 年第 11 卷　第 10 期

神户商务报告（十三年春季）　驻神户领事馆

仁川商务报告（十三年春季）　驻仁川领事吴台

釜山商务报告（十三年春季）　驻釜山领事柯鸿烈

澳大利亚商务报告（十三年春季）　驻澳大利亚总领事魏子京

阿姆斯得达姆商务报告（十二年春季）　驻阿姆斯得达姆领事馆

第 131 期　1924 年第 11 卷　第 11 期

长崎商务报告（十三年春季）　驻长崎领事郭则济

朝鲜商务报告（十三年春季）　驻朝鲜总领事马廷亮

镇南浦之商务情形（十三年春季）　驻镇南浦领事馆

纽约商务报告（十三年春季）　驻纽约总领事馆

第 132 期　1924 年第 11 卷　第 12 期

长崎商务报告（十三年夏季）　驻长崎领事郭则济

纽约商务报告（十三年夏季）　驻纽约总领事馆

澳大利亚商务报告（十三年夏季）　驻澳大利亚总领事魏子京

阿姆斯得达姆商务报告（十二年夏季）　驻阿姆斯得达姆领事馆

纽丝纶商务报告（十三年夏季）　驻纽丝纶领事李光亨

第 133 期　1925 年第 12 卷　第 1 期

新义州商务报告（十三年春季）　驻新义州领事许同范

元山商务报告(十三年春季)　驻元山副领事马永发

元山商务报告(十三年夏季)　驻元山副领事马永发

第 134 期　1925 年第 12 卷 第 2 期

长崎商务报告(十三年夏季)　驻长崎代理领事陈以益

仁川商务报告(十三年夏季)　驻仁川领事吴台

釜山商务报告(十三年夏季)　驻釜山领事辛宝慈

第 135/136 期　1925 年第 12 卷 第 3 - 4 期

镇南浦之商务情形(十三年夏季)　驻镇南浦领事馆

南斐州商务报告(十三年夏季)　驻南斐总领事刘毅

阿姆斯得达姆商务报告(十三年全年)　驻阿姆斯得达姆领事馆

温哥华商务报告(十三年夏季)　驻温哥华领事馆陈维敏

温哥华商务报告(十三年秋季)　驻温哥华领事馆

长崎商务报告(十三年秋季)　驻长崎领事郭则济

横滨商务报告(十三年四季合并)　驻横滨总领事周珏

元山商务报告(十三年秋季)　驻元山副领事马永发

第 137 期　1925 年第 12 卷 第 5 期

仁川商务报告(十三年秋季)　驻仁川领事吴台

釜山商务报告(十三年秋季)　驻釜山领事辛宝慈

镇南浦之商务情形(十三年秋季)　驻镇南浦副领事哈汉京

第 138/139 期　1926 年第 12 卷 第 6 - 7 期

海参崴商务报告(十四年冬季)　驻海参崴总领事馆随习领事张日元、宗惟亮译

新义州商务报告(十三年夏季)　驻新义州领事孙荫兰

澳大利亚之中国商务(十三年秋季)　驻澳大利亚总领事魏子京

纽丝纶商务报告(十三年秋季)　驻纽丝纶领事李光亨

新义州商务报告(十三年秋季)　驻新义州领事孙荫兰

俄属黑河商务报告(十三年冬季)温哥华商务报告(十三年冬季)

纽约商务报告(十三年冬季)　驻纽约总领事报告

纽丝纶商务报告(十三年冬季)　驻纽丝纶领事李光亨

第 143 期　1926 年第 12 卷 第 10 - 11 期

南斐州商务报告:南斐洲矿产之调查(十四年夏季)

南斐州商务报告:十四年夏季:南斐政府奖励植棉

资料来源:①台北故宫博物院影印:《商务官报》1～5 集,1982 年 1 月版。②全国图书馆文献缩微复制中心:《清末官报汇编》第 45～47 册,2001 年版。③中国社会科学院经济研究所藏《农商公报》各册。④上海图书馆编:《中国近代期刊篇目汇录》第 2 卷中册,上海人民出版社,1981 年版。⑤上海图书馆编:《中国近代期刊篇目汇录》第 3 卷下册,上海人民出版社,1984 年版。

参考文献

一、史料

［1］第一历史档案馆：《光绪朝朱批奏折》，中华书局，1995 年。

［2］第一历史档案馆：《光绪宣统两朝上谕档》，广西师范大学出版社，1996 年。

［3］中国第二历史档案馆编：《南京国民政府外交部公报总目录》，江苏古籍出版社，1990 年。

［4］宝鋆：《筹办夷务始末（同治朝）》，上海古籍出版社，1995 年。

［5］朱寿朋：《光绪朝东华录》，中华书局，1960 年。

［6］刘锦藻：《皇朝续文献通考》，上海古籍出版社，1995 年。

［7］邵之棠：《皇朝经世文统编》，文海出版社，1974 年。

［8］席裕福、沈师徐：《皇朝政典类纂》，文海出版社，1982 年。

［9］邵之棠：《皇朝经世文统编》；沈云龙：《近代中国史料丛刊续编》第 72 辑，文海出版社，1977 年。

［10］台北故宫博物院影印：《商务官报》1～5 集，1982 年。

［11］谭乾初：《古巴杂记》第 12 帙；王锡祺：《小方壶斋舆地丛钞》第 1 册，杭州古籍书店，1985 年。

［12］王铁崖：《中外旧约章汇编》，三联书店，1957 年。

［13］秦国经：《中国第一历史档案馆藏清代官员履历档案全编》，华东师范大学出版社，1997 年。

［14］王彦威、王亮：《清季外交史料》，北京图书馆出版社，2015 年。

［15］商务印书馆编译所编：《大清光绪新法令》，商务印书馆，1909 年。

［16］商务印书馆编译所编：《大清宣统新法令》，商务印书馆，1910 年。

［17］商务印书馆编译所编：《大清新法令 1901—1911》，商务印书馆，2011 年。

[18] 商务印书馆编译所编:《最新编订民国法令大全》,商务印书馆,1924 年。

[19] 王锡祺辑:《小方壶斋舆地丛钞》,杭州古籍书店,1985 年。

[20] 故宫博物院明清档案部与福建师范大学历史系合编:《清季中外使领年表》,中华书局,1985 年。

[21] 北平故宫博物院:《清光绪朝中日交涉史料》,北平故宫博物院,1932 年。

[22] 陈翰笙:《华工出国史料汇编》,中华书局,1984 年。

[23] 杨坚:《郭嵩焘奏稿》,岳麓书社 1983 年。

[24] 志刚:《初使泰西记》,湖南人民出版社,1981 年。

[25] 顾维钧著:《顾维钧回忆录》第 1 册,中华书局,1985 年。

[26] 崔国因:《出使美日秘国日记》;沈云龙:《近代中国史料丛刊》第 28 辑,文海出版社,1968 年。

[27] 外交部参事厅:《外交部法规会编》,1937 年 5 月。

[28] 国民政府文官处印铸局编:《国民政府法规汇编》,1933 年。

[29] 国民政府主计处统计局.《中华民国统计提要》,1936 年 5 月。

[30] 全国图书馆文献缩微复制中心:《驻外各使馆星期报告》,2004 年。

[31] 刘寿林编:《辛亥以后十七年职官年表》,中华书局,1966 年。

[32] 上海图书馆编:《中国近代期刊篇目汇录》第 2 卷中册,上海人民出版社,1981 年。

[33] 上海图书馆编:《中国近代期刊篇目汇录》第 3 卷下册,上海人民出版社,1984 年。

[34] 商务印书馆编:《中华民国现行法规大全》,商务印书馆,1934 年。

[35] 天津市档案馆等编:《天津商会档案汇编 1903—1911》,天津人民出版社,1989 年。

[36] 中国第二历史档案馆编:《民国时期文书工作和档案工作资料选编》,档案出版社,1987 年。

[37] 姚贤镐编:《中国近代对外贸易史资料(1840—1895)》,中华书局,1962 年。

[38] 彭泽益:《中国近代手工业史资料(1840—1949)》,三联书店,1957 年。

二、著作

[1] 陈体强:《中国外交行政》,商务印书馆,1943 年。

[2] 钱实甫:《清代的外交机关》,三联书店,1959 年。

[3] 陈钟浩:《外交行政制度研究》,独立出版社,1942 年。

[4] 周子亚:《领事与使节》,国际编译社,1943 年。

［5］王正廷:《中国近代外交概要》,外交研究社,1928 年。

［6］杨大金:《现代中国实业志》第 2 册,制造业(下),华世出版社。

［7］吴承洛:《今世中国实业通志》下册,商务印书馆,1929 年。

［8］敷文社:《最近官绅履历汇编》,文海出版社,1966 年。

［9］刘寿林:《辛亥以后十七年职官年表》,中华书局,1966 年。

［10］秦国经:《中国第一历史档案馆藏清代官员履历档案全编》,华东师范大学出版社,1997 年。

［11］王立诚:《中国近代外交制度史》,甘肃人民出版社,1991 年。

［12］王芸生:《六十年来中国与日本》,生活·读书·新知三联书店,1980 年。

［13］梁碧莹:《艰难的外交——晚清中国驻美公使研究》,天津古籍出版社,2004 年。

［14］罗香林:《梁诚的出使美国》,文海出版社,1974 年。

［15］吴宝晓:《初出国门——中国早期外交官在英国和美国的经历》,武汉大学出版社,2000 年。

［16］杨坚:《郭嵩焘奏稿》,岳麓书社,1983 年。

［17］庄国土:《华侨华人与中国的关系》,广东高等教育出版社,2001 年。

［18］王奎:《清末商部研究》,人民出版社,2008 年。

［19］苏全有:《清末邮传部研究》,中华书局,2005 年。

［20］詹庆华:《全球化视野:中国海关洋员与中西文化传播》,中国海关出版社,2008 年。

［21］陈玉申:《晚清报业史》,山东画报出版社,2003 年。

［22］李文杰:《中国近代外交官群体的形成(1861—1911)》三联出版社,2017 年。

［23］陈直夫:《澳洲及旅澳华侨》,商务印书馆,1947 年,第 39 页。

［24］陈雁:《抗日战争时期中国外交制度研究》,复旦大学出版社,2002 年。

［25］岳谦厚:《民国外交官人事机制研究》,东方出版社,2004 年。

［26］申晓云:《民国政体与外交》,南京大学出版社,2013 年。

［27］袁艳:《融入与疏离:华侨华人在古巴》,暨南大学出版社,2013 年。

［28］侯敏跃:《中澳关系史》,外语教学与研究出版社,1999 年。

［29］朱德兰:《长崎华商——泰昌号、泰益号贸易史(1862—1940)》,厦门大学出版社,2016 年。

［30］左言东:《中国政治制度史》,浙江大学出版社,2009 年。

［31］李斯颐:《清末 10 年官报活动概貌》,《新闻与传播研究》,1991 年第 3 期。

[32] 徐新吾：《中国近代缫丝工业史》，上海社会科学院出版社，1990 年。

[33] 朱英：《晚清经济政策与改革措施》，华中师范大学出版社，1996 年。

[34] 【美】瓦特·斯图尔特：《秘鲁华工史（1849—1874）》（张铠、沈桓译），海洋出版社，1985 年。

[35] 【澳】颜清湟：《出国华工与清朝官员——晚清时期中国对海外华人的保护（1851—1911）》（粟明鲜、贺跃夫译），中国友谊出版公司，1990 年。

[36] 【美】费正清、刘广京：《剑桥中国晚清史》（中国社会科学院历史研究所编译），中国社会科学出版社，1985 年。

[37] 【英】戈尔·布思：《萨道义外交实践指南》，上海译文出版社，1984 年。

[38] 【英】劳特帕特：《奥本海国际法》（王铁崖、陈体强译）上卷第二分册，商务印书馆，1989 年。

[39] 【美】马士：《中华帝国对外关系史》（张汇文等译），商务印书馆，1963 年。

[40] 【日】千葉正史：《近代交通体系と清帝国の変貌》，日本経済評論社，2006 年。

[41] 【日】角山栄：《日本領事報告の研究》，同文社，1986 年。

[42] 【日】杉原薫：《アジア間貿易の形成と構造》，ミネルヴァ書房，1996 年。

[43] 【日】古田和子：《上海ネットワークと近代東アジア》，東京大学出版会，2000 年。

[44] 【日】滨下武志：《近代中国的国际契机：朝贡贸易体系与近代亚洲经济圈》，中国社会科学出版社，2004 年。

[45] 【日】川岛真：《中国近代外交的形成》（田建国译，田建华校），北京大学出版社，2012 年。

[46] 【日】农商务省农务局编：《关于茶叶的调查》，1912 年。

三、论文

[1] 陈育崧：《新加坡中国领事设置史》，《南洋杂志》第 1 卷第 6 期，1947 年 6 月。

[2] 李斯颐：《清末十年官报活动概貌》，《新闻传播与研究》1991 年第 3 期。

[3] 陈晓燕、杨艳琼：《古巴华工案与晚清外交近代化》，《浙江社会科学》2005 年第 3 期。

[4] 戴东阳：《关于晚清驻外使臣出身的地域分布研究》，《中国社科院近代史研究所青年学术论坛》，2001 年论文集。

[5] 林远辉：《清代在世界各地设置领事问题初探》，《华侨史论文集(3)》，暨南大学华侨研究所，1983 年。

［6］任云仙：《清季海外领事制度略论》，《中州学刊》2002 年第 5 期。

［7］庄国土：《对晚清在南洋设立领事馆的反思》，《厦门大学学报》（哲学社会科学版）2006 年第 5 期。

［8］庄国土：《论晚清政府在南洋的设领护侨活动及其作用——晚清华侨政策研究之一》，《南洋问题研究》1983 年第 3 期。

［9］林琼：《甲午之前清政府驻外公使的选用》，《辽宁师范大学学报》（社会科学版）2000 年第 2 期。

［10］彭南生：《清末外交官制及其俸薪制度的形成与变革》，《华中师范大学学报》1997 年第 2 期。

［11］秦国经：《清代的外务部及其文书档案制度》，《历史档案》1981 年第 2 期。

［12］马一：《清末驻外领事中的华商侨领》，《东南亚纵横》2011 年第 10 期。

［13］权赫秀：《陈树棠在朝鲜的商务领事活动与近代中朝关系》，《社会科学研究》2006 年第 1 期。

［14］彭南生：《晚清外交官制及其薪俸制度的形成与变革》，《华中师范大学学报》（哲学社会科学版）1997 年第 2 期。

［15］任云仙：《清代海外领事制度论略》，《中州学刊》2002 年第 5 期。

［16］任云仙：《试析晚清驻外公使群体构成与知识结构强，《历史档案》2007 年第 4 期。

［17］杨雨青：《中日关于设立领事问题的早期交涉》，《近代史研究》1992 年第 2 期。

［18］田兴斌：《清朝末期政府的华侨政策研究》，《经济与社会发展》2006 年。

［19］万晓宏：《浅论清政府对海外华侨政策之演变》，《八桂侨刊》2001 年第 1 期。

［20］危兆盖：《清季使节制度近代化前期的历史考察》，《中州学刊》1996 年第 5 期。

［21］危兆盖：《清季使节制度近代化后期的历史考察》，《江汉论坛》1997 年第 7 期。

［22］尹全海、黄小用：《黄遵宪护侨活动述评》，《湖北社会科学》2006 年第 11 期。

［23］余定邦：《清朝政府派驻新加坡领事馆建馆初期的领事人选和经费问题》，《东南亚》2000 年第 3、4 期。

［24］余定邦：《清朝政府在新加坡设置领事的过程及其华侨政策的转变》，《中山大学学报》（哲学社会科学版）1988 年第 2 期。

［25］余定邦：《近代中国人对澳洲的认识与中澳早期交往》，《中山大学学报》

1991 年第 1 期。

[26] 袁丁:《同光年间清政府对遣使设领态度的转变——晚清侨政研究》,《华侨华人历史研究》1994 年第 2 期。

[27] 万雅筑:《〈商务官报〉与清季经济资讯网络》,台湾师范大学历史系硕士论文,2012 年。

[28] 袁祖仓:《晚清领事实践研究》,苏州大学硕士论文,1997 年。

[29] 赵高峰:《晚清驻外领事研究》,苏州大学硕士论文,2011 年。

[30] 林锋:《晚清在英属殖民地设置领事馆研究》,暨南大学硕士论文,2012 年。

[31] 寇玉虎:《晚清荷属东印度设领交涉研究》,湘潭大学硕士论文,2012 年。

[32] 潘可新:《近代出使人员与晚清社会变革》,吉林大学优秀硕士论文,2006 年。

[33] 邹重华:《晚清新加坡中国领事设置史杂议》,《外交学院学报》1998 年第 3 期。

[34] 张效民:《晚清政府对海外华人的保护》,《社科纵横》2008 年总第 23 卷。

[35] 张秋生:《早期澳大利亚华人的经济生活与主要职业构成》,《历史档案》2008 年第 2 期。

[36] 杨雨青:《中日关于设立领事问题的早期交涉》,《近代史研究》1992 年第 2 期。

[37] 祖金玉:《早期驻外使节对晚清经济变革的贡献述论》,《史学集刊》1999 年第 1 期。

[38] 袁艳:《20 世纪上半期古巴华侨华人经济的演变与特征》,《西南科技大学学报》2014 年第 4 期。

[39] 周德华译:《19 世纪 80 年代浙海关、津海关和瓯海关丝绸调查》,《丝绸》2001 年第 9 期。

[40] 王力:《近代在华日本领事报告述论》,《历史档案》2008 年第 1 期。

[41] 王力:《晚清驻外领事商务报告制度研究》,《社会科学战线》2013 年第 4 期。

[42] [日]本宫一男:《关于第一次大战前后商务官制度的展开》,《外交史料馆报》第 3 号,1990 年。

[43] [日]青山治世:《晚清关于增设驻南洋领事的争论》,《近代中国、东亚与世界》下卷,中国社会科学出版社,2008 年。

[44] [日]箱田惠子:《清末領事派遣論：一八六〇、一八七〇年代を中心に》,東洋史研究, 2002 年 60(4)。

［45］Theo Barker. Consular Reports：A Rich But Neglected Historical Source. Business Histoty，Volume 23，Issue 3，1981，p265.

［46］Theo Barker. Consular Reports of The United Kingdom. Business Histoty，Volume 23，Issue 3，1981，p266.

［47］R.H.Werking. United States Consular Reports：Evolution and Present Possibilities. Business Histoty，Volume 23，Issue 3，1981，p300.

［48］A. Broder. French Consular Reports. Business Histoty，Volume 23，Issue 3，1981，p279 - 282.

［49］R.H.Werking. United States Consular Reports：Evolution and Present Possibilities. Business Histoty，Volume 23，Issue 3，1981，pp.300 - 302.

［50］DR. Gehling. German Consular Reports. Business Histoty，Volume 23，Issue 3，1981，p283 - 284.

［51］V.I. Bovykin，D.W. Spring and S. J. Thompstone. Russian Consular Reports Up to 1917. Business Histoty，Volume 23，Issue 3，1981，pp.291 - 293.

［52］Charles Dudley Warner. Our Foreign Trade and our Consular Service. The North American Review，Vol. 162，No. 472 ，March 1896，pp. 274 - 286.

［53］Prousis，Theophilus C.. Bedlam in Beirut：A British Perspective in 1826 (2007). History Faculty Publications. p14.

［54］D. C. M. Platt. The Role of the British Consular Service in Overseas Trade，1825—1914. The Economic History Review，New Series，Vol. 15，No. 3 (1963)，pp.494 - 512.

［55］C.A.Tames. The Netherlands Consular Service and The Dutch Consular Reports of The Nineteenth and Twentieth centuries. Business Histoty，Volume 23，Issue 3，1981，pp.271 - 275.

［56］A.M.Moller. Consular Reports：The Danish Monarchy 1797—1904. Business Histoty，Volume 23，Issue 3，1981，pp.276 - 278.

［57］R. H. Werking. Consular Reports To The Swedish Board of Trade. Business Histoty，Volume 23，Issue 3，1981，pp.294 - 295.

四、报刊资料

《商务报》《商务官报》《农商公报》《外交部公报》《湖北商务报》《江南商务报》《东方杂志》《大公报》《政治官报》《申报》《外交报》《北洋官报》《江苏省公报》《安徽公报》《四川官报》《大同报》《上海总商会月报》《工商半月刊》《政府公报》

索　引

后　记

　　对领事报告资料的关注是始于 2003 年我在日本关西大学攻读博士期间,导师松浦章教授向我介绍了日本领事报告资料,并建议我可以选择日本领事报告资料中国部分做深入研究。在研究过程中,我自然非常关注近代中国是否存在着领事报告。日本领事报告研究著名学者角山荣教授的研究认为,整个近代东亚地区只有日本政府系统地发行过领事报告。在之后的论文撰写和资料查找过程中,我在台北故宫博物院影印版《商务官报》上查阅到了部分晚清驻外领事报告的辑录,后来又陆续在民国时期出版的《农商公报》和《外交部公报》上找到了大量公开刊登的领事报告。这都证明了晚清、民国时期历届政府也曾经借鉴西方领事制度,在相关刊物上选刊过大量领事报告。回国后我在中国社会科学院经济研究所从事博士后研究,到中国第一历史档案馆查阅农工商部档案,找到了一些晚清驻外领事发回调查报告的原件。由此,我对近代中国驻外领事报告资料产生了较大兴趣,撰写了论文《晚清驻外领事商务报告制度研究》,并申请了相关研究课题。

　　本书系统地梳理了晚清民国时期刊登在《商务报》(1903—1906 年)、《商务官报》(1906—1911 年)、《农商公报》(1914—1926 年)、《外交部公报》(1928—1949 年)上的中国驻外领事商务报告,并整理出比较完整的文献目录,对该资料有一个完整把握。在此基础上探讨近代中国驻外领事和领事商务报告制度的建立和发展过程,分析驻外领事商务报告的形式、内容、数量以及优缺点,从整体上把握领事报告资料的演变、构成和特征。同时以领事报告为基础资料,对近代中国对外贸易史和海外华侨华商进行个案分析,研究领事商务报告与经济发展之间的互动关系。

　　国内外学术界一般认为近代中国没有系统地发行过领事报告,也很少有学者对该课题作过专门研究,在这一方面本书取得了一些突破。本课题的研究得到了浙江财经大学副校长卢新波教授,经济学院院长胡亦琴教授,以及学院各位同事的关心和支持,并感谢理论经济学科提供出版资助。

　　由于本人学术水平有限,错误和不足之处在所难免,敬请学术界前辈和同仁给予批评和指正。

王力　谨志

2019 年 7 月